ミラクル！

一番効く！

おまじない大じてん

監修／
マーク・矢崎治信

おまじないは、夢《ゆめ》に向《む》かって
がんばる人《ひと》を応援《おうえん》する、不思議《ふしぎ》な魔法《まほう》！
あなたの夢《ゆめ》や理想《りそう》をバッチリかなえて、
毎日《まいにち》をもっと楽《たの》しく、もっとハッピーに
キラキラさせてくれるはず♡

成美堂出版

ミラクル！おまじない大じてん

Part 1
マンガde楽《たの》しく♪
毎《まい》月《つき》のOMA …… 7

4月《がつ》 …… 8
5月《がつ》 …… 10
6月《がつ》 …… 12
7月《がつ》 …… 14
8月《がつ》 …… 16
9月《がつ》 …… 18
10月《がつ》 …… 20
11月《がつ》 …… 22
12月《がつ》 …… 24
1月《がつ》 …… 26
2月《がつ》 …… 28
3月《がつ》 …… 30

Part 2
友《とも》だち関係《かんけい》はおまかせっ！
フレンドOMA …… 33

友《とも》だちがたくさんできるおまじない …… 34
友《とも》だちと楽《たの》しく話《はな》せるおまじない …… 40
友《とも》だちが親友《しんゆう》になるおまじない …… 44
グループで盛《も》り上《あ》がるおまじない …… 50
友《とも》だちを応援《おうえん》するおまじない …… 54
友《とも》だちトラブル解決《かいけつ》おまじない …… 58
ずっと仲良《なかよ》しでいられるおまじない …… 62

Part 3
恋《こい》をしたいあなたへ！
ラブOMA① …… 65

運命《うんめい》の彼《かれ》とのお近《ちか》づき度《ど》診断《しんだん》 …… 66
診断結果《しんだんけっか》 …… 68

もっと！恋《こい》する気持《きも》ちを高《たか》めよう♡……70
ドキッ！理想《りそう》の男《おとこ》の子《こ》と恋《こい》をしよう♡……72
キュンッ♡恋《こい》のハプニングを起《お》こしちゃおう♡……74
注目《ちゅうもく》！男《おとこ》の子《こ》の人気《にんき》を集《あつ》めちゃおう♡……76
まさか!?あなたに恋《こい》する男《おとこ》の子《こ》チェック！……78
男《おとこ》の子《こ》へのニガテ意識《いしき》を解消《かいしょう》しよう♡……80

Part 4 がんばれっ！片思《かたおも》い♡ ラブOMA②……81

ステップ1 彼《かれ》に近《ちか》づけるおまじない……82
ステップ2 彼《かれ》と仲良《なかよ》くなれるおまじない……88
ステップ3 彼《かれ》にイシキされるおまじない……94
ステップ4 思《おも》いが伝《つた》わるおまじない……100
ステップ5 彼《かれ》とつき合《あ》えるおまじない……106
おなやみ解決《かいけつ》！トラブルレスキューおまじない……112

Part 5 両思《りょうおも》いを応援《おうえん》！ ラブOMA③……113

ラブラブな会話《かいわ》で彼《かれ》とキズナを深《ふか》めよう！……115
彼《かれ》とのデートで楽《たの》しい時間《じかん》を過《す》ごそう！……117
プレゼントをして彼《かれ》に喜《よろこ》んでもらおう！……119
ケンカしたらすぐに仲直《なかなお》りをしよう！……121
恋《こい》のトラブルを解決《かいけつ》&予防《よぼう》しよう！……123
大好《だいす》きな彼《かれ》にワガママをかなえてもらおう！……125
何《なに》があってもずっと彼《かれ》と仲良《なかよ》しでいよう！……127

Part 6 ミリョクをアップする魔法《まほう》 ビューティーOMA……129

美容《びよう》はおまかせ！ビューティー塾《じゅく》……130
美《び》のおなやみ❶ とにかくかわいくなりたいっ！……131
美《び》のおなやみ❷ 髪《かみ》のトラブルを解決《かいけつ》したいっ！……135
美《び》のおなやみ❸ もっと大人《おとな》っぽくなりたいっ！……139

美《び》のおなやみ④ 肌《はだ》あれ・ダイエット ど〜にかしたいっ！ …… 143
美《び》のおなやみ⑤ おしゃれセンスをみがきたいっ！ …… 147
かわいいもキレイも JSのワガママかなえます！ …… 151
リボン＆ピン＆ゴムなど ヘアアクセサリーにかけるおまじない …… 152
コスメ＆ポーチなど メイクアイテムにかけるおまじない …… 154
コーデに合《あ》わせて！ ファッションにかけるおまじない …… 156
食事《しょくじ》も美《び》のチャンス！ 食《た》べものにかけるおまじない …… 158
麗子《れいこ》＆美子《みこ》からの 美《び》にまつわる大切《たいせつ》なお話《はなし》！ …… 160

Part 7

新《あたら》しい自分《じぶん》になろう☆ チェンジOMA …… 161
やさしくなるにはどうしたらいいの？ …… 166
もっと素直《すなお》になるにはどうしたらいいの？ …… 168
もっと明《あか》るく前向《まえむ》きになるには？ …… 170
言《い》いたいことをきちんと伝《つた》えるには？ …… 172
もっと女《おんな》の子《こ》らしくなるには？ …… 174
才能診断《さいのうしんだん》① あなたのいいところCHECK …… 178
才能診断結果《さいのうしんだんけっか》① …… 180
才能診断《さいのうしんだん》② あなたのチャームポイントCHECK …… 182
才能診断結果《さいのうしんだんけっか》② …… 184
才能診断《さいのうしんだん》③ あなたのかくれ才能《さいのう》CHECK …… 186
才能診断結果《さいのうしんだんけっか》③ …… 188

Part 10
占《うらな》い×おまじない
ミラクルOMA …… 241

超簡単《ちょうかんたん》！　すぐに使《つか》えるマークdeおまじない …… 242
12星座《せいざ》マークに宿《やど》るスペシャルパワー …… 243
惑星《わくせい》マークに宿《やど》るスーパーパワー …… 255
数字《すうじ》に宿《やど》る不思議《ふしぎ》なパワー …… 261
魔法文字《まほうもじ》　バインドルーンの神秘《しんぴ》のパワー …… 266
方角《ほうがく》に宿《やど》るミステリアスパワー …… 271

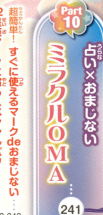

Part 11
クジ運《うんだい》大アップ↑↑
金運《きんうん》ゲットOMA …… 273

HAPPYパワー全開《ぜんかい》！　最強《さいきょう》OMAベスト20 …… 274
懸賞《けんしょう》・クジに当《あ》たる♪　クジ運《うん》アップおまじない …… 278
お金《かね》がたまっちゃう♪　ラッキーおまじない …… 282
ほしいものを買《か》ってもらえる♪　おねだり成功《せいこう》おまじない …… 286

Part 12
いつでも&どこでも♪
風水《ふうすい》OMA&ラッキーサイン …… 289

朝《あさ》に使《つか》える
モーニング風水《ふうすい》OMA&ラッキーサイン …… 290
学校《がっこう》で使《つか》える
スクール風水《ふうすい》OMA&ラッキーサイン …… 291
部屋《へや》で使《つか》える
ルーム風水《ふうすい》OMA&ラッキーサイン …… 293
休日《きゅうじつ》に使《つか》える
ホリデイ風水《ふうすい》OMA&ラッキーサイン …… 296
お手伝《てつだ》いに使《つか》える
おそうじ風水《ふうすい》OMA&ラッキーサイン …… 299
いつでも使《つか》える
お食事《しょくじ》風水《ふうすい》OMA&ラッキーサイン …… 300
おまじないのルール&マナー …… 302
困《こま》ったときのおまじないQ&A …… 303
目的別《もくてきべつ》　おまじないリスト …… 319

Part1

マンガ de 楽《たの》しく♪

毎《まい》月《つき》の OMA

新学期《しんがっき》が始《はじ》まる春《はる》、ワクワクする行事《ぎょうじ》が盛《も》りだくさんの夏《なつ》、木々《きぎ》がカラフルに色《いろ》づく秋《あき》、なぜかロマンチックな気分《きぶん》になる冬《ふゆ》……。１年《ねん》を通《とお》して毎月《まいつき》１つ、季節《きせつ》のお役《やく》立《だ》ちOMAをマンガでしょうかい。今《いま》すぐ使《つか》いたいOMAがあれば、ちがう月《つき》のものを使《つか》ってもOKだよ！

4月《がつ》
どきどき
今日《きょう》から新学期《しんがっき》
新《あたら》しいクラス…
きんちょうする〜
自己紹介《じこしょうかい》苦手《にがて》だよう
どうしよう〜
そうだ！
おまじないでリラックスしよう！
これでだいじょうぶだね♪
とんとん

きんちょうしなくなる！

リラックス♪ブラシ

自己《じこ》しょうかいをするときに、きんちょうしなくなるおまじない。朝《あさ》、家《いえ》を出《で》る前《まえ》にいつも使《つか》っているヘアブラシで、両肩《りょうかた》をトントンとたたいてみて！　これで、その日《ひ》はずっとリラックスしておしゃべりができるよ☆

（ミウ）

5月《がつ》
新《あたら》しいクラスになって1カ月《げつ》
バスケしよー
いいねっ
わたしもいれてー
でねーっ
ハルちゃんすごーい♡
明《あか》るく元気《げんき》な結城《ゆうき》ハルちゃん
さっそくクラスの人気者《にんきもの》です
私《わたし》も親友《しんゆう》になれたらいいな…
そうだ! このおまじないでハルちゃんと仲良《なかよ》くなれますように
できたっ
次《つぎ》の日《ひ》
ぎゅっ
ハルちゃんハルちゃん…

親友《しんゆう》ができる！

ラメラメ☆シャーペン

親友《しんゆう》がほしいときはキラキラ光《ひか》るラメが入《はい》ったネイルを、お気《き》に入《い》りのシャーペンにぬってかわいくデコってみて。そのシャーペンをにぎりしめながら、仲良《なかよ》くなりたい子《こ》の名前《なまえ》を心《こころ》の中《なか》でつぶやけば、親友《しんゆう》になれちゃう！

（サラっち）

6月《がつ》
あ、ハルちゃんのタイムラインアップされてる
07:13
82%
タイムライン
結城《ゆうき》ハル
昨日《きのう》は陸《りく》とデート
私《わたし》もハルちゃんと陸《りく》くんみたいに恋《こい》してみたいな…
そうだ！
ママー 今日《きょう》の朝《あさ》はフルーツ食《た》べたいなっ
じゃあリンゴにしましょう
ティタニア
ぱくっ
これで恋《こい》できちゃうかも♡

かわいいって思《おも》われる!

ティタニア♡マジック

男《おとこ》の子《こ》から「かわいい♡」って思《おも》われたいなら、朝《あさ》、フルーツを食《た》べて♪　どのフルーツでもだいじょうぶだよ。食《た》べる前《まえ》に「ティタニア」ってつぶやくのがポイント。グッとかわいさがアップする㊙《まるひ》おまじないです。

(瑞樹)

7月《がつ》
明日《あした》はテストよー
テスト
わーんっ
どうしよう…
自信《じしん》ないよー
たのしい理科
前回《ぜんかい》、あまりよくなかったんだよね…
はーっ
理科テスト
62
そうだ
こんなときこそおまじないにチャレンジ!
よしっ
やる気《き》がアップしたかもしれない!
がんばるぞーっ

テストでいい点《てん》が取《と》れる！

集中《しゅうちゅう》☆メイクブラシ

「絶対《ぜったい》100点《てん》取《と》りたいっ！」って思《おも》うテストの前《まえ》の夜《よる》は、このおまじないがおすすめ。アイメイク用《よう》のブラシを用意《ようい》して、両方《りょうほう》のまぶたの上《うえ》をそっとなでるだけ！　それからテスト勉強《べんきょう》をすると、すっごくはかどるよ♡

（ぱるぱる）

8月《がつ》
待《ま》ちに待《ま》った夏休《なつやす》み!!
うみだー
わーい
でも
ひまー
今日《きょう》は何《なに》も予定《よてい》がないんだよね
結城《ゆうき》ハル
ハルちゃん今日《きょう》あそべる？
既読
9:31
9:31
ごめ～ん！陸《りく》とデートなの
明日《あした》あそぼ
OK
ハルちゃんはデートだし
いいなぁ
デートかぁ…
翔《しょう》くん今何《いまなに》をしてるのかな…
どき
どき
そうだ
おまじないで出会《であ》いを呼《よ》んでみようっと！

彼《かれ》とばったり会《あ》える！

ミラクル♪ハット

休《やす》みの日《ひ》に気《き》になる彼《かれ》に会《あ》いたくなったら、いつも使《つか》っているぼうしの内側《うちがわ》のタグに、赤《あか》い油性《ゆせい》ペンで♡と♀を横《よこ》に並《なら》べてかいてみて♡　このぼうしをかぶって外出《がいしゅつ》すると、彼《かれ》とぐうぜん出会《であ》う確率《かくりつ》がアップするよ！

（ひろろん）

9月《がつ》
翔《しょう》くんと陸《りく》をさそって、ダブルデートしない？
ダブルデート!?
行《い》きたいけど…きんちょうしちゃう
心配《しんぱい》しなくてもだいじょうぶ！
そうだ！デートを楽《たの》しくするおまじないがあるよっ！
教《おし》えてあげる♡
デート当日《とうじつ》
シュッ
くる
くる
アミル
ルミル
ルミア
気合《きあ》いも入《い》れたしがんばるぞー！
よしっ

グループデートを楽《たの》しく！

くるくる♡コロン

デートの日《ひ》の朝《あさ》、出《で》かける前《まえ》にスカート・ズボンのすそにコロンをかけてね。シュッとひとふきでOK。そして立《た》ったままくるくると3回《かい》ターンしたら、「アミル・ルミル・ルミア」ととなえて。デートがうまくいくはず♡

（チルチル）

10月《がつ》
今日《きょう》は運動会《うんどうかい》
がんばるぞ
キレイな落《お》ち葉《ば》あるかな？
あった！
カツヤクできるように
キュッキュッ
おまじないにお願《ねが》いしておこうっと！
クロトクリン
クロトクリン
クロトクリン

運動会《うんどうかい》でカツヤク！

クロトクリン☆パワー

まず、落《お》ち葉《ば》を拾《ひろ》ってそこに青《あお》い油性《ゆせい》ペンで☆をかいてね。そして運動会《うんどうかい》の日《ひ》の朝《あさ》に「クロトクリン・クロトクリン・クロトクリン」ととなえながらポケットに入《い》れて。妖精《ようせい》のクロトクリンが助《たす》けてくれるよ！

（めぐ♡LOVE）

11月《がつ》
練習《れんしゅう》を始《はじ》めまーす
昨日《きのう》のドラマでさー
あははっ
もうすぐ合唱《がっしょう》コンクール!
でも…
放課後《ほうかご》も練習《れんしゅう》?
めんどくさーい
帰《かえ》ろうぜー
どうしよう
なかなかみんな協力《きょうりょく》してくれない
そうだ
こそ
こそこそっ
こんなときこそ…!

クラスみんなで協力《きょうりょく》！

団結《だんけつ》♪ヘアピン

黒《くろ》いヘアピンを２つ用意《ようい》して、朝日《あさひ》が当《あ》たる窓辺《まどべ》に置《お》いて。これを学校《がっこう》に持《も》って行《い》って、だれにも見《み》られないように教室《きょうしつ》の前《まえ》と後《うし》ろにコッソリかくすの。ピンに宿《やど》った太陽《たいよう》パワーのおかげで、みんなの力《ちから》が１つになるよ！

（優勝したよ★）

12月《がつ》
今日《きょう》は大晦日《おおみそか》
桐《きり》谷《たに》翔《しょう》
52% 20:39
翔《しょう》くん 今年《ことし》はたくさん お話《はな》しできて うれしかったよ
既読 16:56
ありがとにゃん
既読 16:56
翔《しょう》くんから返事《へんじ》来《こ》ない
せっかく勇気《ゆうき》を出《だ》して送《おく》ったのに
はっ
もしかしてキラわれた!?
ぎゅっ
ぶん ぶん
どうしよう〜!
でもっ
気《き》にしてもしかたないっ
スッキリ新年《しんねん》をむかえなきゃ!
よーしっ このおまじないだっ
忘
ぽいっ
去《さ》る年《とし》とともに去《さ》れ!

イヤなことバイバイ!

大晦日《おおみそか》☆スター

12月《がつ》31日《にち》の夜《よる》、黒《くろ》か茶色《ちゃいろ》のペンで白《しろ》い紙《かみ》に☆を7つ、円《えん》をかくようにかきます。その真《ま》ん中《なか》に「忘《ぼう》」とかいて、小《ちい》さく折《お》りたたみ「去《さ》る年《とし》とともに去《さ》れ」と言《い》って、ゴミ箱《ばこ》に捨《す》てれば◎。スッキリ新年《しんねん》をむかえられるよ♪

(ぱっとん)

1月《がつ》
年賀状《ねんがじょう》ハルちゃんからだー
お年玉《としだま》大事《だいじ》に使《つか》うのよ
ママありがと♡
新《あたら》しい年《とし》がやってきました
今年《ことし》はどんな1年《ねん》になるかな
勉強《べんきょう》もオシャレも気合《きあ》い入《い》れて…
何《なに》お願《ねが》いしたのー?
ゆうくんとずっと一緒《いっしょ》にいられますようにって
恋《こい》もがんばりたい
このおまじないで
願《ねが》いをかなえるんだ!

いいことありますように！

ラッキー♪かきぞめ

　これは1月1日《がつついたち》の元日《がんじつ》にかけるおまじないです。白《しろ》い紙《かみ》の中央《ちゅうおう》に好《す》きな色《いろ》のペンでダビデの星《ほし》をかきます。その紙《かみ》を胸《むね》に当《あ》てて、1年《ねん》の目標《もくひょう》を心《こころ》の中《なか》で言《い》ってください。そうすれば願《ねが》ったことがバッチリかないます！

（両思い1年目♡）

2月《がつ》
やった！チョコレート完成《かんせい》！
明日《あした》のバレンタイン楽《たの》しみだね
応援《おうえん》してるよ！
うんっ
あとはおまじないを試《ため》せばカンペキ…！
ちゃんと気持《き も》ちを告白《こくはく》できますように…！
よしっ！

告白《こくはく》する勇気《ゆうき》をゲット!

恋色《こいいろ》♡ハンカチ

2月《がつ》13日《にち》の夜《よる》にピンクのハンカチで、お気《き》に入《い》りのメイク道具《どうぐ》を包《つつ》んで、まくら元《もと》に置《お》いてねむります。バレンタイン当日《とうじつ》は、このメイク道具《どうぐ》を使《つか》ってメイクをして、ピンクのハンカチを持《も》っていくと……ラブラブに♡

(カンちゃん)

3月《がつ》
今日《きょう》は運命《うんめい》の日《ひ》
ホワイトデー
どうしよう 自信《じしん》ない…
ぽんぽん
だいじょうぶ! この日《ひ》のために おまじない してたんでしょ?
う、うん…
咲原《さきはら》 ちょっといい?
翔《しょう》くん!!
チョコ、ありがとう これ、お返《かえ》し…
どうしよう
きんちょう する!
あっ ありがとう

ホワイトデーに効果《こうか》あり！

恋呼《こいよ》び♡リップ

新《あたら》しいリップクリームを用意《ようい》して、容器《ようき》のフタにハートのシールをはってね。そして、そのリップを２月《がつ》14日《か》から使《つか》い始《はじ》めます。ホワイトデー当日《とうじつ》、リップをお守《まも》りにしていれば、ステキなお返《かえ》しがもらえちゃう！

（ぎゅ→む）

映画《えいが》おもしろかったね
ね〜！
うん
両思《りょうおも》いになった私《わたし》たち
どき
どき
ゆうなと翔《しょう》はどうして手《て》をつながないの？
ドキドキばかりの毎日《まいにち》だけど…
どきっ
ええっ!?
ほらっ つないじゃいなよ！
ハルちゃんってば！
これからもずーっと仲良《なかよ》くしていこうね♡

Part 2

友《とも》だち関《かん》係《けい》はおまかせっ！

フレンドOMA

気《き》になるクラスメイトと友《とも》だちになれるおまじないや、親友《しんゆう》を作《つく》るおまじない、仲良《なかよ》しグループで楽《たの》しく過《す》ごすおまじないを大公開《だいこうかい》しちゃいます！　ケンカしちゃったときに役立《やくだ》つ、おつき合《あ》いトラブル解決《かいけつ》のおまじないも、た〜くさん教《おし》えちゃうよっ♪

友《とも》だちがたくさんできるおまじない

クラスに仲良《なかよ》しの子《こ》がいると、勉強《べんきょう》もテストも乗《の》りこえられるから不思議《ふしぎ》☆
新《あたら》しい友《とも》だちをいっぱい作《つく》って、毎日《まいにち》笑顔《えがお》で過《す》ごそう！

友《とも》だちができる スマイル・コール

家《いえ》を出《で》る前《まえ》に、自分《じぶん》の右《みぎ》の手《て》のひらに向《む》かって、笑《わら》いかけます。そして教室《きょうしつ》に入《はい》ったとき、右《みぎ》の手《て》のひらをみんなに見《み》せるようにして「おはよう！」とあいさつしてね。笑《え》顔《がお》の力《ちから》で友《とも》だちがどんどん増《ふ》えるんだって！

（好き嫌い大杉）

気の合う
友だち
集まれ！

新《あたら》しい友《とも》だちができる フルーツ☆カムカム

フルーツのシールをペンケースにはって、「気《き》の合《あ》う友《とも》だち集《あつ》まれ！」と念《ねん》じます。仲良《なかよ》くなるきっかけが生《う》まれて、新《あたら》しい友《とも》だちがたくさんできるよ。

（3パチ♪）

新《あたら》しいクラスになじめる あさ姫《ひめ》の友《とも》呼《よ》び和《わ》歌《か》

明日《あした》は始業式《しぎょうしき》
名札《なふだ》をまくらの下《した》に置《お》いてねる

あさ姫《ひめ》の 教《おし》えはじめし からころも たつたび ごとに 喜《よろこ》びぞする
朝起《あさお》きたら 和歌《わか》をとなえる

友《とも》だちの数《かず》が倍《ばい》になる 88コの「友《とも》」

金色《きんいろ》の折《お》り紙《がみ》を用意《ようい》します。そして、折《お》り紙《がみ》の白《しろ》い面《めん》に「友《とも》」という字《じ》を、88コかくの。大《たい》変《へん》だけどがんばって！　かき終《お》わったらその折《お》り紙《がみ》でツルを折《お》って、学校《がっこう》の机《つくえ》の中《なか》に入《い》れておきます。今《いま》いる友《とも》だちの数《かず》が倍《ばい》になるくらい、たくさんの子《こ》と仲良《なかよ》くなれるおまじないです。

（安曇野）

友《とも》だちが集《あつ》まる 集合《しゅうごう》ソーダ

ソーダのペットボトルのキャップに、油性《ゆせい》ペンで水星《すいせい》のマーク（☿）をかくの。クラスメイトの顔《かお》を思《おも》いうかべながらソーダを飲《の》めば、人気《にんき》がアップするよ！

（ミランダ♡）

友《とも》だちが増《ふ》える♪ ミラーブレス

鏡《かがみ》を見《み》るたびに、大《おお》きく「友《とも》」とかいてフッと息《いき》を吹《ふ》きかけて！　続《つづ》けているといつの間《ま》にか、新《あたら》しい友《とも》だちがいっぱい増《ふ》えているはず～☆

（コナ・コナー）

友《とも》だちいっぱい 星《ほし》バンソウコウ

バンソウコウの内側《うちがわ》の、ガーゼのところに黄色《きいろ》のペンで☆をかいて、右手《みぎて》の中指《なかゆび》に巻《ま》きます。友《とも》だちがたくさんできるおまじないだよ。

（みゆみゆ）

これで新《あたら》しいクラスにバッチリなじめるはず
キメッ☆
名札忘《なふだわす》れちゃった…

（梨花）

人気《にんき》がアップする サンフェアリーのタリスマン

金色《きんいろ》の紙《かみ》に黒《くろ》のペンで太陽《たいよう》のタリスマンをかきます。そして紙《かみ》を太陽《たいよう》の光《ひかり》に当《あ》てながら、「なんじ、太陽《たいよう》の守護《しゅご》たるオッチよ。我《わが》になんじの光《ひかり》のローブをはおらせたまえ」ととなえて。あとはお守《まも》りとして持《も》ち歩《ある》けばOK。（たんぬ）

たくさん友《とも》だちができる 星《ほし》ミラー

手《て》のひらサイズの小《ちい》さなミラーに、油性《ゆせい》ペンで☆マークを大《おお》きくかきます。そして、毎朝鏡《まいあさかがみ》を見《み》ながら「鏡《かがみ》の精《せい》よ、私《わたし》にステキな笑顔《えがお》をあたえて」とお願《ねが》いします。これだけで、新《あたら》しい友《とも》だちがいっぱいできるよ♡

（※閣下※）

友《とも》だちに囲《かこ》まれる 上《うわ》ばきの水星《すいせい》

上《うわ》ばきのウラに黒《くろ》ペンで水星《すいせい》のマーク（☿）をかきます。その上《うえ》から星《ほし》のシールをはると、自然《しぜん》と友《とも》だちに囲《かこ》まれるようになります。

（すんすん）

仲良《なかよ》しが増《ふ》える♥マーキュリーのしおり

みんなに注目《ちゅうもく》される
バニラ・フレーバー

これは、クラスの人《にん》気者《きもの》になれるおまじない。バニラエッセンスを1滴《てき》ティッシュにしみこませて、ペンケースに入《い》れておくだけ。すぐに効果《こうか》が出《で》るよ。

（スラりん♪）

初対面《しょたいめん》の子《こ》と仲良《なかよ》くなる
ラーダプリヤートナ

初《はじ》めて会《あ》う子《こ》と仲良《なかよ》くなりたいときは、話《はな》しかける前《まえ》に「ラーダプリヤートナ」と心《こころ》の中《なか》で7回《かい》となえます。初対面《しょたいめん》でも、すぐ仲良《なかよ》くなれるよ！

（こーばん）

友《とも》だち関係《かんけい》を育《はぐく》む
羽根《はね》のお守《まも》り

トリの羽根《はね》を拾《ひろ》ったら、このおまじないを試《ため》してみて。緑《みどり》の糸《いと》を羽根《はね》に巻《ま》きつけて、カバンに入《い》れるの。持《も》ち歩《ある》いていると、友《とも》だちが増《ふ》えるんだよ！

（サエさえ）

あの子《こ》と友《とも》だちに☆
友《とも》招《まね》きのネコ様《さま》

緑《みどり》のリボンに金色《きんいろ》のすずを通《とお》して、ネコのぬいぐるみの首《くび》に巻《ま》きます。そして「あの子《こ》と友《とも》だちになりたいので、お願《ねが》いします！」とぬいぐるみに話《はな》しかけて。（ほのか）

（TOMO）

友《とも》だちが寄《よ》ってくる キンモクセイのおまじない

キンモクセイの花《はな》をクラスの人数《にんずう》の数《かず》だけ拾《ひろ》います。そして、みんなの机《つくえ》の中《なか》に1つずつ花《はな》を置《お》いていってね。全員分《ぜんいんぶん》、机《つくえ》の中《なか》に花《はな》を置《お》いたら「月《つき》の夜《よる》ににおい立《た》ちえる野辺《のべ》の花《はな》、心《こころ》1つに花《はな》ふさの友《とも》」ととなえます。次《つぎ》の日《ひ》から、クラスのみんながまわりに集《あつ》まってくるようになるよ☆

（ママママ）

クラスで人気者《にんきもの》に！ 太陽《たいよう》ヘアブラシ

朝早《あさはや》く起《お》きて、いつも使《つか》っているヘアブラシを太陽《たいよう》の光《ひかり》にかざすだけ！ そのブラシで髪《かみ》の手入《てい》れをすると、クラスのみんなから注目《ちゅうもく》されるの☆

（かわいくなりたいっ！）

気《き》の合《あ》う子《こ》と仲良《なかよ》く♪ 緑《みどり》の糸《いと》&金《きん》ボタン

金色《きんいろ》のボタンに緑《みどり》の糸《いと》を通《とお》して「ボタンよ、私《わたし》をステキな友《とも》だちに出会《であ》わせて」ととなえます。それをお守《まも》りにして持《も》ち歩《ある》くと、新《あたら》しく友《とも》だちができる！

（シンバ）

友《とも》だちを呼《よ》ぶ ブラックストーン

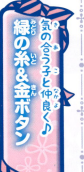

仲良《なかよ》くなれちゃう 友《とも》だちのじゅもん

校門《こうもん》や教室《きょうしつ》のドアなどを通《とお》るたび「ディーゴ・イーチ・マホサ」と心《こころ》の中《なか》でとなえるだけ！　いろいろな子《こ》と仲良《なかよ》くなれるじゅもんなんだって。（マーサ）

あの子《こ》と仲良《なかよ》しに！ つぼみリボン

つぼみをつけた花《はな》を1本用《ぼんよう》意《い》します。そして、つぼみのつけ根《ね》に水色《みずいろ》のリボンを結《むす》ぶの。花《はな》がキレイにさくころには、気《き》になる子《こ》と友《とも》だちになれているはず。（KYON）

クラスメイトが友《とも》だちに 水星《すいせい》のシェイクハンド

右手《みぎて》の親指《おやゆび》のつけ根《ね》に、青《あお》いペンで水星《すいせい》のマーク（☿）をかきます。クラスメイトと話《はな》したあとに、さりげなく右手《みぎて》でその子《こ》の肩《かた》をたたくの。話《はな》すきっかけが増《ふ》えて、自然《しぜん》と友《とも》だちになれちゃうはず☆（WACO）

友《とも》だちになれる プレゼント・ストラップ

人《ひと》からプレゼントされたストラップをつけていると、気《き》になっていた子《こ》と友《とも》だちになれるきっかけが訪《おとず》れるよ☆　1本《ぼん》よりも2本《ほん》つけると効果《こうか》がアップ！（くうねるや）

（もも・モモ）

友《とも》だちと楽《たの》しく話《はな》せるおまじない

みんなとおしゃべりが続《つづ》く&会話《かいわ》がはずむおまじないを集《あつ》めたよ！　盛《も》り上《あ》がりすぎて、休《やす》み時間《じかん》が足《た》りなくなっちゃったりして!?

友《とも》だちと話《はな》せる ふたごの消《け》しゴム

新《あたら》しい消《け》しゴムを横半分《よこはんぶん》に切《き》って、1つには「フレンド」。残《のこ》りの1つには「シップ」と緑《みどり》のペンでかきます。話《はな》しかけたいときは「フレンド」、話《はな》しかけてほしいときは「シップ」を使《つか》うと、チャンスがやってくるよ！　（りんボ→）

フレンド
シップ

楽《たの》しくしゃべれる あま〜い バスタイム

お風呂《ふろ》に入《はい》る前《まえ》に、イチゴ味《あじ》のキャンディーを1つ食《た》べておくの。すると、イチゴに宿《やど》る妖精《ようせい》がおしゃべりがうまくなるように見守《みまも》ってくれるんだって！　（園）

友《とも》だちと盛《も》り上《あ》がる！ イエロー㊙《まるひ》リング

黄色《きいろ》のペンで指輪《ゆびわ》をかいて
バンソウコウをはれば友《とも》だちと楽《たの》しくできる！

会話《かいわ》がはずむ 幸運《こううん》の水星《すいせい》マーク

シラけてきたな～って思《おも》ったら、右足《みぎあし》でゆかや地面《じめん》に水《すい》星《せい》のマーク（☿）をかくの。このおまじないを試《ため》すと、盛《も》り上《あ》がってすごくいい感《かん》じになる！　（はるいち）

話《はな》し上手《じょうず》になる 小鳥《ことり》のモチーフ

小鳥《ことり》がついた文房具《ぶんぼうぐ》やアクセサリーを身《み》につけると、自《し》然《ぜん》とおしゃべりがうまくなります。私《わたし》はこれで5時間《じかん》、友《とも》だちとおしゃべりで超盛《ちょうも》り上《あ》がったよ♪（9♥NINE）

話《はなし》のネタがひらめく はずむト音記号《おんきごう》♪

白《しろ》い紙《かみ》に水色《みずいろ》のペンでト音記号《おんきごう》をかきます。それを折《お》りたたんでポケットに入《い》れるだけ。紙《かみ》をギュッとにぎると、なぜか話《はなし》のネタが頭《あたま》にパッとひらめくよ。（チカちゃん）

話《はな》しかける勇気《ゆうき》が出《で》る 四方神《しほうじん》のおまじない

仲良《なかよ》くなりたいって子《こ》に話《はな》しかけるときは、このおまじないがおすすめ。自分《じぶん》の足元《あしもと》を見《み》て「朱雀《すざく》」、左《ひだり》を見《み》て「白虎《びゃっこ》」、右《みぎ》を見《み》て「青龍《せいりゅう》」、上《うえ》を見《み》て「玄武《げんぶ》」と、心《こころ》の中《なか》でつぶやくの。順《じゅん》番《ばん》が大事《だいじ》だからまちがえないように注意《ちゅうい》。神様《かみさま》がパワーをくれて、話《はな》しかける勇気《ゆうき》がわいてくるよ！　（とんぼ）

（とーい☆）

うまく話《はな》しかけられる 人《ひと》さし指《ゆび》にお願《ねがい》いっ！

あまり話《はな》したことがない子《こ》に話《はな》しかけるの、きんちょうするよね。そんなときは右手《みぎて》の人《ひと》さし指《ゆび》で、その子《こ》をこっそり指《ゆび》さしてから話《はな》しかけてみて。ただ、見《み》られると効果《こうか》がなくなるから、そこだけ注《ちゅう》意《い》して〜！

（ぽこぽん）

明日《あした》、楽《たの》しく話《はな》せる 笑《わら》い声《ごえ》の魔法《まほう》

ねる前《まえ》に、今日《きょう》1日《にち》の中《なか》で一番《いちばん》おもしろかったことを思《おも》い出《だ》すの。そしてわざと「ワッハッハ」って声《こえ》を出《だ》して笑《わら》って♪　すると、次《つぎ》の日《ひ》も楽《たの》しい話題《わだい》で盛《も》り上《あ》がれるんだよ。超簡単《ちょうかんたん》なおまじないだから、試《ため》してみてね。

（しまリス）

ワッ

会話《かいわ》がスムーズにできる おしゃべりリップ

新品《しんぴん》のリップクリームのてっぺんに、つまようじで☆をほるだけ！　話《はな》す前《まえ》に必《かなら》ずそのリップクリームを使《つか》うと、友《とも》だちとのおしゃべりがすごくはずむよ。

（ボリぼん♪）

フンイキを盛《も》り上《あ》げる クロスのフィンガーサイン

左《ひだり》うでと右《みぎ》うでをクロスして左右《さゆう》に4回《かい》ふると、フンイキが盛《も》り上《あ》がるんだって！

それでね

楽《たの》しく話《はな》ができる レモンの携帯《けいたい》

携帯《けいたい》にレモンのシールをはるとおしゃべりがはずむよ。このおまじないをやってから、おしゃべりがシラけることがなくなった気《き》がするんだ！　（はいぢ）

電話《でんわ》できんちょうしない ワンニャン写《しゃ》メ

電話《でんわ》するときに、きんちょうしないおまじないです。イヌやネコの写《しゃ》メを10枚集《まいあつ》めて携帯《けいたい》に保存《ほぞん》しておくと、リラックスして話《はな》ができるようになります。　（GODEN）

話題《わだい》が出《で》てくる ファイブ☆スター

とくに大人数《おおにんずう》で話《はな》すときは、このおまじないがおすすめ。上《うわ》ばきのウラに黒《くろ》の油性《ゆせい》のペンで☆を5つかくだけ～！　楽《たの》しい話題《わだい》がどんどん出《で》てくるはず。　（キュッキュ！）

会話《かいわ》が盛《も》り上《あ》がる キャラストラップ

携帯《けいたい》のストラップに、キャラグッズをいっぱいつけると楽《たの》しくおしゃべりできる！　めだつものや、大《おお》きいものをジャラジャラつけるのが◎。　（チョコレ↓ト）

（ちなみんLOVE）

友《とも》だちが親《しん》友《ゆう》になるおまじない

やっぱり親友《しんゆう》は、ただの友《とも》だちよりも特別《とくべつ》な存在《そんざい》♡　仲良《なかよ》しの友《とも》だちやクラスメイトと、もっともっとキズナを深《ふか》めよう！

いつまでも親友《しんゆう》 水星《すいせい》の聖印《せいいん》

友《とも》だちといっしょにとった写真《しゃしん》のウラに、青《あお》いペンで水星《すいせい》の聖印《せいいん》をかくの！そしてこれを写真立《しゃしんた》てにかざれば、友《とも》だちとの友情《ゆうじょう》がいつまでも続《つづ》くよ。

（原っぺ）

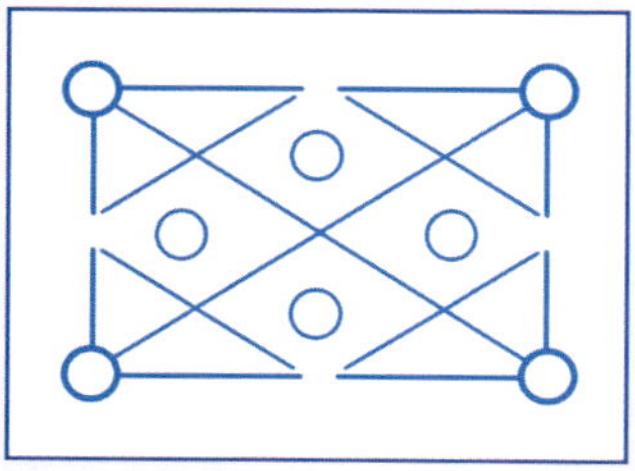

新《あら》たな親友《しんゆう》ができる 校門《こうもん》タッチ☆

朝《あさ》、学校《がっこう》に登校《とうこう》したとき、左手《ひだりて》で校門《こうもん》の右《みぎ》をさわります。そして帰《かえ》るときには、右手《みぎて》で左《ひだり》の校門《こうもん》にさわるの。おまじないを開始《かいし》してから5日間《かかん》、1日《にち》も欠《か》かさずに校門《こうもん》にタッチできたら、新《あら》たな親友《しんゆう》ができちゃいます♪

（春・haru）

友情《ゆうじょう》が強《つよ》くなる 月《つき》と水星《すいせい》のミラクル

満月《まんげつ》の夜《よる》
友情《ゆうじょう》が強《つよ》くなるおまじない！

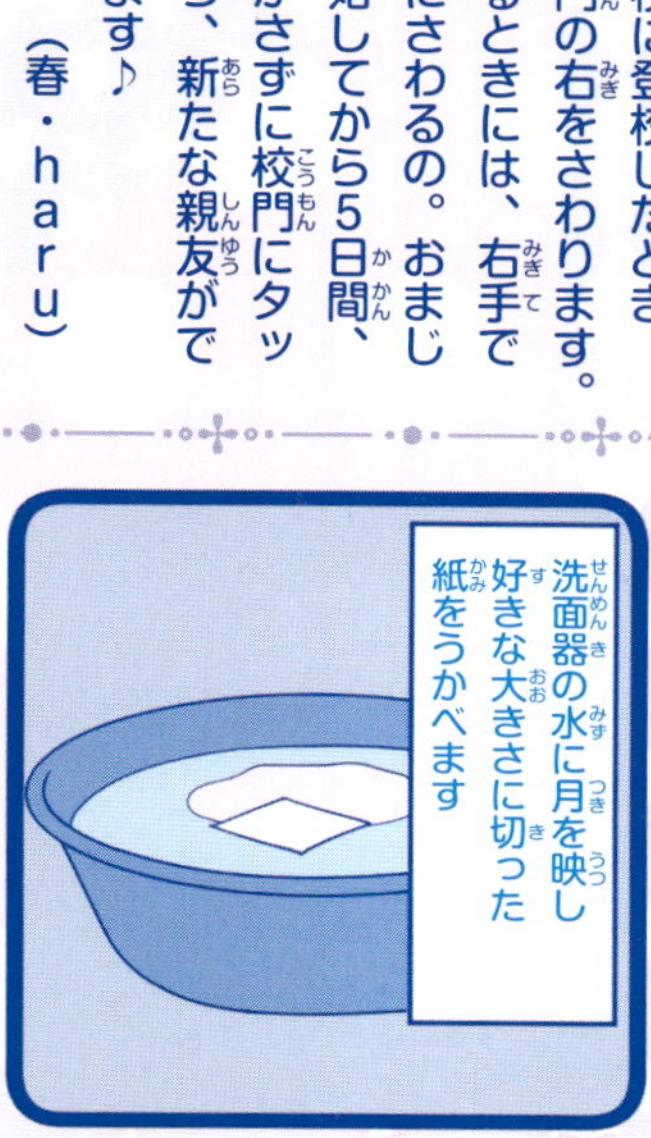
洗面器《せんめんき》の水《みず》に月《つき》を映《うつ》し好《す》きな大《おお》きさに切《き》った紙《かみ》をうかべます

もっと仲良《なかよ》しに
プリのおまじない

親友《しんゆう》になりたい友《とも》だちと手《て》をつないでプリをとってね。それを半分《はんぶん》に分《わ》けて、使《つか》わずに大切《たいせつ》に取《と》っておくと、その子《こ》とずーっと仲良《なかよ》しでいられちゃうよ☆（年下の彼女♡）

いつの間《ま》にか親友《しんゆう》に
おそろいパワー

親友《しんゆう》になりたい子《こ》の持《も》ちものと、色《いろ》ちがいのものを見《み》つけて。それをずっと使《つか》っていると、いつの間《ま》にかその子《こ》の親友《しんゆう》になることができちゃいます。（クンぎょ〜）

友情《ゆうじょう》を育《はぐく》む☆
無《む》限《げん》の友《ゆう》情《じょう》の証《あかし》

小《ちい》さな白《しろ》い紙《かみ》に、水色《みずいろ》のペンで無限大《むげんだい》のマーク（∞）をかき、左右《さゆう》の輪《わ》の中心《ちゅうしん》に、自分《じぶん》と友《とも》だちの名前《なまえ》をかいてね♪これを2枚作《まいつく》り、1枚《まい》は自分《じぶん》が持《も》って、もう1枚《まい》はその子《こ》に持《も》ってもらって。そして、おたがい右手《みぎて》に持《も》った紙《かみ》を相手《あいて》の左手《ひだりて》に同時《どうじ》にわたすの。これで友情《ゆうじょう》は永遠《えいえん》になるよ！（磯野）

ともみ
まりな

永遠《えいえん》の親友《しんゆう》に
ウォーターフィッシュ

友《とも》だちの顔《かお》を思《おも》いうかべながら「私《わたし》とあの子《こ》はウォーターフィッシュ」と3回《かい》となえるの。これは、友情《ゆうじょう》が永遠《えいえん》に続《つづ》くじゅもん。ずっと仲《なか》良《よ》しでいられるはずだよ♡（べにこ）

紙に指《ゆび》で水星《すいせい》マークをかくんだけど…
あ、あれ？
なかなかお月様《つきさま》が映《うつ》ってくれないよ〜

（hana）

親友《しんゆう》を作《つく》ろう！

イエローグリーンビーズ

黄緑《きみどり》のビーズを用意《ようい》して、仲良《なかよ》くなりたい子《こ》を思《おも》いうかべながら、ふーっと息《いき》を吹《ふ》きかけます。「親友《しんゆう》になれますように」と念《ねん》じてから、ビーズを学校《がっこう》のグラウンドにこっそりうめればOK。仲良《なかよ》しになれるはずだよ☆

（POL）

親友《しんゆう》ができちゃう

虹《にじ》の友情《ゆうじょう》リボン

赤《あか》、オレンジ、黄色《きいろ》、緑《みどり》、青《あお》、あい色《いろ》、紫《むらさき》、7色《しょく》のリボンかヒモを用意《ようい》して自分《じぶん》の部屋《へや》の窓辺《まどべ》に1週間《しゅうかん》つるします。虹《にじ》の妖精《ようせい》が親友《しんゆう》を連《つ》れて来《き》てくれるよ！

（ともりん）

親友《しんゆう》が現《あらわ》れる

チョウが運《はこ》ぶキズナ

スニーカーの左右《さゆう》のヒモを、チョウチョ結《むす》びにして、かんきつ系《けい》の香《かお》りがするスプレーをかけます。さわやかな香《かお》りに乗《の》って、親友《しんゆう》が現《あらわ》れるはず。

（ミラー☆）

親友関係《しんゆうかんけい》が続《つづ》く

クッキーのじゅもん

丸《まる》いクッキーを半分《はんぶん》に割《わ》って
友《とも》だちといっしょに食《た》べて、食《た》べ終《お》わったらじゅもんを言《い》う！
親友関係《しんゆうかんけい》が続《つづ》くおまじないだよ

あの子《こ》と親友《しんゆう》になる
メール・マジック

メール
く わたし
あなたは 田中さんと
親友になれるよ!

「あなたは○○さんと親友《しんゆう》になれるよ!」と、メッセージを作《つく》り、自分《じぶん》のメアドに送《おく》ります。次《つぎ》の日《ひ》から3日間《かかん》、毎朝《まいあさ》、そのメールを読《よ》んでください。3日《か》目《め》にそのメールを消《け》せば、仲良《なかよ》くなりたい子《こ》と仲良《なかよ》くなれます。

（ソノソノ）

仲良《なかよ》し度《ど》アップ!
フレンドリーフォト

仲良《なかよ》くなりたい子《こ》といっしょにとった写真《しゃしん》のウラに、青《あお》いペンで水星《すいせい》のマーク（☿）をかいてね。それを好《す》きなノートにはさめば、仲良《なかよ》くなれるよ!

（チョーちゃん）

親友《しんゆう》を呼《よ》ぶ
友呼《ともよ》びのツル

黄色《きいろ》の折《お》り紙《がみ》のウラに、緑《みどり》のペンで「親友《しんゆう》がほしい!」とかいてからツルを折《お》ってください。それを自分《じぶん》の部屋《へや》の机《つくえ》の上《うえ》に置《お》くと、親友《しんゆう》ができます。

（ハルサメ）

親密度《しんみつど》が上《あ》がる
友《とも》だちボタン

ブラウスやカーディガンの上《うえ》から3つ目《め》のボタンを、青《あお》い糸《いと》でぬいつけてください。その服《ふく》を着《き》て外《そと》に出《で》かけると、友《とも》だちが親友《しんゆう》に発展《はってん》します!

（ギース）

ソヤカ・ダノメ・イムチ
た、食《た》べすぎた

（桃）

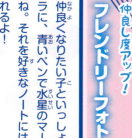

友《とも》だち→親友《しんゆう》に☆ ステップアップ・ストラップ

水色系《みずいろけい》の携帯《けいたい》のストラップを用意《ようい》します。長《なが》めのものがおすすめだよ♡ 携帯《けいたい》で電話《でんわ》やメールをするときに、このストラップを薬指《くすりゆび》と小指《こゆび》の間《あいだ》にはさむようにして使《つか》うと、いつの間《ま》にか友《とも》だちが親友《しんゆう》にステップアップ！（にがん）

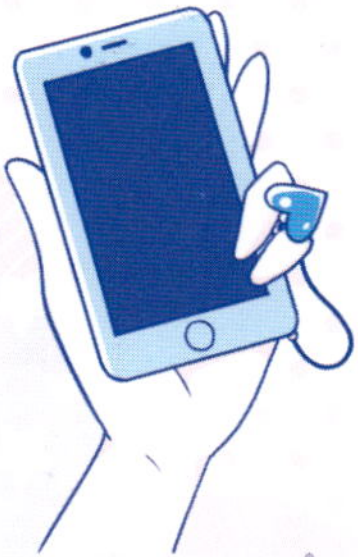

ずっと仲良《なかよ》しでいられる ウインディー・ヘア

風《かぜ》の強《つよ》い日《ひ》に高《たか》い場所《ばしょ》に行《い》って、自分《じぶん》の髪《かみ》を1本《ぽん》だけぬくの。そして「○○ちゃんと心《こころ》をつなげ！」と言《い》って、風《かぜ》に髪《かみ》を飛《と》ばせば友情度《ゆうじょうど》がアップするよ！

（ちゃんミカ）

親友《しんゆう》になれちゃう 出席番号《しゅっせきばんごう》にお願《ねが》い

白《しろ》い紙《かみ》を2枚用意《まいようい》して、それぞれ親友《しんゆう》になりたい子《こ》の出《しゅっ》席番号《せきばんごう》と自分《じぶん》の出席番号《しゅっせきばんごう》をかいて。かいた面《めん》を内側《うちがわ》にして、2枚重《まいかさ》ねて小《ちい》さく折《お》りたたみ、テープでぐるぐる巻《ま》きにしてください。それをペンケースに入《い》れればＯＫ！

（みっちょん☆）

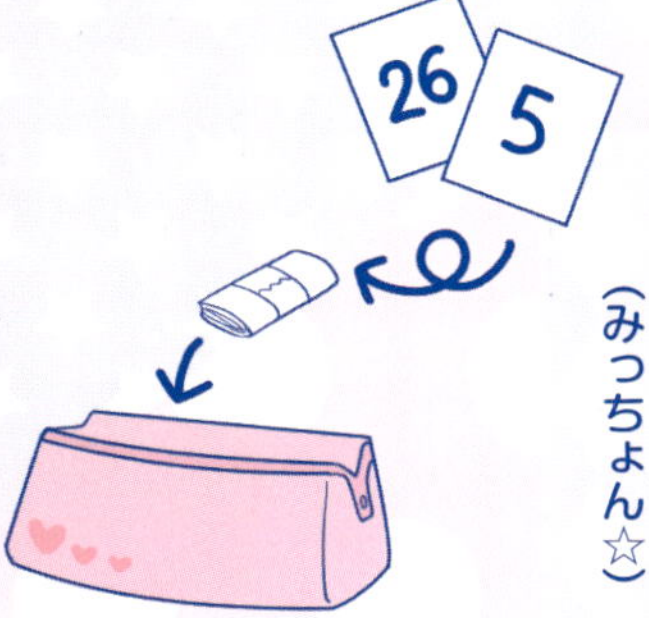
26
5

親友《しんゆう》になれる 永遠《えいえん》の輪《わ》のお守《まも》り

紫《むらさき》の折《お》り紙《がみ》をトランプくらいの大《おお》きさに切《き》って
紫《むらさき》の面《めん》にこのマークをかく
みずがめ座
さそり座
おうし座
しし座

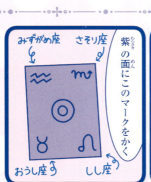

ずっと親友《しんゆう》！ とり合《あ》い写《しゃ》メ

携帯《けいたい》で同時《どうじ》に、仲良《なかよ》しの子《こ》と写《しゃ》メをとり合《あ》うの。そして、とった写《しゃ》メをおたがい待《ま》ち受《う》け画面《がめん》に設定《せってい》しておくと、親《しん》友《ゆう》でいられちゃいます。

（ぽぽん太）

大親友《だいしんゆう》の出現《しゅつげん》♪ マンガのお手本《てほん》

「こんな親友同士《しんゆうどうし》になりたい」と思《おも》うマンガの登場人物《とうじょうじんぶつ》の名前《なまえ》を白《しろ》い紙《かみ》にかいてね。それを折《お》りたたんでペンケースに入《い》れれば、親友《しんゆう》ができるよ。

（ぎったん）

友情《ゆうじょう》がずっと続《つづ》く 使用《しよう》ずみ切手《きって》のおまじない

使用《しよう》ずみの切手《きって》をきれいにはがし、切手《きって》のウラに友《とも》だちのフルネームを黒《くろ》のペンでかきます。それを好《す》きな科目《かもく》の教科書《きょうかしょ》にはっておくと、友《ゆう》情《じょう》が続《つづ》く！

（のんの）

友情長続《ゆうじょうながつづ》き☆ ハートのクローバー

小《ちい》さなハートのシールを4枚用意《まいようい》して、四葉《よつば》のクローバーみたいに並《なら》べて携帯《けいたい》にはります。その携帯《けいたい》で電話《でんわ》をかけると、相手《あいて》との友情《ゆうじょう》が長続《ながつづ》きする！

（ハッパ♡）

（りん）

グループで盛《も》り上《あ》がるおまじない

仲良《なかよ》しグループがはなればなれにならないように、おまじないでがっつりキズナを深《ふか》めよう！　何《なに》があってもきっとだいじょうぶだよ☆

みんなで仲良《なかよ》く気持《きも》ちを結《むす》ぶリボン

赤《あか》と青《あお》のリボンを用意《ようい》して、リボンを1つに重《かさ》ねます。それをチョウチョ結《むす》びにしてね。グループのみんなが仲良《なかよ》しでいられるお守《まも》りになるよ。

（はらチョー）

みんなが仲良《なかよ》くなるピンクのゾウ

ピンクの紙《かみ》のウラに「キズナは永遠《えいえん》」とかいて、ゾウの絵《え》をかくの。それを小《ちい》さく折《お》りたたんでペンケースにしまうだけ！　ゾウは集団《しゅうだん》で仲良《なかよ》く生活《せいかつ》する動物《どうぶつ》。ゾウの仲良《なかよ》しパワーで、グループ全員《ぜんいん》が楽《たの》しくすごせるはず☆

（パッパラ〜！）

団結力《だんけつりょく》アップ♪名前《なまえ》入《い》りのお手紙《てがみ》

手紙《てがみ》に友《とも》だちの名前《なまえ》を全員分《ぜんいんぶん》入《い》れて、友《とも》だち全員《ぜんいん》に手紙《てがみ》をわたすと団結力《だんけつりょく》がアップするのか…！
できた！

仲良《なかよ》しグループに！黒板《こくばん》にチェック

自分《じぶん》の教室《きょうしつ》の黒板《こくばん》の左下《ひだりした》に、白《しろ》いチョークで小《ちい》さく×をかくの。これを毎朝《まいあさ》、一番早《いちばんはや》くに登校《とうこう》して1週間続《しゅうかんつづ》けて。これで大人《おとな》になっても仲良《なかよ》しが続《つづ》くよ。（とも&きむ）

グループがまとまる 4スミの◎

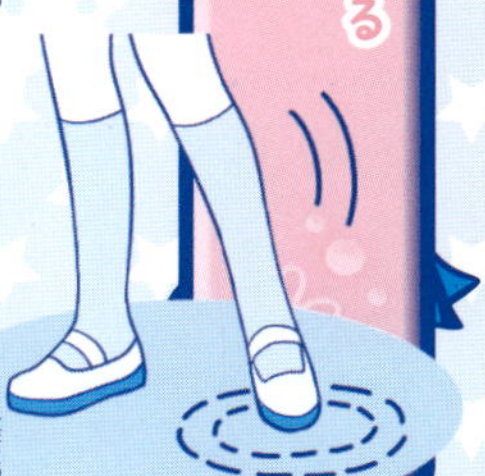

これは、人《ひと》に見《み》られたら効果《こうか》が消《き》えるおまじないです。教室《きょうしつ》の4スミのゆかに、左足《ひだりあし》で◎をかきます。そして教室《きょうしつ》の真《ま》ん中《なか》に立《た》ち、胸《むね》に手《て》を当《あ》て「みんなが仲良《なかよ》くまとまりますように」と強《つよ》く願《ねが》えばOK。（ぴと丸）

グループの行動《こうどう》を楽《たの》しく せーの！のバナナ

これからいっしょに遊《あそ》びに行《い》くってときは、みんなで「せーの！」でバナナ味《あじ》のおかしを食《た》べる☆ おいしいし仲良《なかよ》くなるしで、一石二鳥《いっせきにちょう》のおまじないだよ！（ちょこっとMINA♪）

みんながまとまる しゅわっとソーダ

ソーダや炭酸水《たんさんすい》を飲《の》むときに、仲良《なかよ》くしたいグループのみんなの顔《かお》を思《おも》いうかべながら飲《の》むの！ 簡単《かんたん》だけど効果《こうか》バツグンのおまじないだよ！（遠藤）

あやかちゃんへ
さくらちゃんへ
ありがとう～！
名前《なまえ》かきすぎて手《て》がしびれちゃった

（シャー子）

みんなの友情《ゆうじょう》が続《つづ》く 友《とも》きんちゃく

白《しろ》い紙《かみ》に黄《き》色《いろ》のペンで☆をかいて、その下《した》にグループ全員《ぜんいん》の名前《なまえ》を緑《みどり》のペンでかいて。それを、緑《みどり》の布《ぬの》で作《つく》ったきんちゃくに入《い》れればOK。名前《なまえ》をかいた人《ひと》が全員《ぜんいん》、ずっとずっと仲良《なかよ》しでいられるおまじないです♡

（ピンクハート）

りさ
えりか
まみ

団結力《だんけつりょく》が上《あ》がる↑ みんなの青《あお》いノート

ノートを1枚破《まいやぶ》り、友《とも》だち全員《ぜんいん》でペンで青《あお》くぬります。そして人数分《にんずうぶん》、ハサミを使《つか》わずに手《て》で破《やぶ》きます。破《やぶ》った紙《かみ》をお守《まも》りにすると、キズナが深《ふか》まるそうです。

（夕闇）

グループで仲良《なかよ》くできる 友情《ゆうじょう》スパゲッティ

みんなでいっしょにご飯《はん》を食《た》べるときは、スパゲッティが絶対《ぜったい》おすすめ！　スパゲッティをいっしょに食《た》べると、友情《ゆうじょう》が長続《ながつづ》きするんだよ♪

（空）

仲良《なかよ》しグループが続《つづ》く ○と△の公式《こうしき》

青《あお》いペンで○をかいて、その中《なか》に△をかきます。その中《ちゅう》心《しん》に水星《すいせい》のマーク（☿）をかき、みんなでそれをお守《まも》りにするとケンカがなくなるよ。

（サラリ）

みんなのキズナが育《そだ》つ 「大好《だいす》き」のおまじない

会《あ》うたび「大好《だいす》き」って言《い》い合《あ》うと、キズナが育《そだ》つんだって！
大好《だいす》き！

グループが盛《も》り上《あ》がる！ おそろいグリーン

何《なに》か1つ、緑《みどり》のグッズを仲《なか》良《よ》しグループでいっしょに買《か》いに行《い》きます。それをおそろいで大《だい》事《じ》に持《も》っていると、友《ゆう》情《じょう》もずーっと続《つづ》くんだって。

（ずーぴー）

グループが団結《だんけつ》 フェニダー

グループの友《とも》だちみんなで「フェニダー！」ってさけんでみて。効《こう》果《か》は1日《にち》だけなんだけど、みんなで楽《たの》しく過《す》ごせるおまじないだよ☆

（チカ）

みんなで仲良《なかよ》くできる カラフル色《いろ》エンピツ

仲《なか》良《よ》しメンバー1人1人《ひとりひとり》、どの色《いろ》が似《に》合《あ》うかイメージします。そして、メンバー全《ぜん》員《いん》の色《いろ》の色《いろ》エンピツを用《よう》意《い》してね。全《ぜん》員《いん》分《ぶん》の色《いろ》エンピツを輪《わ》ゴムでしばって、それをいつも使《つか》っているペンケースに3日《か》間《かん》入《い》れておくの。すると、ケンカや言《い》い合《あ》いがなくなって、みんなが仲《なか》良《よ》くなります。

（キュリア）

…大好《だいす》き
今のでもう
20回目…
大好《だいす》き…
※きちんと気持《きも》ちをこめて言《い》いましょう

（あと7センチ）

友《とも》だちを応援《おうえん》するおまじない

友《とも》だちが「これからがんばるっ！」ってときに、応援《おうえん》してあげるおまじないだよ☆　夢《ゆめ》がかなうように、ばっちりサポートしてあげよう♪

友《とも》だちが元気《げんき》になる　ハッピー・アイ

友《とも》だちが元気《げんき》なさそうなときは、その子《こ》の後《うし》ろに立《た》って「○○ちゃんのハッピー・アイ」と3回《かい》となえます。それから話《はな》しかければ元気《げんき》になってくれるよ！

（ごっつん）

さくらちゃんのハッピー・アイ

友《とも》だちを元気《げんき》づける　朝《あさ》つゆのハンカチ

朝《あさ》、木《こ》の葉《は》についている朝《あさ》つゆをハンカチに少《すこ》しだけしみこませて。そのハンカチで手《て》をよくふいてから、元気《げんき》を出《だ》してほしい友《とも》だちの肩《かた》にさわるの。そうすると、いつもの元気《げんき》を取《と》り戻《もど》して笑顔《えがお》になるはず～☆

（ジェンヌ♡）

友《とも》だち同士《どうし》のギクシャク解決《かいけつ》　フェアー・ドリーミ

友《とも》だち同士《どうし》が険悪《けんあく》になってしまったら
ねる前《まえ》に「フェアー・ドリーミ・ナール・キャロン」ととなえよう
フェアー・ドリーミ・ナール・キャロン

友《とも》だちが笑《え》顔《がお》になる 緑《みどり》の羽《は》根《ね》

自《じ》分《ぶん》の部《へ》屋《や》の東《ひがし》のカベに、緑《みどり》の羽《は》根《ね》の写《しゃ》真《しん》かイラストをはってください。これを毎《まい》日《にち》ながめるだけでOK！ 大《だい》好《す》きな友《とも》だちがかかえているなやみごとやトラブルが、自《し》然《ぜん》にすっきりと解《かい》消《しょう》していくおまじないだよ。

（ハムたん）

友《とも》だちをはげます バラいばらのじゅもん

友《とも》だちを元《げん》気《き》づけたいときは「バラいばら、いばらのバラもバラはバラ」と、その子《こ》と話《はな》しているときに心《こころ》の中《なか》でとなえるの。効《こう》果《か》はバツグンだよ！

（秋月）

友《とも》だちのトラブルが消《き》える 小《こ》指《ゆび》の十《じゅう》字《じ》架《か》

両《りょう》手《て》の小《こ》指《ゆび》を立《た》てて、十《じゅう》字《じ》架《か》の形《かたち》に重《かさ》ね合《あ》わせます。それを友《とも》だちのおでこに当《あ》てるだけ。イヤなうわさやトラブルも、全《ぜん》部《ぶ》キレイに消《き》えちゃうはず。

（エンジェル）

友《とも》だちの夢《ゆめ》を応《おう》援《えん》する 消《け》しゴムダビデ

今《いま》使《つか》っている消《け》しゴムに、青《あお》いペンでダビデの星《ほし》（✡）をかいて。それを黒《こく》板《ばん》の上《うえ》やそうじ用《よう》具《ぐ》入《い》れの上《うえ》など高《たか》いところに置《お》けば、友《とも》だちの夢《ゆめ》がかなうよ。（Qっぺ）

（仲良し4人組☆）

友《とも》だちの恋《こい》がうまくいく ダブル肩《かた》タッチ♡

友《とも》だちの好《す》きな男《おとこ》の子《こ》の左肩《ひだりかた》を、さりげな〜くさわります。さわった手《て》でそのまま友《とも》だちの右肩《みぎかた》をさわると、2人《ふたり》の恋《こい》がうまくいくってうわさ☆

（ミラ・リー）

友《とも》だちのミリョクがアップ↑ ハミングバード

トリの声《こえ》が聞《き》こえたら、すかさず「ハミングバード」とつぶやいて！ 仲良《なかよ》しの子《こ》の恋《こい》がうまくいくように、トリが取《と》り持《も》ってくれるんだって♡

（もっちぃ）

友《とも》だちが実力《じつりょく》をハッキする 太陽《たいよう》のスポットライト

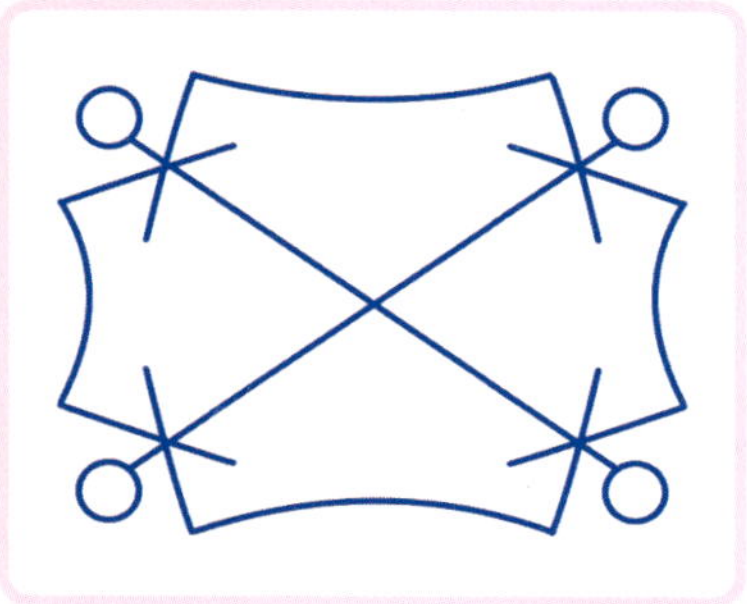

朝早《あさはや》くに登校《とうこう》して、だれもいないグラウンドの真《ま》ん中《なか》に立《た》ちます。そして右足《みぎあし》で円《えん》をかき、円《えん》の中《なか》に左足《ひだりあし》でイラストを参考《さんこう》に太陽《たいよう》の聖印《せいいん》をかきます。最後《さいご》に友《とも》だちの名前《なまえ》を3回《かい》言《い》ってから、聖印《せいいん》を消《け》せばおまじない完了《かんりょう》！ 友《とも》だちの目標《もくひょう》のお手伝《てつだ》いができるよ♪

（ハッピ↓）

友《とも》だちの気持《きも》ちがわかる キューピッドにお願《ねが》い

友《とも》だちが何《なに》を考《かんが》えているのか知《し》りたいときは「キューピッド・ブルー・ブルー」ととなえよう

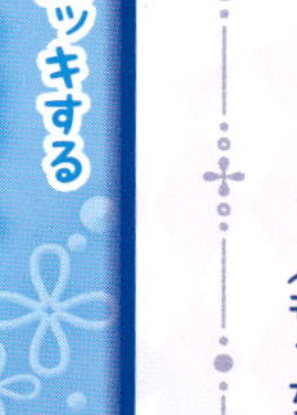

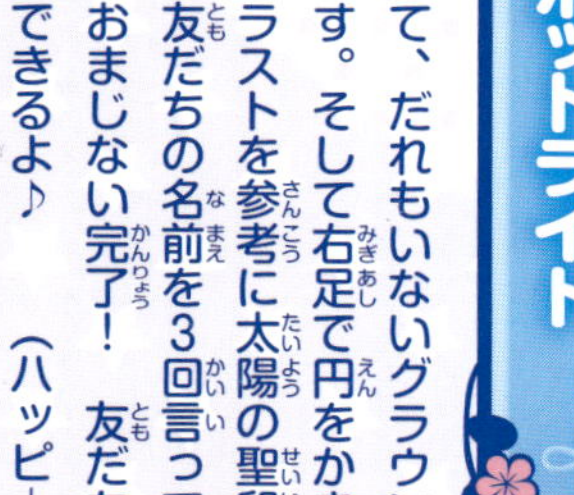

友《とも》だちのうわさを消《け》す
ヌーフィのおまじない

友《とも》だちの根《ね》も葉《は》もないうわさを消《け》したいときは「ヌーフィ、真実《しんじつ》は私《わたし》。イヤなうわさは飛《と》んでいけ！」ととなえるの。自分《じぶん》のときにも使《つか》えるよ！

（コロンボ）

友《とも》だちの恋《こい》を応援《おうえん》！
ラブラブ・エッグ

たまごのカラに黒《くろ》いペンで友《とも》だちの名前《なまえ》と、その子《こ》の好《す》きな男《おとこ》の子《こ》の名《な》前《まえ》をかきます。そのたまごを使《つか》っておかしを作《つく》り、友《とも》だちにプレゼントすればOKだよ♡

まい
たくや

（おつき合い10日目♪）

友《とも》だちが立《た》ち直《なお》る
トラブル☆サヨナラ

白《しろ》い紙《かみ》を友《とも》だちにわたして、◯をかいてもらいます。その◯の中《なか》に×マークをたくさんかいて、ビリビリに破《やぶ》いて捨《す》てるの。なやみごとが消《き》えるはず♪

（金ちゃん）

友《とも》だちが前向《まえむ》きになる
スターパワー

左《ひだり》の手《て》のひらに、右《みぎ》の人《ひと》さし指《ゆび》で☆をかいてね。左手《ひだりて》をギュッとにぎってから友《とも》だちの背中《せなか》にふれると、前向《まえむ》きな気持《きも》ちを分《わ》けてあげられるんだって。

（葛葉）

キューピッド・ブルー・ブルー
こんなときこそ!!
今日《きょう》の夜《よる》ごはんは何《なん》だろう…う～ん
え～っ…

（CANA）

友《とも》だちトラブル解《かい》決《けつ》おまじない

ケンカするほど仲《なか》がいい……とは言《い》うけれど、やっぱり早《はや》く仲良《なかよ》しに戻《もど》りたい！ キズナ復活《ふっかつ》のおまじないを、たくさん集《あつ》めたよ☆

友《とも》だちと仲直《なかなお》りする 友情《ゆうじょう》イニシャル

緑《みどり》のペンで左手《ひだりて》の中指《なかゆび》にケンカしちゃった子《こ》のイニシャルをかきます（マミならM）。そして5秒間《びょうかん》、指《ゆび》をじーっと見《み》つめてからその子《こ》に話《はな》しかけるの。素直《すなお》にごめんってあやまることができるおまじないです。

（かざみん）

友《とも》だちにあやまりたいとき ビクトリースター

ケンカした子《こ》にあやまるときは、黒《くろ》い折《お》り紙《がみ》でふうとうを作《つく》って、オモテにビクトリースターをかくおまじないがおすすめ。すぐに仲直《なかなお》りできるよ。

（おやつは3時）

「ごめん」が伝《つた》わる 引《ひ》き寄《よ》せの赤《あか》い丸《まる》

もうさくらちゃんなんて知《し》らないっ
私《わたし》だって！
白《しろ》い紙《かみ》に赤《あか》いペンで○をかいて

友《とも》だちのゴカイを解《と》く ブルーストーン

青《あお》いビー玉《だま》を1コ用《よう》意《い》します。それをコップに入《い》れて、水《みず》をたっぷり注《そそ》いでね。仲直《なかなお》りしたい友《とも》だちの名前《なまえ》を3回《かい》となえて、その水《みず》をおフロに入《い》れます。毎日《まいにち》続《つづ》けていると、自然《しぜん》にゴカイが解《と》けていくはず。

（フォーク）

友《とも》だちと仲直《なかなお》りできる 写《しゃ》メのお守《まも》り

仲直《なかなお》りしたい子《こ》の写《しゃ》メや写《しゃ》真《しん》、プリクラに向《む》かって「ごめんね！」とひたすらあやまる。これだけでなぜか、ケンカがなかったことになるから不思議《ふしぎ》！

（2B）

電話《でんわ》で友《とも》だちと仲直《なかなお》りできる フレンド・コール

携帯《けいたい》の待《ま》ち受《う》け画面《がめん》を、緑《みどり》っぽい色《いろ》の写真《しゃしん》かイラストにします。そして「フレンズパワーは私《わたし》の味方《みかた》！」とつぶやいてから、電話《でんわ》をかけると仲直《なかなお》りできます！

（ショータ）

友《とも》だちからあやまってくる おマメの「ごめん」

節分《せつぶん》のマメを3つぶ用意《ようい》して、「ご」「め」「ん」と1つぶ1つぶにかくだけ。ちょっと大変《たいへん》だけど、次《つぎ》の日《ひ》、ケンカした友《とも》だちがあやまってくるよ。

（WELL）

ポケットに入《い》れると向《む》こうからあやまってきてくれるはずだよ
ごめんね
こちらこそ

（りん）

ニガテな子《こ》と仲良《なかよ》く お守《まも》りクリスタル

小《ちい》さい水晶《すいしょう》かとうめいな石《いし》を用意《ようい》して、それを白《しろ》い紙《かみ》でキレイに包《つつ》みます。そして学校《がっこう》の自分《じぶん》の机《つくえ》のウラに、テープではっておくだけ！　ニガテ意《い》識《しき》がなくなって、どんな子《こ》とも楽《たの》しくつき合《あ》えるおまじないです☆

（あさり）

ニガテな子《こ》を好《す》きになれる 仲良《なかよ》しトランプ

トランプのスペードのAとハートのAを重《かさ》ね、「2人《ふたり》は仲良《なかよ》し！　問題《もんだい》なし！」と言《い》うと、ニガテだった子《こ》のことを、なぜか好《す》きになれちゃう。

（↓ミキ↑）

仲間《なかま》はずれにならない 小指《こゆび》のスマイル

左手《ひだりて》の小指《こゆび》のツメに、シャーペンでニコちゃんマークをかくの。消《き》えかけたら上《うえ》からまたかいて、1日中《にちじゅう》、ずっとニコちゃんが消《き》えないようにすればOK！

（太郎）

悪口《わるぐち》を言《い》われない 机《つくえ》にメッセージ

だれかに悪口《わるぐち》言《い》われてるかも……って不安《ふあん》になったら、学校《がっこう》の自分《じぶん》の机《つくえ》に、右手《みぎて》の薬《くすり》指《ゆび》で◎をとにかくいっぱいかく！　これで絶対《ぜったい》だいじょうぶだよっ♪

（ポット）

1人《ひとり》ぼっちにならない 国語《こくご》の教科書《きょうかしょ》の友《とも》

最近《さいきん》、あの2人《ふたり》ばっかり仲良《なかよ》しだなぁ…
こんなときはおまじない！
国語《こくご》の教科書《きょうかしょ》の中《なか》から「友《とも》」を探《さが》して◎をつけるっと

ニガテな子《こ》とうまくいく 消《け》しゴムカス、ポイッ！

消《け》しゴムの先《さき》に黒《くろ》のボールペンで、ニガテな子《こ》の名前《なまえ》をかくの。そして、ボールペンの文字《もじ》が消《き》えるまで消《け》しまくって！　イヤな気持《きも》ちがすーっと消《き》えるよ。

（たきポン）

仲間《なかま》はずれにされない キズナのオレンジ

オレンジを食《た》べるときは「みんなと同《おな》じ」と心《こころ》の中《なか》で念《ねん》じながら、笑顔《えがお》で食《た》べる！　私《わたし》はこれで、今《いま》まで一度《いちど》も仲間《なかま》はずれにされたことがないよ♡

（ポパイ）

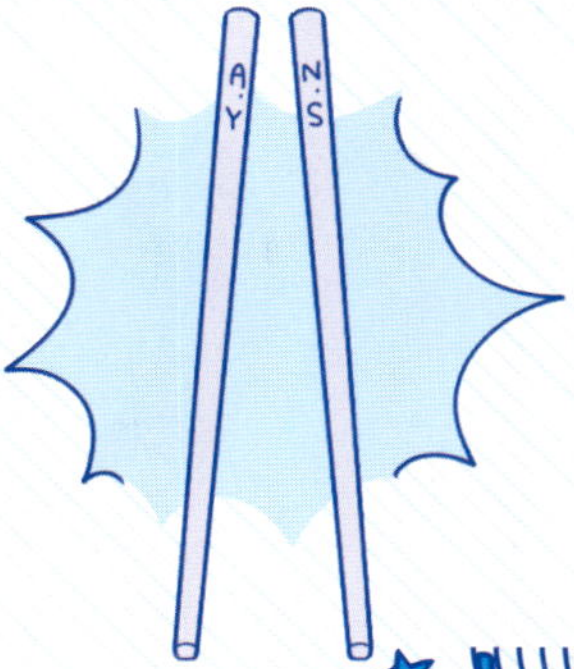

あの子《こ》とキョリを置《お》く ワリバシのお別《わか》れ

ニガテな子《こ》と関《かか》わり合《あ》いたくないときのおまじない。新品《しんぴん》のワリバシの右側《みぎがわ》に、自分《じぶん》のイニシャル、左側《ひだりがわ》にその子《こ》のイニシャルをかいて「エイッ！」と割《わ》ります。割《わ》ったワリバシは、それぞれ別《べつ》のゴミ箱《ばこ》に捨《す》ててね。

（ルル☆）

（MILK）

ずっと仲《なか》良《よ》しでいられるおまじない

席《せき》がえやクラスがえで、はなればなれになっても友情《ゆうじょう》は永遠《えいえん》☆ 仲良《なかよ》しがいつまでも続《つづ》くおまじないを、しょうかいします！

はなれてもキズナが続《つづ》く 無限大《むげんだい》のヘビ

友《とも》だちと撮影《さつえい》した写真《しゃしん》のウラに、青《あお》いペンで無限大《むげんだい》のヘビの絵《え》をかくと、友情《ゆうじょう》が永遠《えいえん》になります。転校《てんこう》しちゃう子《こ》とも、ずっと仲良《なかよ》しでいられるよ。

（親友歴5年！）

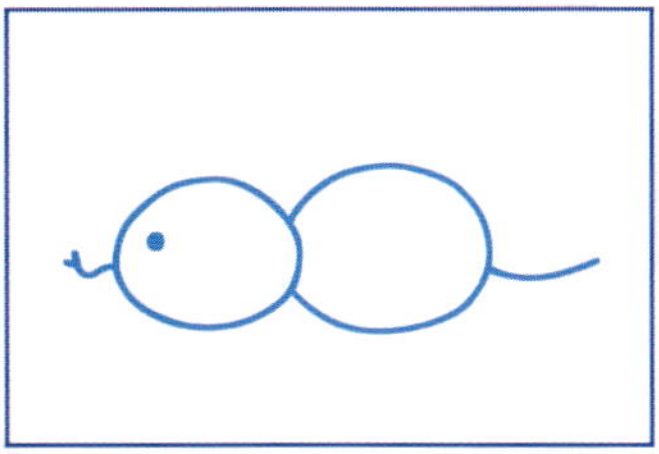

クラスが分《わ》かれても仲良《なかよ》く ひみつネーム

ずっと仲良《なかよ》しでいたい子《こ》とクラスがはなれたときは、2人《ふたり》だけしか知《し》らないニックネームを考《かんが》えて。そして2人《ふたり》きりになったら、その名前《なまえ》で呼《よ》び合《あ》うの。ナイショにしないと効果《こうか》がないから、バレないように気《き》をつけてね。

（KEY&YUU）

同《おな》じクラスになれる おそろいのシール

1組
2組
3組
クラスがえ発表《はっぴょう》だね…！
同《おな》じシールを左手《ひだりて》の甲《こう》にはると同《おな》じクラスになれるおまじない！
よーし！

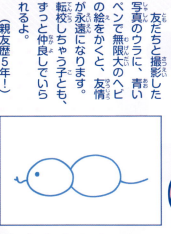

友情関係《ゆうじょうかんけい》がずっと続《つづ》く 友《とも》だちのプラス

友《とも》だちの名前《なまえ》を心《こころ》の中《なか》で3回《かい》となえて、左《ひだり》の手《て》のひらに「十」とかきます。かいた文字《もじ》をパクッと食《た》べるマネをすれば、2人《ふたり》のキズナは強《つよ》くなります！

（杉の森）

仲良《なかよ》しが続《つづ》く 親《おや》指《ゆび》&中《なか》指《ゆび》のダビデ

右《みぎ》手《て》の親指《おやゆび》と中指《なかゆび》に好《す》きな色《いろ》のペンでダビデのマーク（✡）をかいてから、友《とも》だちに手紙《てがみ》をかいたりメールを送《おく》ると、キズナが永《えい》遠《えん》になるよ。

（ひととみみん）

大人《おとな》になっても仲良《なかよ》く イニシャルストーン

学校《がっこう》のグラウンドで、友《とも》だちといっしょになるべく平《ひら》べったい石《いし》を1つ探《さが》してね。その石《いし》に油性《ゆせい》ペンでおたがいのイニシャルをかき、学校《がっこう》で一番《いちばん》大《おお》きな木《き》の近《ちか》くにこっそりうめれば、2人《ふたり》の友情《ゆうじょう》は永遠《えいえん》になるよ♪

（もうすぐ誕生日！）

はなれていても友《とも》だち ビー玉《だま》・マジック！

緑《みどり》のビー玉《だま》を2つ用意《ようい》して、太陽《たいよう》の光《ひかり》に当《あ》てます。あとは友《とも》だちと1つずつ、そのビー玉《だま》をお守《まも》りにすれば、いつまでも仲《なか》良《よ》しでいられるよ！

（銀☆ぎん）

（あると）

ご縁《えん》が永遠《えいえん》になる！ ケータイの星《ほし》飛《と》ばし☆

友《とも》だちにケータイで電話《でんわ》をかける前《まえ》に、画面《がめん》に右手《みぎて》の中《なか》指《ゆび》で星印《ほしじるし》をかいて！ 大人《おとな》になってからも友《とも》だち関係《かんけい》が続《つづ》く最強《さいきょう》のおまじないです♪

（もっちゃん）

友情《ゆうじょう》がとぎれない ごっくんサプリ

ビタミン入《い》りのキャンディーを1コ用意《ようい》して、友《とも》だちのイニシャルを指《ゆび》でかきます。それを最後《さいご》までかまないでなめるだけ。友情《ゆうじょう》が永遠《えいえん》になるよ☆

（ジェイ）

ずっと友《とも》だちでいられる 仲良《なかよ》しのじゅもん

何《なに》があっても友《とも》だちでいたい子《こ》と、「アーラン・タキナイン・ダ・テン・イ・ソワカ」といっしょにとなえると、仲《なか》良《よ》しでいられるんだって。

（アーモンド）

いつまでも仲良《なかよ》し♪ ジョーカーのおまじない

（SONOMI）

Part3

恋《こい》をしたいあなたへ！

ラブOMA①

恋《こい》をするってどんな感《かん》じ？　好《す》きな男《おとこ》の子《こ》や気《き》になる彼《かれ》はまだいないけど、マンガやドラマのヒロインみたいに、ドキドキしたりキュンキュンしたりしてみたい！　そんなワガママな願《ねが》いを、バッチリ全部《ぜんぶ》かなえます♡　おまじないで、あなただけの恋《こい》を見《み》つけちゃおう！

度《ど》診断《しんだん》

あなたの運命《うんめい》の彼《かれ》は、今《いま》どこにいると思《おも》う？あなたと彼《かれ》のお近《ちか》づき度《ど》を、心理《しんり》テストで診《しん》断《だん》します。YESかNOかを選《えら》んで進《すす》んでね。

→YES →NO

START

朝《あさ》ごはんはパンよりもご飯《はん》のほうが好《す》き。もしくは、食《た》べないこともある。

なぜか雨《あめ》の日《ひ》はいつもよりテンションが上《あ》がる。晴《は》れよりも雨《あめ》のほうが好《す》きかも。

あまいものを食《た》べるのが大好《だいす》き！　食後《しょくご》のデザートは、絶対《ぜったい》に別腹《べつばら》だと思《おも》う。

夏休《なつやす》みや冬休《ふゆやす》みの宿題《しゅくだい》は、ギリギリにならないとどうしてもやる気《き》が出《で》ない。

かわいいレターセットやシールはもったいなくて使《つか》えない。大事《だいじ》にしまっておく。

もし、知《し》らない土地《とち》で迷子《まいご》になったら、自分《じぶん》で調《しら》べるよりも人《ひと》に聞《き》いちゃう。

将来《しょうらい》の夢《ゆめ》や目標《もくひょう》がある。きちんと計画《けいかく》を立《た》てて、毎日《まいにち》コツコツ努力《どりょく》をしている。

映画《えいが》を観《み》たり、マンガを読《よ》んでいて泣《な》いたことがある。ナミダもろいタイプだ。

運《うん》命《めい》の彼《かれ》とのお近《ちか》づき

A

好《す》きな人《ひと》ができたら、自分《じぶん》から彼《かれ》に「好《す》きです！」って告白《こくはく》しちゃうと思《おも》う。

オバケやこわい話《はなし》がニガテ。遊園地《ゆうえんち》のオバケやしきには、自分《じぶん》からは近《ちか》づかない！

B

人《ひと》にたのまれると「イヤ」と言《い》えない。はり切《き》ってあれこれ世話《せわ》をやいてしまう。

人《ひと》からよく「マジメだね」と言《い》われる。たよられることが多《おお》いかもしれない。

C

イヌとネコならネコのほうがすき。もしくはペットとして、今《いま》ネコを飼《か》っている。

人《ひと》になやみごとを相談《そうだん》するのはニガテ。何《なん》でも自分《じぶん》１人《ひとり》で解決《かいけつ》しようとしちゃう。

D

同《おな》い年《どし》の男《おとこ》の子《こ》よりも、先輩《せんぱい》や後輩《こうはい》の男《おとこ》の子《こ》と恋愛《れんあい》がしたいと思《おも》っている。

今《いま》まで、知《し》らない人《ひと》に道《みち》を聞《き》かれたことがある。もしくは、聞《き》いたことがある。

あなたの運命《うんめい》の彼《かれ》が、どこまで近《ちか》づいてきているかをズバリ診断《しんだん》！
恋《こい》を引《ひ》き寄《よ》せる、㊙《まるひ》LOVEおまじないも合《あ》わせてしょうかい♪

お近《ちか》づき度《ど》 90％ 診《しん》断《だん》 A

恋《こい》の準備《じゅんび》は完了《かんりょう》ずみ！ もう出会《であ》っているかも!?

あなたの運命《うんめい》の彼《かれ》とのお近《ちか》づき度《ど》は90％！　あなたが気《き》づいていないだけで、もうすでに出会《であ》っている可能性《かのうせい》もあります。最近《さいきん》、男《おとこ》の子《こ》にドキッとした瞬《しゅん》間《かん》はない？　運命《うんめい》の彼《かれ》が送《おく》っている、恋《こい》のシグナルに早《はや》く気《き》づいてあげて♡

運命《うんめい》の彼《かれ》に気《き》づく ストロベリー♡ジャム

あまくないヨーグルトと、イチゴのジャムを用意《ようい》します。ヨーグルトにジャムで♡をかいて「ステキな恋《こい》がしたい！」と念《ねん》じながら1日《にち》に最低《さいてい》1回《かい》食《た》べればOK！

お近《ちか》づき度《ど》 70％ 診《しん》断《だん》 B

うっかりヨソ見《み》に注意《ちゅうい》！ すぐにでも出会《であ》えそう♡

あなたさえ「恋《こい》がしたい！」と願《ねが》えば、運命《うんめい》の彼《かれ》とはすぐに出会《であ》えるはず。ただ、興味《きょうみ》や関心《かんしん》が恋以外《こいいがい》のものに向《む》くと、出《で》会《あ》うまでの期間《きかん》がズルズルとのびちゃうおそれも。恋《こい》する気持《きも》ちを高《たか》めることが、早《はや》く出会《であ》うコツ。

恋《こい》する気持《きも》ちになる ハチミツの妖精《ようせい》

満月《まんげつ》の夜《よる》に「ドキドキする恋《こい》ができますように」とかいた紙《かみ》と、ハチミツを窓辺《まどべ》に置《お》いておくの。すると、夜中《よなか》に遊《あそ》びにきた妖精《ようせい》が、あなたに恋《こい》の魔法《まほう》をかけてくれるよ♡

診《しん》断《だん》結《けっ》果《か》

お近《ちか》づき度《ど》 50%

診《しん》断《だん》 C

恋《こい》のスピードは あなたの努《ど》力《りょく》しだい♡

あなたと運命《うんめい》の彼《かれ》とのお近《ちか》づき度《ど》は50%。今後《こんご》のあなたの行動《こうどう》しだいで、出会《であ》いのシチュエーションは大《おお》きくかわるよ。どんな恋《こい》がしてみたいのかを自分《じぶん》の中《なか》でハッキリさせると、運命《うんめい》の彼《かれ》とのキョリはグッと縮《ちぢ》まるはず！

OMA

ステキな出会《であ》いがある

ホワイトフェザー

白《しろ》い紙《かみ》をトリの羽根《はね》の形《かたち》に切《き》ります。そして、そこに緑《みどり》のペンで「IS☆IS」とかき、水《みず》を入《い》れた洗面器《せんめんき》にうかべましょう。ステキな彼《かれ》と出会《であ》うチャンスを、羽根《はね》が運《はこ》んできてくれるよ。

お近《ちか》づき度《ど》 30%

診《しん》断《だん》 D

運《うん》命《めい》の彼《かれ》はもう少《すこ》し先《さき》？ 今《いま》は恋《こい》の準《じゅん》備《び》期《き》間《かん》♡

あなたはまだ、恋《こい》よりも他《ほか》のことに興《きょう》味《み》があるみたい。運命《うんめい》の彼《かれ》と出会《であ》うまで、もう少《すこ》し時間《じかん》がかかりそう。恋《こい》する気分《きぶん》を高《たか》めるおまじないや、運命《うんめい》の彼《かれ》を引《ひ》き寄《よ》せるおまじないを試《ため》して、ステキな恋《こい》をはじめよう！

OMA

運命《うんめい》の彼《かれ》を引《ひ》き寄《よ》せる

カップルハート

いつも使《つか》っている文房具《ぶんぼうぐ》や携《けい》帯電話《たいでんわ》にハートのシールをはります。ポイントは、2つのハートが重《かさ》なるようにはること。これであなたの運命《うんめい》の彼《かれ》は、恋《こい》する気持《きも》ちになっちゃうよ♡

高《たか》めよう♡

ステキな恋《こい》の予感《よかん》を全部《ぜんぶ》のがさずキャッチするためには、恋《こい》する気《き》持《も》ちを上《あ》げるのが一番《いちばん》だよ。ロマンチックな恋《こい》を始《はじ》めよう！

ステキな恋《こい》の予感《よかん》

黒《くろ》ネコのマジック

黒《くろ》ネコのイラストをかいて、それを見《み》ながら「ミャーミャーミャー」と鳴《な》きマネをするの。簡単《かんたん》だけど超効果《ちょうこうか》があるおまじないで、私《わたし》は試《ため》した次《つぎ》の日《ひ》に、恋《こい》するきっかけが生《う》まれたよ～！（CUNE）

恋《こい》が始《はじ》まる♡

赤《あか》いバラの女神様《めがみさま》

鏡《かがみ》の前《まえ》に赤《あか》いバラを１本《ぽん》かざり、「愛《あい》の女神様《めがみさま》。私《わたし》にステキな恋《こい》を授《さず》けてください」といのります。バラの花《はな》がかれるまで毎日続《まいにちつづ》けてね。すると、思《おも》いえがいたとおりの恋《こい》が始《はじ》まるよ♪（ノリノリ）

新《あたら》しい恋《こい》が始《はじ》まる

スイート・スター

モモ味《あじ》のキャンディーをなめながら、星空《ほしぞら》に向《む》かって「ふーっ」と息《いき》を吹《ふ》きかけてください。キャンディーのあまい香《かお》りとともに「恋《こい》がしたい」って気《き》持《も》ちが、星《ほし》に伝《つた》わるんだって。（宮崎L子）

もっと! 恋《こい》する気《き》持《も》ちを

恋《こい》に前《まえ》向《む》きになる
恋《こい》を運《はこ》ぶエンジェル

このおまじないはすごく簡単《かんたん》で、効《こう》果《か》があるからおすすめ！　携帯《けいたい》の待《ま》ち受《う》け画面《がめん》を、天使《てんし》のイラストとか写真《しゃしん》にするだけ。自然《しぜん》に「恋《こい》したいな～」という気《き》持《も》ちになって、いつの間《ま》にか恋《こい》ができちゃう♡　（ミラミラリ）

恋《こい》する気《き》持《も》ちがめばえる
スターシュガー

ピンクのコンペイトウを１つ用意《ようい》してね。コップに水《みず》を入《い》れて、その中《なか》にコンペイトウを入《い》れます。そして「ステキな恋《こい》をするぞ！」って決《けつ》意《い》を固《かた》めてから、水《みず》を飲《の》んでコンペイトウを食《た》べてね。（バーバン）

恋《こい》の予《よ》感《かん》をキャッチする
神《じん》社《じゃ》のハートマーク

家《いえ》の近《ちか》くにある神社《じんじゃ》にお参《まい》りに行《い》きます。その帰《かえ》りに、鳥居《とりい》の近《ちか》くの地面《じめん》に小《ちい》さなハートマークをかいてね。次《つぎ》の日《ひ》もお参《まい》りに行《い》って、そのハートマークが残《のこ》っていたら、もうすぐ恋《こい》が始《はじ》まるサイン。（マッシュ）

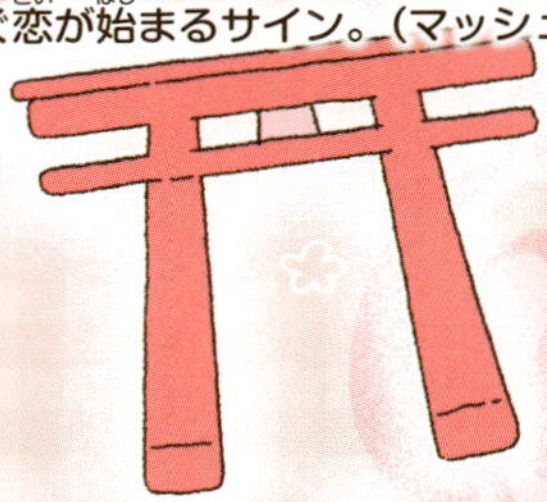

恋《こい》が生《う》まれる！
愛《あい》のコイン

白《しろ》い紙《かみ》の上《うえ》に５円玉《えんだま》を置《お》き、心《こころ》の中《なか》で「恋《こい》が生《う》まれますように」と念《ねん》じてください。あとはその紙《かみ》で５円《えん》玉《だま》を包《つつ》んで、引《ひ》き出《だ》しの中《なか》にかくします。恋《こい》する気《き》持《も》ちがめばえるおまじないです！　（PANだー）

恋《こい》しよう♡

恋《こい》する気持《きも》ちがじゅうぶん高《たか》まったら、次《つぎ》はステキな彼《かれ》と出《で》会《あ》わなきゃ☆　理想《りそう》の男《おとこ》の子《こ》と出《で》会《あ》うおまじないに、早速《さっそく》チャレンジ！

ステキな出《で》会《あ》いをゲット

赤《あか》と金《きん》の シューティングスター

白《しろ》い厚紙《あつがみ》を星《ほし》の形《かたち》に切《き》って、そこに赤《あか》いペンで自分《じぶん》の名前《なまえ》をかきます。その上《うえ》から金色《きんいろ》の折《お》り紙《がみ》をはり、厚紙《あつがみ》に合《あ》わせて星型《ほしがた》に切《き》るの。これを部屋《へや》にかざると、ステキな男《おとこ》の子《こ》と出《で》会《あ》える！（スイッチ）

運命《うんめい》の彼《かれ》に会《あ》える

赤《あか》い糸《いと》のおまじない

自分《じぶん》が写《うつ》った写真《しゃしん》を1枚《まい》用意《ようい》します。オモテを内側《うちがわ》にして写真《しゃしん》を丸《まる》めて、シンを作《つく》るの。そして、シンのまわりに赤《あか》い糸《いと》を好《す》きなだけ巻《ま》けばOK。恋《こい》のお守《まも》りになるから、持《も》ち歩《ある》いて♡　（シバタ）

ステキな彼《かれ》に出《で》会《あ》う♡

ムーン＆サンの恋《こい》

なるべく、月《つき》の形《かたち》や月《つき》のイラストがかいてあるグッズを集《あつ》めて、それを持《も》ち歩《ある》くと◎。月《つき》は女《おんな》の子《こ》の味方《みかた》だから、月《つき》モチーフのアイテムを集《あつ》めると、太陽《たいよう》みたいなステキな男《おとこ》の子《こ》と恋《こい》ができるんだよ。（風華）

ドキッ！ 理想《りそう》の男《おとこ》の子《こ》と

理想《りそう》の男《おとこ》の子《こ》と出会《であ》う

ハートの9のしおり

「こんな男《おとこ》の子《こ》、理想《りそう》だな～」って登場人物《とうじょうじんぶつ》が出《で》てくる本《ほん》やマンガを用意《ようい》してください。そして一番《いちばん》お気《き》に入《い》りのシーンに、トランプのハートの９をはさみます。登場《とうじょう》人物《じんぶつ》そっくりの彼《かれ》と出会《であ》えるよ。

（みたらしだんご）

ステキな彼《かれ》が現《あらわ》れる

デリシャス願《ねが》い星《ぼし》

夜空《よぞら》を見上《みあ》げて、一番《いちばん》キラキラしている星《ほし》を探《さが》すの。見《み》つけたら、その星《ほし》を右手《みぎて》でつかんでパクパクって食《た》べるマネをします。これを続《つづ》けると、男《おとこ》の子《こ》と出会《であ》う確率《かくりつ》がアップするんだよ。

（ピンクのリボン）

出会《であ》いが生《う》まれる

手《て》のひらのクローバー

男《おとこ》の子《こ》と話《はな》したあとは、なるべくすぐ、右《みぎ》の手《て》のひらにクローバー（♣）をかいてください。すると、男《おとこ》の子《こ》からあなたの理《り》想《そう》にピッタリ合《あ》う、ステキな彼《かれ》をしょうかいしてもらえるよ。

（オレンジ）

理想《りそう》の彼《かれ》が出現《しゅつげん》！

ハッピー・ムーン

何《なん》となく空《そら》を見上《みあ》げたときにお月様《つきさま》が出《で》ていたら、このおまじないを試《ため》してみて。右手《みぎて》の人《ひと》さし指《ゆび》で、スイッチをおすみたいにお月《つき》様《さま》をおすだけ！　これで出《で》会《あ》いのチャンスが増《ふ》えるんだって。

（ねっく）

起《お》こしちゃおう♡

イベントをきっかけに、生《う》まれる恋《こい》もあるよ。ふだんとちがうシチュエーションで、あなたの恋《こい》を探《さが》してみよう☆

恋《こい》のハプニングが起《お》きる

シルバースプーン

ペンケースの中《なか》に、こっそり銀色《ぎんいろ》のスプーンを入《い》れておきます。１週《しゅう》間続《かんつづ》けてだれにもバレなければ、ステキなことが起《お》きるよ。友《とも》だちは今《いま》つき合《あ》っている彼氏《かれし》をしょうかいしてもらったんだって～！　(RUMI)

外出先《がいしゅつさき》で恋《こい》に出会《であ》う

ミラーが呼《よ》ぶ♡ハプニング

出《で》かける前《まえ》に鏡《かがみ》にハーッと息《いき》を吹《ふ》きかけて、白《しろ》くなったところにハートマークをかくだけ！　外出《がいしゅつ》先《さき》でステキな男《おとこ》の子《こ》に出会《であ》ったり、ドキドキする事件《じけん》が起《お》きたりします！　（トレモロ）

恋《こい》のキセキを呼《よ》ぶ

太陽《たいよう》&天王星《てんのうせい》のパワー

いつも起《お》きる時間《じかん》より、１時間早《じかんはや》く起《お》きます。そして、窓《まど》を開《あ》けて太陽《たいよう》の光《ひかり》を全身《ぜんしん》に浴《あ》びるの。そのあと、空中《くうちゅう》に天王星《てんのうせい》のマーク（♅）をかいてください。恋《こい》のラッキーチャンスをゲットできるはず。　（ちびっこ☆）

学校《がっこう》で恋《こい》が生《う》まれる

背《せ》中《なか》のハート

学校《がっこう》の門《もん》を入《はい》ったあと、最初《さいしょ》に出《で》会《あ》った男《おとこ》の人《ひと》や男《おとこ》の子《こ》に注目《ちゅうもく》！　相《あい》手《て》に気《き》づかれないようこっそり、背《せ》中《なか》に向《む》かってハートをかくの。それを１週間続《しゅうかんつづ》けると、学校《がっこう》で恋《こい》のきっかけが生《う》まれるんだって。（花園）

キュンッ♡ 恋《こい》のハプニングを

ステキな恋《こい》の事件《じけん》が！

ピンクのため息《いき》

1日《にち》に1回《かい》、ふーっと大《おお》きくため息《いき》をつくおまじないです。息《いき》をはくときに、ピンクの息《いき》が自分《じぶん》の口《くち》からふわ～っと出《で》ているイメージをするだけ！　ドキッとする恋《こい》のハプニングが起《お》きるはずだよ♡　（めぐめぐ）

恋《こい》のきっかけがつかめる

幸運《こううん》のスペード様《さま》

クツをはくとき、「ハッピースペード」とつぶやきながら、クツをはいて。恋愛運《れんあいうん》がアップして、好《す》きな人《ひと》ができたり、告白《こくはく》されたりいろいろなきっかけが生《う》まれちゃいます。

（カレーライス）

恋《こい》の事件《じけん》が起《お》きる

ダビデのリンゴ

大《おお》きな白《しろ》いお皿《さら》に、ダビデのマーク（✡）をハチミツでかきます。そこに皮《かわ》をむいたリンゴを置《お》き「ラブロマンスよ、私《わたし》に起《お》きろ」と3回《かい》つぶやいて。あとはリンゴを丸《まる》かじりすればOK。　（ロッテ）

集《あつ》めちゃおう♡

イマイチ恋《こい》する気分《きぶん》になれなくても、男《おとこ》の子《こ》から視線《しせん》を集《あつ》めることができれば、ステキな恋《こい》のきっかけが、きっと生《う》まれるはず！

人気《にんき》が出《で》ちゃう☆

サンサン・ミラー

いつも使《つか》っている手鏡《てかがみ》のどこかに、黒《くろ》の油性《ゆせい》ペンで小《ちい》さく太陽《たいよう》のマーク（◎）をかいて。この鏡《かがみ》でメイクをしたり、笑顔《えがお》の練習《れんしゅう》をしたりすると、ミリョクがアップしてモテるんだって♡

（バスケ命♪）

男《おとこ》の子《こ》から大人気《だいにんき》に

赤《あか》い㊙《まるひ》ビーズ

制服《せいふく》か学校用《がっこうよう》バッグのどこかに、赤《あか》いビーズを１つ、赤《あか》い糸《いと》でぬいつけてください。人《ひと》に見《み》つかると効果《こうか》がなくなるから、見《み》えないところにこっそりつけるのがコツ。効《こう》果《か》バツグンだよ！

（ナッツ）

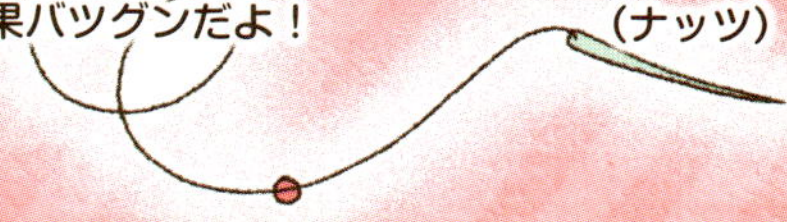

モテモテになる♡

アクトレスにお願《ねが》い

自分《じぶん》が好《す》きな女性《じょせい》タレントや女優《じょゆう》の写真《しゃしん》を、鏡《かがみ》の近《ちか》くにかざって。あとは、その人《ひと》のしぐさや話《はな》し方《かた》をマネするだけ。これを毎日続《まいにちつづ》けると、確実《かくじつ》にモテるようになるよ♡　お試《ため》しあれ！

（ヘヴン）

男《おとこ》の子《こ》の注目《ちゅうもく》を集《あつ》める

太陽《たいよう》のサポート

オレンジの紙《かみ》に黄色《きいろ》のペンで太《たい》陽《よう》のマーク（◎）をかいてから、思《おも》いつく限《かぎ》り、自分《じぶん》のいいところや長所《ちょうしょ》をかくの。この紙《かみ》を手帳《てちょう》にはさんで持《も》ち歩《ある》くと、男《おとこ》の子《こ》から注目《ちゅうもく》を集《あつ》められる☆

（美春）

注目《ちゅうもく》！ 男《おとこ》の子《こ》の人気《にんき》を

男《おとこ》の子《こ》にモテる！

ラッキー☆パス

パスケースの中《なか》にトランプのジョーカーのカードを入《い》れます！　すると、男《おとこ》の子《こ》から遊《あそ》びにさそわれたり、プレゼントをもらえちゃったりするの♡　効《き》き目《め》があるおすすめのおまじないだよ。

（まかろん）

モテる女《おんな》の子《こ》になる

キラリン☆STAR

名札《なふだ》のウラに、金色《きんいろ》のペンでSTARとかいてから黒《くろ》のペンで☆をたくさんかくの！　かけばかくほどモテるから、いっぱいかいてね。この名札《なふだ》をつけているだけで、クラスで一番人気《いちばんにんき》が出《で》るよ☆
（しゃん）

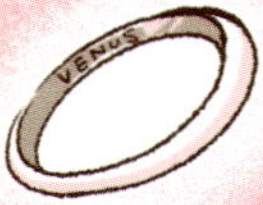

ミリョクがアピールできる

ビーナスリング

銀色《ぎんいろ》の指輪《ゆびわ》の内側《うちがわ》に、緑《みどり》のペンでVENUSとかいて、右手《みぎて》の中指《なかゆび》につけてください。そして「みんな、注目《ちゅうもく》」と心《こころ》の中《なか》でとなえます。この指輪《ゆびわ》をお守《まも》りにすると、男《おとこ》の子《こ》からの人気《にんき》が高《たか》まるよ。

（りんりん☆）

男《おとこ》の子《こ》チェック！

ある日《ひ》突然《とつぜん》、クラスメイトや男《おとこ》の子《こ》の友《とも》だちから、告白《こくはく》されたらどうする!?　告白《こくはく》されて始《はじ》まる恋《こい》も、たっくさんあるよ♡

告白《こくはく》される!?

ピンクのステーショナリー

　私《わたし》がおすすめするおまじないは、いつも使《つか》っている文房具《ぶんぼうぐ》を全部《ぜんぶ》、ピンク系《けい》にかえるおまじないです。これを試《ため》してから、告白《こくはく》されることが一気《いっき》に増《ふ》えた！　すぐに、効果《こうか》があります☆　　（ショコラ）

デートにさそってもらえる

星《ほし》のまばたき

　月《つき》の一番近《いちばんちか》くにある星《ほし》を探《さが》して、その星《ほし》をじーっと見《み》つめます。そして7回《かい》まばたきをして「オープンハート」ととなえてね。すると、あなたのことを好《す》きな男《おとこ》の子《こ》が、デートにさそってくるよ。（黄昏）

男《おとこ》の子《こ》からの好意《こうい》がわかる

レッドLOVEリボン

　いつも学校《がっこう》に持《も》って行《い》っているカバンに、赤《あか》いリボンをつけて登校《とうこう》してみて！　自分《じぶん》に好意《こうい》を持《も》っている男《おとこ》の子《こ》がもしクラスにいたら、リボンについて「それ何《なに》？」って絶対質問《ぜったいしつもん》してくるはず♡　　（パグ）

まさか!? あなたに恋《こい》する

彼《かれ》の好《す》きな子《こ》がわかる

タクザンカン

1日《にち》1回《かい》、彼《かれ》の背中《せなか》に向《む》かって「タクザンカン」と7回《かい》となえてみて。続《つづ》けているうちに、だれのことを好《す》きなのかわかるんだって。でも、このおまじないは、女《おんな》の子《こ》には効果《こうか》はないから注意《ちゅうい》してね。　（ちら福）

恋《こい》のセンサーがはたらく

ラブ・ヘアゴム

新品《しんぴん》のヘアゴムに、好《す》きな香《かお》りのスプレーをふきかけます。そして目《め》を閉《と》じて「イオキ・スナンダ」と1回言《かいい》うの。それをつけて男《おとこ》の子《こ》の目《め》を見《み》ると、だれを好《す》きなのかピンとくるよ。（ルッとん）

好意《こうい》をキャッチする

スカートのベル

日曜日《にちようび》の夜《よる》、学校《がっこう》にはいていくスカートに、左手《ひだりて》の人《ひと》さし指《ゆび》でベルの絵《え》をかきます。指《ゆび》でかいただけの絵《え》なのに、あなたのことが好《す》きな男《おとこ》の子《こ》には、なぜかベルの音《おと》が聞《き》こえちゃうそうです。（光）

恋《こい》のうわさが流《なが》れる

ハートキャラメル

キャラメルを食《た》べる前《まえ》に、キャラメルの表面《ひょうめん》にツメでハートの形《かたち》をつけて。それからよーく味《あじ》わって食《た》べると「◯◯の好《す》きな子《こ》はあなた」って、あなたの恋《こい》のうわさが流《なが》れるよ♡　（シベリア）

男《おとこ》の子《こ》への ニガテ意識《いしき》を解消《かいしょう》しよう♡

「男《おとこ》の子《こ》と話《はな》すときは、いつもきんちょうする」「こわくて目《め》をそらしてしまう」なんて、男《おとこ》の子《こ》へのニガテをばっちり解消《かいしょう》するよ！

男《おとこ》の子《こ》の目《め》を見《み》て話《はな》せる

カラフルメニュー

白《しろ》いご飯《はん》、緑《みどり》の野菜《やさい》、黄色《きいろ》のたまごなど、なるべくいろいろな色《いろ》の料理《りょうり》を食《た》べるようにします。それだけでなぜか、男《おとこ》の子《こ》と話《はな》すときにジッと目《め》を見《み》て話《はな》せるように！（茂雄）

男《おとこ》の子《こ》と楽《たの》しく話《はな》せる

ネコネコ☆キーホルダー

黒《くろ》ネコのキーホルダーをバッグにつけて、教室《きょうしつ》に入《はい》るときにギュッとにぎりしめてください。そうするとリラックスして、男《おとこ》の子《こ》と楽《たの》しくおしゃべりができるよ。（ともちぃ）

きんちょうせずに話《はな》せる

ハートのハート

「これから男子《だんし》に話《はな》しかけるぞ！」というときは、自分《じぶん》の心臓《しんぞう》の上《うえ》に左《ひだり》手《て》の人《ひと》さし指《ゆび》でハートをかくの。するときんちょうせずに、ふつうに男《だん》子《し》に話《はな》しかけることができちゃうんだよ～！（らぶりん）

男《おとこ》の子《こ》と盛《も》り上《あ》がる

フルーツアドレス

メールアドレスに、何《なん》でもいいのでフルーツの名前《なまえ》を入《い》れる！　いつも男《おとこ》の子《こ》とは、何《なに》を話《はな》せばいいのかなやんでたけど、これを試《ため》してから、するする一って話題《わだい》が出《で》てくるようになったよ。（レモネード）

Part4

がんばれっ！ 片思《かたおも》い♥

ラブOMA②

話《はなし》をするたびにドキドキしたり、顔《かお》を思《おも》い出《だ》すだけで幸《しあわ》せな気持《きも》ちになったり……それが恋《こい》の始《はじ》まり。片思《かたおも》い中《ちゅう》はうれしいこともあるけど、なやみもつきないはず。両《りょう》思《おも》いになれる日《ひ》を目指《めざ》して、おまじないパワーで1つずつステップアップしていこう★

ステップ1

彼《かれ》に近《ちか》づけるおまじない

好《す》きな人《ひと》ができたら、彼《かれ》のことがもっと知りたくなるし、たくさん会《あ》いたくなるよね。まだ、彼《かれ》を見《み》つめるだけのあなたのために、彼《かれ》とのキョリを縮《ちぢ》めるおまじないをしょうかいするよ♡

クリアを目指《めざ》そう！
ラブ♡ミッション1

- □ 彼《かれ》の性格《せいかく》がわかる
- □ 彼《かれ》と話《はな》せるチャンスを増《ふ》やす

彼《かれ》と同《おな》じクラスになれる アマノジャクにお願《ねが》い

鏡《かがみ》に向《む》かって彼《かれ》の名前《なまえ》を3回《かい》となえてから、「○○くんなんかキライ。どこかに行《い》っちゃえ！」とつぶやいて。アマノジャクな鏡《かがみ》の精《せい》が、彼《かれ》と同《おな》じクラスにしてくれるらしいよ〜！

（はっぴー）

Night
キライ どっかに 行っちゃえ!!

いっしょのクラスに……☆ カゲふみアポロン

下校《げこう》のとき、気《き》づかれないように彼《かれ》のカゲをふんで、太陽《たいよう》の神《かみ》アポロンに「彼《かれ》と同《おな》じクラスになれますように」といのります。終業《しゅうぎょう》式《しき》の日《ひ》まで、できるだけ毎日《まいにち》続《つづ》けると、彼《かれ》と同《おな》じクラスになれるよ。

（みぃ）

同《おな》じ委員《いいん》になれちゃう マリオネット×3

委員《いいん》を決《き》めるときに、さりげなく彼《かれ》のほうを向《む》きながら、心《こころ》の中《なか》で「マリオネット、マリオネット、マリオネット」ってとなえるようにすると、彼《かれ》と同《おな》じ委員《いいん》になれるよ。いっしょにいられる時間《じかん》が増《ふ》える♪

（YYY）

マリオネット
マリオネット
マリオネット!!

となりの席《せき》になれる 磁石《じしゃく》パワー★

彼《かれ》の名前《なまえ》をかいた紙《かみ》を小《ちい》さく折《お》りたたんで、お気《き》に入《い》りのマグネットで家《いえ》の冷蔵庫《れいぞうこ》など、磁石《じしゃく》がくっつくところにとめておきます。席《せき》がえの日《ひ》までだれにも気《き》づかれなければ、彼《かれ》ととなり同士《どうし》に……!!

（ロコ）

話《はな》すきっかけができる！ 乗《の》りものマジック

バスや電車《でんしゃ》に乗《の》るとき、なるべく彼《かれ》の近《ちか》くに立《た》って。乗《の》りものに合《あ》わせてゆれながら、心《こころ》の中《なか》で「フルベユラユラ、私《わたし》の恋《こい》よ好《す》きな人《ひと》に伝《つた》われ」ととなえると、彼《かれ》と話《はな》すチャンスが来《く》るよ！

（すみちゃん）

ドキドキをおさえる！ 和歌《わか》お守《まも》り

「しのぶれど　色《いろ》にでにけり　我《わ》が恋《こい》は　ものや思《おも》うと　人《ひと》の問《と》うまで」とかいたカードを、お守《まも》りとして持《も》ち歩《ある》きます。好《す》きな人《ひと》と会《あ》う前《まえ》には、心《こころ》の中《なか》でこの和歌《わか》をとなえると、落《お》ち着《つ》いて話《はな》せるよ。（Ｒｙｏ）

♥みんなの恋《こい》バナNOTE♥

名前《なまえ》も知《し》らない公園《こうえん》の彼《かれ》

近所《きんじょ》の公園《こうえん》で、いつも友《とも》だちとサッカーしてる男子《だんし》が気《き》になる。めっちゃかっこいいし、ときどき見《み》せる笑顔《えがお》がカワイイ。名前《なまえ》も学年《がくねん》もわからないけど、何《なん》とかして仲良《なかよ》くなりたいな～。

（ケンケン）

好《この》みのタイプがわかる こっそりピアス

赤《あか》の水性《すいせい》ペンで右《みぎ》の耳《みみ》たぶの後《うし》ろに、小《ちい》さな点《てん》を1つかいておいて。毎朝《まいあさ》、鏡《かがみ》を見《み》ながらそのあたりをさわるようにすると、彼《かれ》が好《す》きなタイプはどんな子《こ》なのか、情報《じょうほう》が入《はい》ってくるようになるんだって！

（angie♪）

彼《かれ》のシュミがわかる クツの中《なか》の葉《は》っぱ

クローバーなどの、小《ちい》さくてキレイな葉《は》っぱを1枚《まい》、いつもはいているクツの中《なか》に入《い》れておきます。そのクツをはいて、彼《かれ》の近《ちか》くにいるようにすると、彼《かれ》が興味《きょうみ》をもっていることがわかっちゃうよ～。

（あきこ）

♥みんなの恋《こい》バナNOTE♥

買《か》いものでばったり！

　おつかいでスーパーに行《い》ったら、レジでぐうぜん、少《すこ》し後《うし》ろに好《す》きな人《ひと》が並《なら》んでた！　向《む》こうは気《き》づいてなかったと思《おも》うけど、私《わたし》は帰《かえ》ってきてからもドキドキが止《と》まらなかった……。

（グレープ）

話《はな》しかける勇気《ゆうき》がわく
ミワリソヤサククク

　きんちょうしちゃって彼《かれ》になかなか話《はな》しかけられない人《ひと》は、心《こころ》の中《なか》で「ミワリソヤサククク」と3回《かい》となえて、ゆっくり一《いち》度《ど》深《しん》呼《こ》吸《きゅう》をしてから、「○○くん！」って声《こえ》をかけるといいよ！　私《わたし》はこれで話《はな》せるようになったよ★
（たび）

ミワリソヤサククク
ミワリソヤサククク
ミワリソヤサククク

彼《かれ》が声《こえ》をかけてくれる
赤《あか》のヘアピン

　彼《かれ》のほうから話《はな》しかけてくれないかな～と思《おも》ったら、赤《あか》いヘアピンをつけて学校《がっこう》に行《い》くといいんだって。2コつけると、もっと効果《こうか》がアップするらしい！　もようがついているヘアピンでもOKだよ。（ぴくし～）

♥みんなの恋《こい》バナNOTE♥

あこがれのお兄《にい》さん

　同《おな》じマンションに住《す》んでる、3才上《さいうえ》のお兄《にい》さん。小《ちい》さいころはいっしょに遊《あそ》んでくれてたのに、最近《さいきん》はほとんど話《はな》さなくなっちゃった。私《わたし》は、今《いま》でもずっとあこがれてるんだけどなー。

（みつぶ）

夢《ゆめ》で彼《かれ》と話《はな》せる ホットミルクドリーマー

ホットミルクに香辛料《こうしんりょう》の「クミン」をひとつまみ入《い》れて、スプーンでかきまぜながら「○○くんと夢《ゆめ》で会《あ》えますように」といのって。これを飲《の》んでからねると、彼《かれ》が夢《ゆめ》に出《で》てくるよ♡

（竜くんLOVE）

好《す》きな人《ひと》と話《はなし》ができる すれちがいチャンス

ろう下《か》などで、好《す》きな人《ひと》とすれちがったときに、心《こころ》の中《なか》で「ラン・ロン・ロン、私《わたし》の気持《きも》ち、好《す》きな人《ひと》に伝《つた》われ！」ってつぶやくと、彼《かれ》と話《はなし》をするきっかけができちゃうんだってー！

（スプラッシュ）

彼《かれ》に名前《なまえ》を呼《よ》ばれる！ ブルー☆ネーム

名札《なふだ》やネームプレートの、自分《じぶん》の名前《なまえ》の下《した》に、水色《みずいろ》のシールをはっておくの。形《かたち》は何《なん》でもいいけど、ハートが一番《いちばん》いいみたい。これをしていると、彼《かれ》が名前《なまえ》を呼《よ》んでくれるんだよ～。私《わたし》も大成功《だいせいこう》♪

（エビチリ子）

♥みんなの恋《こい》バナNOTE♥

気《き》づいてもらえた～！

好《す》きな人《ひと》はクラスの人気者《にんきもの》。モテるから私《わたし》なんて眼中《がんちゅう》にないかなと思《おも》ってたけど、髪《かみ》を切《き》った翌日《よくじつ》に「○○、髪《かみ》切《き》った？」って話《はな》しかけてもらえた。ビックリ＆すっごいうれしかった!!

（MOMO）

ステップ2

彼《かれ》と仲《なか》良《よ》くなれる おまじない

何《なん》でも話《はな》せる友《とも》だちになれれば、あなたのいいところが、いっぱい彼《かれ》に伝《つた》わるはず。まずは友《とも》だちとして彼《かれ》と仲《なか》良《よ》くなって、ミリョクをアピールしちゃおう☆

クリアを目《め》指《ざ》そう！ ラブ♡ミッション2

- ☐ 彼《かれ》と楽《たの》しくおしゃべりできる
- ☐ いっしょに遊《あそ》べるようになる

おしゃべりが盛《も》り上《あ》がる
ENOKのおまじない

白《しろ》い紙《かみ》に青《あお》いペンで「ENOK NEKO OKEN KONE」とかいて、「エノク様《さま》、○○くんと楽《たの》しく話《はな》せますように」といのってから、紙《かみ》をポケットに入《い》れて彼《かれ》に話《はな》しかけると、どんどん話《はなし》が盛《も》り上《あ》がるよ☆

（雪）

彼《かれ》と仲良《なかよ》くなれる
急《きゅう》接《せっ》近《きん》♡バンソウコウ

お姉《ねえ》ちゃんに教《おそ》わったおまじない。左手首《ひだりてくび》の内側《うちがわ》に、黒《くろ》いペンで彼《かれ》の名前《なまえ》をかいて、上《うえ》からバンソウコウをはって、3日《か》たったら取《と》るんだって。はがして7日以内《かいない》に、彼《かれ》と仲良《なかよ》くなれるチャンスが来《く》るらしい！

（ま～ぼ～）

親密度《しんみつど》アップ
ないしょのシャーペン

放課後《ほうかご》、自分《じぶん》のシャーペンを、こっそり彼《かれ》の机《つくえ》に入《い》れておいて、翌朝早《よくあさはや》くに取《と》り出《だ》して。だれにも見《み》つからないように気《き》をつけてね。毎日《まいにち》くり返《かえ》すと、彼《かれ》と仲良《なかよ》くなれるよ★

（テンションMAX↑）

彼《かれ》とたくさんしゃべれる
レモンの紅茶《こうちゃ》

朝《あさ》、学校《がっこう》に行《い》く前《まえ》に、紅茶《こうちゃ》にレモンをうかべて、東《ひがし》を向《む》いて彼《かれ》のことを考《かんが》えながら飲《の》むようにするの。私《わたし》はこれをやるようになってから、毎《まい》日《にち》好《す》きな人《ひと》といっぱいしゃべれるようになったよ～。

（蛍）

いっしょに帰《かえ》れる♡
逆向《ぎゃくむ》きのクツ

げた箱《ばこ》の前《まえ》で、「私《わたし》のほうを向《む》いてくれますように」って願《ねが》いながら、彼《かれ》のクツのつま先《さき》を自分《じぶん》のほうに向《む》けると、彼《かれ》といっしょに下校《げこう》できるチャンスが来《く》るよ！　私《わたし》はこれのおかげで、毎日《まいにち》好《す》きな人《ひと》と帰《かえ》れるようになった！

（なっきー）

彼《かれ》のグループに入《はい》れる
手《て》と手《て》でつなげ！

彼《かれ》が仲良《なかよ》しグループでおしゃべりしたり、遊《あそ》んだりしているときに、さりげなく両手《りょうて》を組《く》んでぎゅっとにぎるようにして。気《き》がついたときにやっていると、いつの間《ま》にか彼《かれ》のグループに入《はい》れるんだって♪

（いちごちゃん）

♥みんなの恋《こい》バナNOTE♥

友《とも》だち だったけど……

クラスのKくん。友《とも》だちの1人《ひとり》だったのに、林間学校《りんかんがっこう》で同《おな》じ班《はん》になってから気《き》になりだした。今《いま》さら告《こく》るとかはずかしいけど、このまま卒業《そつぎょう》はイヤだから、バレンタインにがんばる。

（ののくん）

彼《かれ》と出《で》かけられる
どこか行《い》きたいビーム☆

彼《かれ》が後《うし》ろを向《む》いているときに、左《ひだり》目《め》を閉《と》じて、右目《みぎめ》だけで彼《かれ》をジーッと見《み》つめながら、「いっしょにどこかに行《い》きたいっ!!」と念《ねん》じるんだって。そうすると、2人《ふたり》きりでどこかに出《で》かけられるチャンスが!（ロマロマ）

いっしょに勉強《べんきょう》できる
スターのお守《まも》り

下《した》じきかファイルのすみに、「彼《かれ》といっしょに勉強《べんきょう》できますように」といのりながら、緑《みどり》のペンで小《ちい》さく彼《かれ》のイニシャルと「★」マークをかいておいて。これで、私《わたし》は彼《かれ》と2人《ふたり》でテスト勉強《べんきょう》できたよ。（ゆっぴー）

♥みんなの恋《こい》バナNOTE♥

イヤじゃないのに〜（泣《なき》）

好《す》きな人《ひと》と日直《にっちょく》でいっしょになったとき、「これ、やってくれる？」って話《はな》しかけられて、うれしかったのにドキドキして答《こた》えられずにいたら、「イヤならいいけど」って……。あー、失敗《しっぱい》。

（まつこ）

彼《かれ》からメッセージが来《く》る

お願《ねが》い！郵便《ゆうびん》ポスト

小《ちい》さく切《き》った紙《かみ》に彼《かれ》の名前《なまえ》をかいて、さらに小《ちい》さく折《お》りたたみます。晴《は》れた日《ひ》の夜《よる》に家《いえ》の郵便受《ゆうびんう》けの中《なか》にそれを入《い》れて、翌朝《よくあさ》取《と》り出《だ》して。彼《かれ》がなにげないメールやメッセージを送《おく》ってくるようになるよ★ （てん）

彼《かれ》のアドレスゲット☆

トリプルハート♥♥♥

ケータイの電源《でんげん》を切《き》った状態《じょうたい》で、画面《がめん》に向《む》かってにっこり笑《わら》ってから、左手《ひだりて》の人《ひと》さし指《ゆび》で画面《がめん》にハートマークを3回《かい》かいてみて。毎日《まいにち》1回《かい》やるようにすると、彼《かれ》の連絡先《れんらくさき》がゲットできちゃうよ♪ （Ryo）

♥みんなの恋《こい》バナNOTE♥

ケータイ買《か》って！

クラスの子《こ》が好《す》きな人《ひと》とケータイでやりとりしてるのがうらやましくて、「いいな」って言《い》ったら、彼《かれ》が「○○もケータイ買《か》ったら番号教《ばんごうおし》えてね」って♡　うわ～ん、早《はや》くほしいー！

（KK）

彼《かれ》と楽《たの》しく話《はな》せる
スマイル7回《かい》

彼《かれ》と話《はな》す前《まえ》に、「スマイル」と7回《かい》となえます。声《こえ》に出《だ》さなくてもいいけど、口《くち》は動《うご》かすようにしてね。楽《たの》しい話題《わだい》で盛《も》り上《あ》がって、もっと彼《かれ》と仲良《なかよ》くなれちゃうよ～。

（バッキー♪）

いっしょに遊《あそ》べる
「9」にハートマーク

教科書《きょうかしょ》の「9」がつくページのはしに、小《ちい》さく「♡」のマークをかいておくと、彼《かれ》が遊《あそ》びにさそってくれるよ☆「♡」マークは、ゼッタイにだれにも見《み》つからないようにね！

（じゃすみん）

彼《かれ》と2人《ふたり》きりで話《はな》せる
満月《まんげつ》の指輪《ゆびわ》

満月《まんげつ》の夜《よる》に、彼《かれ》の家《いえ》がある方向《ほうこう》を向《む》いて、指《ゆび》で空中《くうちゅう》に○をかいて。そのときに、「指輪《ゆびわ》の神様《かみさま》、お願《ねが》いします！」ってとなえるといいみたい。彼《かれ》と2人《ふたり》だけで話《はな》せる時間《じかん》が増《ふ》えるんだって♪

（くろねこここ）

♥みんなの恋《こい》バナNOTE♥

気持《きも》ちが知《し》りたい！

ふだん、あんまりはかないスカートをはいて学校《がっこう》に行《い》ったら、好《す》きな人《ひと》がちょっとそっけなかった。「かわいいからドキッとしたんだよ！」って友《とも》だちは言《い》ってたけど、ホントかな……？

（まめ）

ステップ3

彼《かれ》にイシキされるおまじない

「友《とも》だちにはなれたけど、女《おんな》の子《こ》としてイシキしてくれているのかな……？」そんな不安《ふあん》には、おまじないでバイバイしよう。彼《かれ》の中《なか》で、あなたがどんどん特別《とくべつ》な存在《そんざい》になっていくはず♡

クリアを目指《めざ》そう！ ラブ♡ミッション3

- [ ] 特別《とくべつ》な女《おんな》の子《こ》としてあつかわれる
- [ ] 彼《かれ》がドキドキしてくれる

好《す》きな人《ひと》に気《き》にされる ジュルフェの思《おも》い風《かぜ》

教室《きょうしつ》の窓《まど》側《がわ》に立《た》ち、心《こころ》の中《なか》で「風《かぜ》の妖精《ようせい》ジュルフェ様《さま》、流《なが》れる風《かぜ》に乗《の》せて、私《わたし》の思《おも》いを彼《かれ》に吹《ふ》きこんで」ととなえてから、彼《かれ》を見《み》て髪《かみ》をかき上《あ》げて！　彼《かれ》があなたを気《き》にするようになるよ〜！

（ミホ）

ドキドキされる！ 緑《みどり》のHow are you?

年賀状《ねんがじょう》など、彼《かれ》に堂々《どうどう》とハガキを出《だ》せるときがチャンス！　ハガキのどこかに緑《みどり》のペンで「How are you?」という文字《もじ》を入《い》れて、最後《さいご》に赤《あか》いハートをかいて送《おく》ってみてね。彼《かれ》の気《き》になる存在《そんざい》になれちゃうよ。

（マスター）

こっちを見《み》てくれる 幸《しあわ》せのホワイトバード

白《しろ》い紙《かみ》をトリの形《かたち》に切《き》り、彼《かれ》の名前《なまえ》をかいて持《も》ち歩《ある》きます。1週《しゅう》間目《かんめ》の夜《よる》に、そのトリに目《め》をかくと、次《つぎ》の日《ひ》から彼《かれ》が自分《じぶん》のほうを見《み》てくれるようになるらしい！

（ほっとここあ）

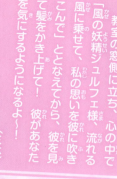

女《おんな》の子《こ》あつかいされる
マジック★スター

一番星《いちばんぼし》に「彼《かれ》がイシキしてくれますように」ってお願《ねが》いをすると、女《おんな》の子《こ》あつかいしてもらえるようになるよ。夕方《ゆうがた》くらいに見《み》えるから、見《み》のがさないよう注意《ちゅうい》！　友《とも》だちはこれで恋《こい》が実《みの》ったよ♪

（ぴぴぴ）

彼《かれ》がイシキしてくる
小《こ》指《ゆび》のチュッ

彼《かれ》と話《はな》すときに、さりげなく、小指《こゆび》をくちびるのあたりに持《も》ってきてみて。これをやっていると、彼《かれ》がどんどん気《き》にしてくるみたい！　うちはこれで、彼《かれ》といい感《かん》じになったよ～。みんなもやってみて☆

（ＰＬＵＭ）

彼《かれ》からの注目度《ちゅうもくど》アップ
フレイヤのように

毎日《まいにち》、花《はな》モチーフのヘアアクセを髪《かみ》やカバンにつけて登校《とうこう》します。学《がっ》校《こう》に着《つ》いたら、げた箱《ばこ》のところで「愛《あい》と美《び》の女神《めがみ》、フレイヤのように」ととなえてね。彼《かれ》からの注目度《ちゅうもくど》がグンとアップ！

（うっちぃ）

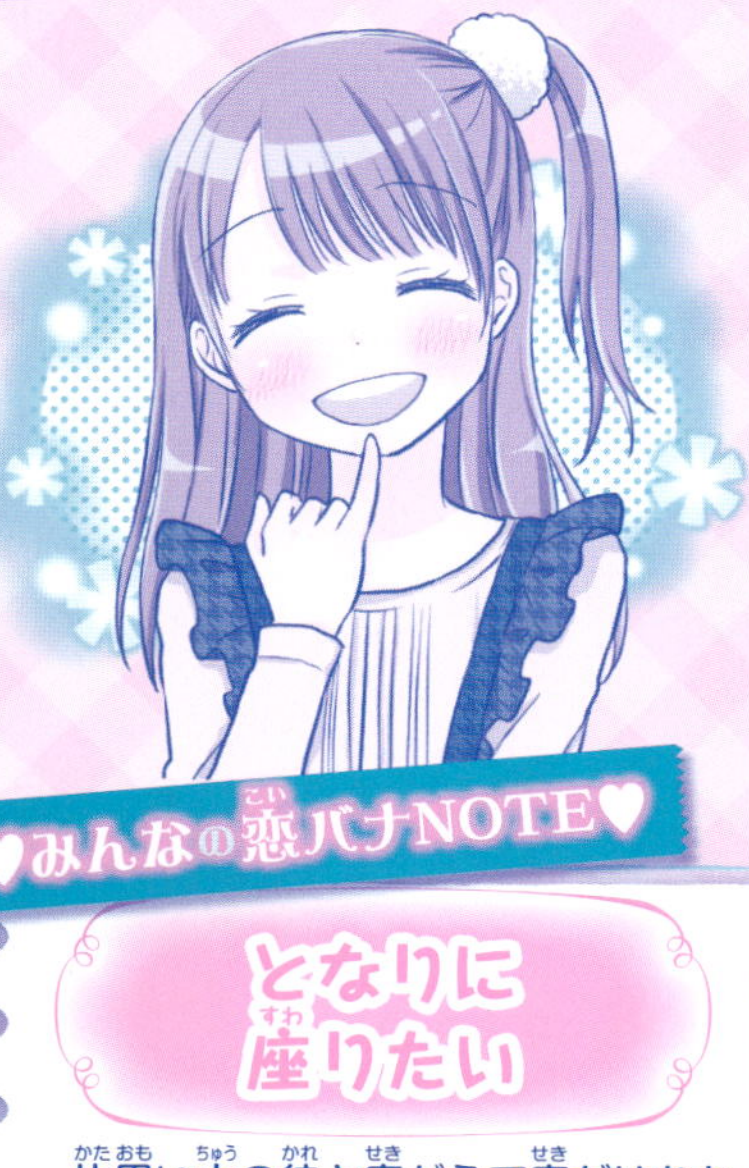

♥みんなの恋《こい》バナNOTE♥

となりに座《すわ》りたい

片思《かたおも》い中《ちゅう》の彼《かれ》と席《せき》がえで席《せき》がはなれちゃってショックを受《う》けてたら、彼《かれ》が「あーあ、もう２つ前《まえ》の席《せき》だったらよかったのに」って。それ、私《わたし》のとなりなんだけど……！　期待《きたい》していいの？

（ライチ）

彼《かれ》に好《す》かれるキューピッドへの手紙《てがみ》

まず、真《ま》っ白《しろ》い紙《かみ》に「○○くんがほしい」とかきます。ねる前《まえ》に、その紙《かみ》をまくらの下《した》に入《い》れてね。こうすると、次《つぎ》に彼《かれ》に会《あ》うときに、彼《かれ》があなたを見《み》てドキドキしてくれるんだって～！

（ふあふあ）

休日《きゅうじつ》に思《おも》い出《だ》してもらえるマジカル・ドライヤー

髪《かみ》をかわかすとき、左後《ひだりうし》ろのほうからかわかすようにしてみて。続《つづ》けていると、休《やす》みの日《ひ》にも彼《かれ》が思《おも》い出《だ》してくれるようになるみたい。メールや電話《でんわ》がしょっちゅう来《く》るようになるよ☆

（MIKO）

♥みんなの恋《こい》バナNOTE♥

意外《いがい》な一面《いちめん》にドキッ♡

近《ちか》くの保育所《ほいくしょ》で小《ちい》さい子《こ》と遊《あそ》ぶ授業《じゅぎょう》があったんだけど、そのとき、彼《かれ》が子《こ》どもたちにやさしく接《せっ》してた。大人《おとな》っぽく見《み》えたし、すごいキュンとして、よけいに好《す》きになった！　（トリンドル）

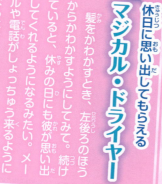

彼《かれ》と目《め》が合《あ》う 3回《かい》ノック

だれもいない教室《きょうしつ》で、彼《かれ》の机《つくえ》を「コン、コン、コン」と、音《おと》がほとんど聞《き》こえないくらい軽《かる》く3回《かい》ノックするの。これを続《つづ》けていたら、彼《かれ》がこっちをイシキしてくれて、目《め》が合《あ》うことが多《おお》くなったよ。

（ひなたん）

イシキさせる 逆《さか》さのじゅもん

彼《かれ》の目《め》に入《はい》るところで、さりげなくそっぽを向《む》くようなしぐさをしながら、小《ちい》さな声《こえ》で「○○くん大好《だいす》き」という言葉《ことば》を逆《ぎゃく》から言《い》ってみて。「タクヤくん大好《だいす》き」なら「きすいだんくやくた」。何度《なんど》もくり返《かえ》すのがポイント！

（まい）

♥みんなの恋《こい》バナNOTE♥

卒業前《そつぎょうまえ》のサプライズ

私立《しりつ》の中学《ちゅうがく》に行《い》くっていう話《はなし》を友《とも》だちとしてたら、「どこの学校《がっこう》？」って聞《き》いてきた彼《かれ》。ずっと好《す》きな人《ひと》だったからビックリ！　卒業式《そつぎょうしき》の日《ひ》に告白《こくはく》されて、今《いま》はつき合《あ》ってマス。

（みんみ）

彼《かれ》からアプローチされる

空白《くうはく》レター

何《なに》もかいていない便《びん》せんかメモ用《よう》紙《し》をふうとうに入《い》れて、ふうはしない状態《じょうたい》で、通学《つうがく》カバンのポケットに入《い》れておきます。そのうちに、好《す》きな人《ひと》がグイグイアプローチしてくるんだって〜！

（とまとまとまと）

かわいいと思《おも》われる

左手《ひだりて》の赤《あか》リボン

休《やす》みの日《ひ》に、赤《あか》いリボン（ラッピングなどに使《つか》われていたものでもOK）を左手首《ひだりてくび》に結《むす》んで1日《にち》過《す》ごすと、ミリョクがアップして、彼《かれ》に「かわいい」と思《おも》ってもらえるよ。できるだけ毎週《まいしゅう》やると効果大《こうかだい》！

（モコ）

彼《かれ》が気《き》にしてくる

バラのハンドクリーム

ねる前《まえ》に、バラの香《かお》りのハンドクリームを手《て》にぬって、ぐっすりねむり、あとはいつもどおりに過《す》ごすだけ。しばらく続《つづ》けていると、彼《かれ》の視《し》線《せん》を感《かん》じることが増《ふ》えるらしい！うちのクラスではみんなやってるよ。

（エビチリ子）

♥みんなの恋《こい》バナNOTE♥

私《わたし》だけ特別《とくべつ》……??

授業中《じゅぎょうちゅう》、彼《かれ》がちょっかい出《だ》してくる。先生《せんせい》に見《み》つかると注意《ちゅうい》されちゃうし、友《とも》だちに見《み》られたらはずかしいな〜と思《おも》うんだけど、そんなことされてる女《じょ》子《し》は私《わたし》だけだから、正直《しょうじき》うれしい。

（しろぴ）

ステップ 4

思《おも》いが伝《つた》わるおまじない

彼《かれ》といいフンイキになってきたら、もうひとおし！　あなたの気《き》持《も》ちが伝《つた》わるおまじないをしょうかいするよ。もしかしたら、彼《かれ》のほうからあなたに告白《こくはく》してくるかも……!?

クリアを目《め》指《さ》そう！
ラブ♡ミッション 4

- [ ] まわりに「お似《に》合《あ》いだね」って言《い》われる
- [ ] 友《とも》だち以《い》上《じょう》恋《こい》人《びと》未《み》満《まん》の関《かん》係《けい》になる

気持《きも》ちよ届《とど》け！
月夜《つきよ》の5円玉《えんだま》

満月《まんげつ》の夜《よる》のおまじない。自分《じぶん》の生《う》まれ年《どし》と彼《かれ》の生《う》まれ年《どし》の5円玉《えんだま》2枚《まい》を重《かさ》ねて、左手《ひだりて》の親指《おやゆび》と人《ひと》さし指《ゆび》ではさみ、夜空《よぞら》の月《つき》にかざしながら、心《こころ》の中《なか》で彼《かれ》を思《おも》ってみて。気《き》持《も》ちが届《とど》くんだって。

（デイジー）

気《き》持《も》ちが通《つう》じ合《あ》う
ぬりぬり♡ハート

彼《かれ》と自分《じぶん》の名前《なまえ》のフルネーム分《ぶん》、シャーペンのシンをカチカチ出《だ》して、白《しろ》い紙《かみ》に大《おお》きく♡をかいて、シンを折《お》らないように気《き》をつけながら、最後《さいご》までぬりつぶしてね。これを持《も》っていると、気《き》持《も》ちが通《つう》じ合《あ》うよ！

（杏ちゃん）

彼《かれ》に思《おも》いが通《つう》じる
イニシャルリップ

新品《しんぴん》のリップクリームに、つまようじで彼《かれ》のイニシャルをほっておくの。これをだれにもさわらせずに使《つか》い切《き》れたら、思《おも》いが通《つう》じるよ。今《いま》の彼氏《かれし》とは、これで両思《りょうおも》いになれました♪

（PINE）

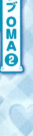

好《す》きになってくれる♡
彼《かれ》のハートふみ

彼《かれ》に気《き》づかれないように、「私《わたし》を好《す》きになって！」と念《ねん》じながら、彼《かれ》のカゲの胸《むね》のあたりを3回《かい》ギュッとふみます。これをすると、彼《かれ》に気《き》持《も》ちが届《とど》いて、2人《ふたり》の恋《こい》がどんどん進展《しんてん》していくはず。

（ミュウ）

気《き》持《も》ちに気《き》づいてくれる
背《せ》中《なか》にささやいて

好《す》きな人《ひと》の背中《せなか》に向《む》かって、小《ち》さな声《こえ》で「イクシアット」とささやいてみて。これを彼《かれ》の後《うし》ろ姿《すがた》が見《み》えるたびにやっていると、彼《かれ》に気《き》持《も》ちが伝《つた》わるんだよ。みんなこれで恋《こい》がかなったって言《い》ってる☆

（えれん）

思《おも》いを知《し》ってくれる
仲《なか》良《よ》しサクランボ

正方形《せいほうけい》の紙《かみ》にサクランボの絵《え》をかいて、右《みぎ》の実《み》に自分《じぶん》の名前《なまえ》、左《ひだり》の実《み》に彼《かれ》の名前《なまえ》をかいて、だれにも見《み》られないように10日《か》間《かん》持《も》っていて。10日《か》たったら、感謝《かんしゃ》しながら捨《す》ててね。彼《かれ》に思《おも》いが届《とど》くよ。

（琴音）

♥みんなの恋《こい》バナNOTE♥

うわさになってるうちに……

たまたま2人《ふたり》で話《はな》してるのを見《み》られてから、クラスの男子《だんし》と、「つき合《あ》ってる」ってうわさに……。何《なん》とも思《おも》ってなかったのに、急《きゅう》にイシキしちゃって、気《き》づいたら好《す》きになってた。

（ジュン）

彼《かれ》への思《おも》いが伝《つた》わる ダイアナのブラシ

満月《まんげつ》の夜《よる》、洗面器《せんめんき》にためた水《みず》に月《つき》を映《うつ》します。その水《みず》につけたブラシで髪《かみ》をとかしながら「月《つき》の女神《めがみ》ダイアナ様《さま》、あなたの月《つき》の光《ひかり》にのせて、私《わたし》の思《おも》いを○○くんのねむる窓辺《まどべ》へ伝《つた》えてください」といのって！

（レボレボイ）

届《とど》け、この気持《きも》ち タンポポの綿毛《わたげ》

綿毛《わたげ》になっているタンポポを持《も》って高《たか》い建物《たてもの》の上《うえ》の階《かい》に上《あ》がり、彼《かれ》の家《いえ》の方向《ほうこう》に向《む》かって綿毛《わたげ》をフゥッと吹《ふ》くと、思《おも》いが伝《つた》わるんだって。お母《かあ》さんが子《こ》どものころからあるおまじないみたい。

（うーこ）

♥みんなの恋《こい》バナNOTE♥

ありがとうが言《い》えなくて

メガネをかけることになって、男子《だんし》たちにからかわれたときに、好《す》きな人《ひと》が「くだらないことでさわぐなよ」って言《い》ってくれた。うれしかったのに、照《て》れくさくてお礼《れい》が言《い》えなかった……。

（香菜）

気《き》持《も》ち伝《つた》わる♡
2人《ふたり》の寄《よ》りそいカゲ

学校《がっこう》の帰《かえ》りに彼《かれ》と会《あ》ったら、こっそり彼《かれ》のカゲと自分《じぶん》のカゲがふれる位置《いち》に立《た》って、「また明日《あした》」とあいさつするようにしてみて。これをやっていたら、ずっと好《す》きだった人《ひと》と両《りょう》思《おも》いになれたよ♪

（はっち）

大好《だいす》きな彼《かれ》と両思《りょうおも》いに
運命《うんめい》の赤《あか》い糸《いと》きゅっ

彼《かれ》にシャーペンを借《か》りて、返《かえ》し忘《わす》れたふりをして持《も》って帰《かえ》り、自分《じぶん》のシャーペンと彼《かれ》のシャーペンを赤《あか》いリボンで結《むす》びます。次《つぎ》の日《ひ》、彼《かれ》にそのシャーペンを返《かえ》せば、両思《りょうおも》いに♡

（きゃんさま大好き）

♥みんなの恋《こい》バナNOTE♥

友《とも》だちが勇気《ゆうき》をくれた

かわいい子《こ》が彼《かれ》にアプローチしてるのを見《み》て自信《じしん》をなくしてたら、親友《しんゆう》が「○○のほうが彼《かれ》と仲《なか》いいし、ゼッタイ勝《か》てるよ！」ってはげましてくれた。おかげで告白《こくはく》できたんだ〜。

（パンプキンパイ）

気持《きも》ちがわかってもらえる てるてる坊主《ぼうず》にお願《ねが》い

彼《かれ》への気持《きも》ちをかいた紙《かみ》を丸《まる》めたものを頭《あたま》の中身《なかみ》にして作《つく》ったてるてる坊主《ぼうず》を、窓辺《まどべ》につるしておいて。次《つぎ》の日《ひ》に雨《あめ》が降《ふ》らなければ、気持《きも》ちが伝《つた》わるよ。雨《あめ》が降《ふ》ったら、また別《べつ》の日《ひ》に。

（トモミ・デラックス）

好《す》きな人《ひと》と両思《りょうおも》いに レター・テレパシー

白《しろ》いレターセットで、彼《かれ》への思《おも》いをいっぱいかいた手紙《てがみ》を用意《ようい》してね。ねる前《まえ》に、その手紙《てがみ》を声《こえ》に出《だ》して読《よ》むようにすると、思《おも》いが伝《つた》わるよ。伝《つた》わったときのことをよくイメージするのが大事《だいじ》！

（じゃすみん）

愛《あい》が伝《つた》わる ストーンヘッジ

白《しろ》と黒《くろ》の石《いし》を1つずつ、それ以外《いがい》の色《いろ》の石《いし》を6つ用意《ようい》して。白《しろ》い石《いし》にあなたの、黒《くろ》い石《いし》に彼《かれ》のイニシャルをかいて、東《ひがし》に白《しろ》、西《にし》に黒《くろ》、南北《なんぼく》とその間《あいだ》の方角《ほうがく》に他《ほか》の色《いろ》の石《いし》を置《お》いていのれば、思《おも》いが伝《つた》わるんだって！

（くろねここ）

♥みんなの恋《こい》バナNOTE♥

プリントの間《あいだ》に……♡

彼《かれ》に告白《こくはく》した翌日《よくじつ》に、カゼをひいて学校《がっこう》を休《やす》んでしまったんだけど、そのとき、彼《かれ》がプリントを届《とど》けに来《き》てくれたの！　そして、プリントの間《あいだ》に「オレも好《す》き」っていうメモが……。

（くろたん）

ステップ5 彼《かれ》とつき合《あ》えるおまじない

思《おも》いが通《つう》じても、大事《だいじ》なことは、やっぱり言葉《ことば》で伝《つた》えたい！
いよいよ、彼《かれ》から告白《こくはく》される＆あなたの告白《こくはく》が成功《せいこう》するおまじないを大公開《だいこうかい》。幸《しあわ》せなカップルになれるまで、あと少《すこ》し♡

クリアを目指《めざ》そう！ ラブ♡ミッション5

- □ 彼《かれ》が告白《こくはく》してくれる
- □ 告白《こくはく》を成功《せいこう》させる

彼《かれ》から告白《こくはく》される！

コロンのハンカチ

ハンカチに、自分《じぶん》の名前《なまえ》のイニシャルを赤《あか》い糸《いと》でししゅうして、少《すこ》しコロンをつけます。それを彼《かれ》の近《ちか》くで、さりげなく落《お》として、すぐひろって！　その後《ご》、同《おな》じコロンをつけていると、彼《かれ》から告白《こくはく》されるよ！

（ちゃや）

彼《かれ》に選《えら》ばれる

お守《まも》りトランプ

トランプのハートのQに自分《じぶん》の名前《なまえ》、Jに彼《かれ》の名前《なまえ》をかいて。そして、Qの上《うえ》にJをのせて、今度《こんど》はそれと向《む》かい合《あ》わせにJをのせたら、赤《あか》いリボンで結《むす》んでお守《まも》りにしてね。彼《かれ》があなたを選《えら》んでくれるよ。

（タキモト）

好《す》きな人《ひと》から告《こく》られる！

イス交《こう》かんっこ

自分《じぶん》のイスのウラ側《がわ》にハート型《がた》のシールをはって、彼《かれ》のイスと、こっそり交《こう》かんしちゃおう。1週《しゅう》間《かん》たってから、元《もと》に戻《もど》しておくと、彼《かれ》から告白《こくはく》してきます！　これで好《す》きな人《ひと》とつき合《あ》えたよ～★☆

（しょうこ）

2週間《しゅうかん》で告《こく》られる
歩調合《ほちょうあ》わせマジック

歩《ある》いている彼《かれ》の後《うし》ろを、同《おな》じ速《はや》さでしばらく歩《ある》いて。そして、心《こころ》の中《なか》で「好《す》き」と念《ねん》じてから、彼《かれ》に「おはよう」と声《こえ》をかけてね。2週間続《しゅうかんつづ》けると、2人《ふたり》きりになったときに、彼《かれ》が告白《こくはく》してくれるよ。

（えん）

好《す》きな人《ひと》に告白《こくはく》される♡
ロサークのじゅもん

好《す》きな人《ひと》の目《め》を見《み》て、心《こころ》の中《なか》で「ロサーク・タサーク・ニーク・ニーク」ととなえてみてね。1日《にち》に何度《なんど》もやるのがポイント。そのうちに、彼《かれ》はあなたに告白《こくはく》したくなってくるらしいよ☆

（ジュエル★）

彼《かれ》のハートを射止《いと》める
告白《こくはく》ラブネイル

友《とも》だちの恋《こい》がかなったおまじないだよ♪　左手《ひだりて》の小指《こゆび》のツメに、うすピンクのネイルで、彼《かれ》のイニシャルをかきます。その上《うえ》から、重《かさ》ねて同《おな》じネイルをぬっておくと、彼《かれ》から告白《こくはく》してくるんだって〜！

（Yukari）

♥みんなの恋《こい》バナNOTE♥

夢《ゆめ》の中《なか》で何度《なんど》も……

彼《かれ》に告《こく》られる夢《ゆめ》をしょっちゅう見《み》るようになって、自分《じぶん》でもヤバいなって思《おも》ったので、勇気《ゆうき》を出《だ》して私《わたし》から告《こく》った。そしたら、彼《かれ》も私《わたし》から告《こく》られる夢《ゆめ》を見《み》てたんだって……！

（ちゃっぴー）

バレンタインに告白成功《こくはくせいこう》♥
月《つき》の女神《めがみ》のラブパワー

バレンタインデー前日《ぜんじつ》、チョコの包《つつ》みを月《つき》の光《ひかり》に当《あ》てながら、「ダイアナからは美《うつく》しさを。アルテミスからは恋《こい》の矢《や》を！」とお願《ねが》いしてみて！落《お》ち着《つ》いて気持《きも》ちを伝《つた》えられるよ。

（アップルティー）

Moonlight
LOVE

左右逆に
one point

告白《こくはく》がうまくいく！
ハプニング・ソックス

告白《こくはく》する日《ひ》、ワンポイントのマークがあるソックスを、左右逆《さゆうぎゃく》にはいていってみて。恋《こい》のラッキーが起《お》こりやすくなって、告白《こくはく》が成功《せいこう》しやすくなるよ♪　私《わたし》はこれのおかげで彼《かれ》と2人《ふたり》きりになれた！

（もっち）

♥みんなの恋《こい》バナNOTE♥

言葉《ことば》にできない

塾《じゅく》の帰《かえ》りに、「オレとつき合《あ》って」って言《い》われた！　うれしすぎて、何《なに》も言《い》えずにコクコクうなずいたら、彼《かれ》もだまって、ぎゅっと抱《だ》きしめてくれたの。泣《な》いちゃったよ～。　（しばのすけ）

ちゃんと告白《こくはく》できる アナウンサーパワー

告白《こくはく》する日《ひ》の朝《あさ》、テレビのニュースを見《み》ながら、「私《わたし》はアナウンサー。言《い》いたいことがスラスラ言《い》える！」と心《こころ》の中《なか》で3回《かい》となえて。きんちょうせずに告白《こくはく》できて、いい結果《けっか》につながるよ～。

（ベイベイ☆）

ＯＫがもらえる！ キセキのプリン

告白《こくはく》する日《ひ》の朝《あさ》、「ラブプリンセス」ととなえながらチョコ味《あじ》のプリンを食《た》べて、にっこり笑《わら》って「ごちそうさま」と言《い》ってね。この笑顔《えがお》を思《おも》い出《だ》しながら告《こく》れば、ゼッタイうまくいくよ～！

（Ｃｌａｌａ）

♥みんなの恋《こい》バナNOTE♥

ムードにまかせて……

放課後《ほうかご》に好《す》きな人《ひと》と2人《ふたり》でしゃべってたら、何《なん》となくいいフンイキに。「好《す》きなヤツいる？」って聞《き》かれたから「……あなたデス」って言《い》ったら、彼《かれ》が小《ちい》さい声《こえ》で「オレも」って。幸《しあわ》せ♡

（みんみ）

大好《だいす》きな人《ひと》とつき合《あ》える♡ 作者《さくしゃ》は私《わたし》

お気《き》に入《い》りの恋愛《れんあい》マンガや恋愛小《れんあいしょう》説《せつ》の本《ほん》にピンクのブックカバーをつけて、一番後《いちばんうし》ろのページにある作者《さくしゃ》の名前《なまえ》を自分《じぶん》の名前《なまえ》にかきかえて！ 告白《こくはく》がうまくいって、お話《はなし》みたいな恋《こい》ができるんだよ♡

（モコ）

恋《こい》が成就《じょうじゅ》★ たまごのネームかき

告白《こくはく》する前《まえ》の夜《よる》、カラに彼《かれ》と自分《じぶん》の名前《なまえ》をローマ字《じ》でならべてかいたたまごで、ゆでたまごを作《つく》って。できたら、「明日《あした》はうまくいきますように」といのりながらカラをむき、塩《しお》をかけて食《た》べればOK♡

（よしの）

彼《かれ》とつき合《あ》える ハートの虹玉《にじだま》

虹色《にじいろ》のビー玉《だま》を通《とお》して彼《かれ》の姿《すがた》を見《み》ながら、「虹《にじ》の神様《かみさま》、彼《かれ》のハートを、虹玉《にじだま》にふうじこめて！」ととなえて、ビー玉《だま》をにぎりしめます。告白《こくはく》するときは、これをお守《まも》りとして持《も》っておいてね！

（MILKY）

♥みんなの恋《こい》バナNOTE♥

ずっといっしょだよ

告《こく》ってOKもらってから１年《ねん》。彼《かれ》がリングをプレゼントしてくれた！「18才《さい》になったら、もっとちゃんとしたの買《か》うから、今《いま》はそれで」って。一《いっ》生《しょう》いっしょにいたいって思《おも》いました♡

（たなっち）

おなやみ解決《かいけつ》！

トラブルレスキューおまじない

ライバル問題《もんだい》、友《とも》だちとの関係《かんけい》……片思《かたおも》い中《ちゅう》の
おなやみも、おまじないでスッキリ！

友《とも》だちに好《す》きな人《ひと》が知《し》られちゃいそう！

好《す》きな人《ひと》をないしょにできる

心《こころ》のカギ

自分《じぶん》が持《も》っているカギを１つ、白《しろ》い紙《かみ》で包《つつ》んで、「私《わたし》のヒミツを閉《と》じて」ととなえて持《も》ち歩《ある》いてね。これで友《とも》だちにもバレない！　（宙★）

親《おや》が好《す》きな人《ひと》を聞《き》いてくる……

親《おや》に好《す》きな人《ひと》がバレない

左《ひだり》ポケットのハンカチ

左《ひだり》のポケットにハンカチを入《い》れておくと、好《す》きな人《ひと》が親《おや》にバレないよ！「バレそう～」ってピンチなときには、そのハンカチにさわって！（つーちん）

シットでイライラしちゃうの、やめたいよ～

ヤキモチがおさまる

エラ・マソで落《お》ち着《つ》いて

彼《かれ》が他《ほか》の女子《じょし》と話《はな》しているのを見《み》て、シットしてしまったら、心《こころ》の中《なか》で「エラ・マソ」と10回《かい》となえてみて。気《き》持《も》ちが落《お》ち着《つ》くよ。　（ももかん）

恋《こい》のライバル出現《しゅつげん》！どうしよう！

ライバルにあきらめてもらえる

助《たす》けてコンペイトウ

白《しろ》、青《あお》、紫《むらさき》、緑《みどり》のコンペイトウを、ラップで包《つつ》んで。これに「○○さんは他《ほか》の人《ひと》を好《す》きになる！」ととなえて、翌日《よくじつ》、その子《こ》にあげてね。　（くま）

Part5

両《りょう》思《おも》いを応《おう》援《えん》！

ラブ OMA③

大《だい》好《す》きな彼《かれ》とおつき合《あ》いスタート♡　ずっとステキな関《かん》係《けい》が続《つづ》くように、キズナを深《ふか》めるおまじないや、楽《たの》しくデートできるおまじないを集《あつ》めたよ！　これからおつき合《あ》いが始《はじ》まるカップルも、すでにおつき合《あ》いしている２人《ふたり》にも、役《やく》立《だ》つおまじないが盛《も》りだくさんだよ☆

おつき合《あ》い始《はじ》めます！

ラブラブな会話《かいわ》で彼《かれ》とキズナを深《ふか》めよう！

彼《かれ》と上手《じょうず》にコミュニケーションを取《と》って、さらにラブラブ度《ど》をアップさせちゃおう！

彼氏《かれし》と楽《たの》しくおしゃべり 虹《にじ》の女《め》神《がみ》のおまじない

スプレー容器《ようき》に水《みず》を入《い》れ、そこにレモンを3滴《てき》しぼります。天気《てんき》のいい日《ひ》に、太陽《たいよう》を背《せ》にスプレーをプッシュすると、虹《にじ》が現《あらわ》れるよ。そしたら、「イリス様《さま》、2人《ふたり》の心《こころ》を1つにしてください」とお願《ねが》いするの。そうすると彼《かれ》とおしゃべりで盛《も》り上《あ》がれるんだって！

（彼氏がほしい～♡）

彼《かれ》の前《まえ》できんちょうしない 恋《こい》のシンクロ

彼氏《かれし》のクセやしぐさを、とにかくマネする！　いっしょの動《うご》きを続《つづ》けていると、自然《しぜん》とリラックスできちゃう。素直《すなお》になりたいときもおすすめ。

（はじめ）

ラブラブムードになる プチポスター

できるだけ小《ちい》さな4角形《かくけい》の紙《かみ》に「大好《だいす》き」と、読《よ》めるか読《よ》めないかくらいの小《ちい》さな文字《もじ》でかくの。その紙《かみ》を、学校《がっこう》の彼《かれ》の机《つくえ》のウラにこっそりはればOK！（くららん）

彼氏《かれし》と電話《でんわ》で盛《も》り上《あ》がる ラサの指《ゆび》型《がた》

彼氏《かれし》に電話《でんわ》するときは、左手《ひだりて》の親指《おやゆび》と薬指《くすりゆび》を曲《ま》げてくっつけるといいよ！　これはラサの指型《ゆびがた》って言《い》って、楽《たの》しくトークできるおまじないだよ。

（長電話）

ドキドキ初《はつ》デート♡

B子《こ》、聞《き》いて！彼《かれ》が大変《たいへん》なの！
ど、どうしたの⁉
次《つぎ》の土曜《どよう》にデートしようって♡
ズコー
ちょっと…
とりあえず落《お》ち着《つ》いて
うれしいんだけどデートなんて初《はじ》めてだしどうしたらいいのか…
洋服《ようふく》は？メイクは？
何《なに》を話《はな》せばいいの？
いろいろなやんじゃって夜《よる》もねれないの
肌《はだ》あれしちゃう…

彼《かれ》とのデートで楽《たの》しい時間《じかん》を過《す》ごそう！

彼《かれ》の愛情《あいじょう》をアップさせるには、デートが一番《いちばん》。2人《ふたり》きりの時間《じかん》をラブパワーで満《み》たそう♡

デートで急接近《きゅうせっきん》する♡ 薬指《くすりゆび》のダイヤモンド

デートの前《まえ》の夜《よる》、月《つき》か星《ほし》をダイヤのつもりにして、左手《ひだりて》の薬指《くすりゆび》にかざすの。そして「2人《ふたり》の愛《あい》は永遠《えいえん》♡」といのれば、ラブラブデートができる☆　（きい）

デートが盛《も》り上《あ》がる ラバーズ♡シャドウ

デートのとき、彼《かれ》と自分《じぶん》のカゲが重《かさ》なるように歩《ある》くだけ！　こうすると話題《わだい》がどんどん出《で》てきて、気《き》まずいフンイキにならないんだよ♪　（チカ）

楽《たの》しいデートになる リンリン♪愛《あい》のすず

すずを2つ用意《ようい》して、赤《あか》い糸《いと》を通《とお》してつなげます。そして、糸《いと》をチョウチョ結《むす》びにします。最後《さいご》に結《むす》び目《め》を接着剤《せっちゃくざい》で、しっかりくっつければOK。（プラネタリウム）

デートがうまくいく みずがめ座《ざ》の恋守《こいまも》り

銀色《ぎんいろ》の折《お》り紙《がみ》のウラに、青《あお》いペンでみずがめ座《ざ》のマーク（♒）をかいて。そしてマークの上《うえ》に自分《じぶん》の名前《なまえ》、マークの下《した》に彼《かれ》の名前《なまえ》をかくの。これを折《お》りたたんで、デートに出《で》かけるときに持《も》っていけば、恋《こい》のお守《まも》りになってくれるよ。楽《たの》しく彼《かれ》とデートできるはず♡　（嵐LOVE）

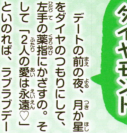

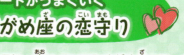

プレゼントは何《なに》がいい？

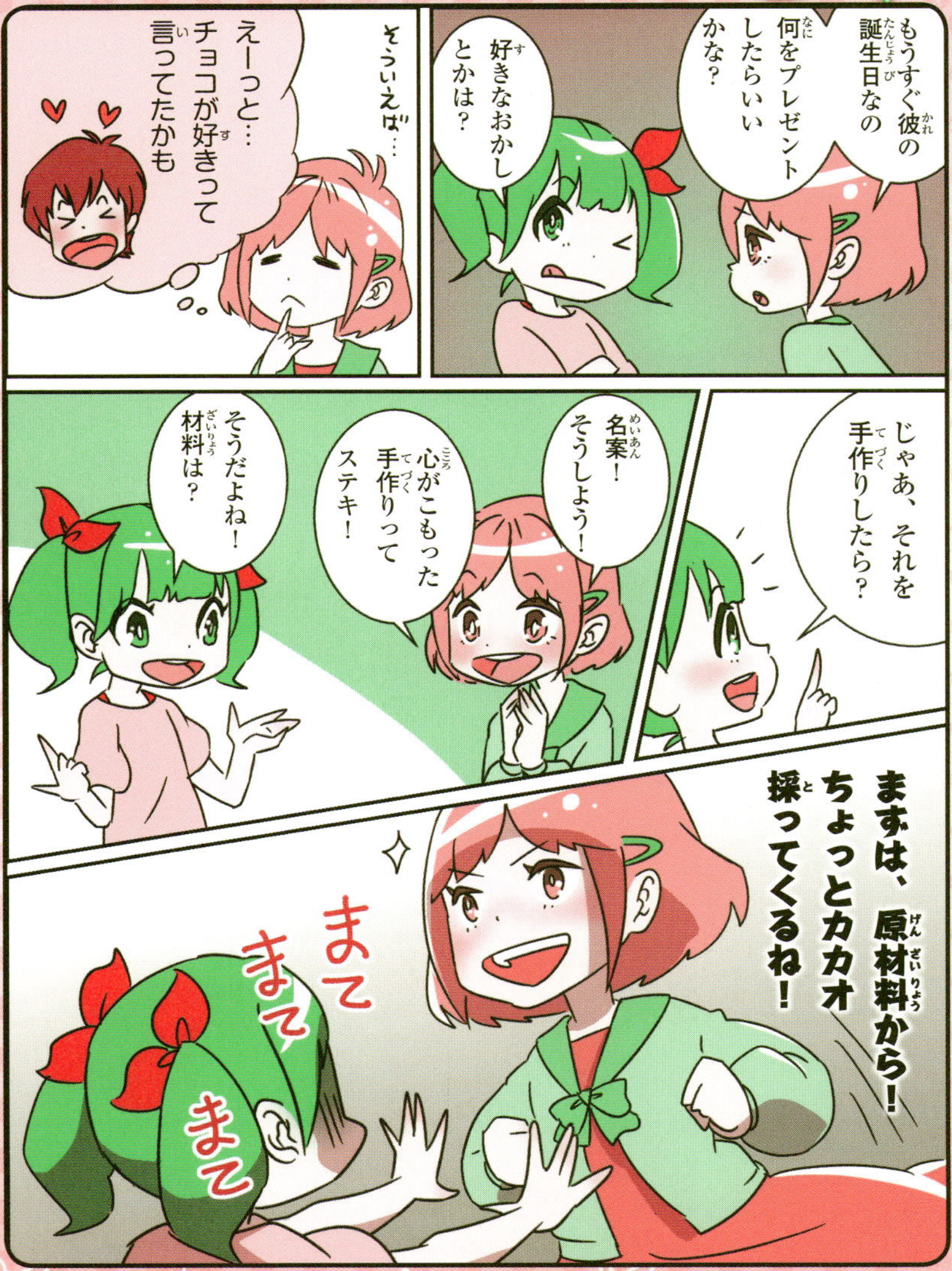

プレゼントをして彼《かれ》に喜《よろこ》んでもらおう！

誕生日《たんじょうび》やバレンタインにあげるプレゼントに、おまじないでLOVEの魔《ま》法《ほう》をかけちゃおう♡

ほしいプレゼントをチェック　カップルぬいぐるみ

男《おとこ》の子《こ》と女《おんな》の子《こ》がセットになっているぬいぐるみを用意《ようい》します。キーホルダーやストラップについている、小《ちい》さなマスコットでOK。そしてぬいぐるみ同士《どうし》、手《て》をつながせて「私《わたし》と彼《かれ》も伝《つた》わり合《あ》う」と念《ねん》じてください。これで、彼《かれ》が何《なに》をほしがっているかがわかるよ。（RIZA）

彼《かれ》のほしいものがわかる　スマイル♡フォトグラフ

2人《ふたり》で写《うつ》った写《しゃ》メを携帯《けいたい》の待《ま》ち受《う》けにして、待《ま》ち受《う》け画面《がめん》に指《ゆび》で金星《きんせい》のマーク（♀）をかくと、さりげなくほしいプレゼントを聞《き》きだせるよ～！（めぐみん）

プレゼントに愛《あい》をこめる　心《こころ》のリボン

彼《かれ》にプレゼントするラッピングは、絶対《ぜったい》に自分《じぶん》でやるべし！　リボンを結《むす》ぶときに「心《こころ》のリボンもほどける」ととなえれば、気持《きも》ちが伝《つた》わるよ。（カフェ☆）

バレンタインでラブラブに　フローラル・チョコ

バレンタインの2日《か》前《まえ》から、花《はな》の香《かお》りがするコロンをこっそりつけます。そして包《つつ》み紙《がみ》にも少《すこ》しだけそのコロンをつけると、愛《あい》が深《ふか》まるんだって。（ヴァニラ）

初《はじ》めてのケンカ……

Aくんのそういうところがよくないと思《おも》う！
A子《こ》だって！自分勝手《じぶんがって》だしワガママだよ！
つき合《あ》って初《はじ》めてのケンカ…キラわれたかも…
ちーん
B子《こ》〜！どうしよう
落《お》ち着《つ》いて
んっ？
彼《かれ》のことが好《す》きなだけなのにキラわれたら生《い》きていけないよ！
めっちゃ仲良《なかよ》しやん…
た、大変《たいへん》だ！A子《こ》にキラわれたかもしれない！やり直《なお》せるかな!?

ケンカしたらすぐに仲直《なかなお》りをしよう！

あやまれないときはおまじないがサポートするよ。素直《すなお》な気持《きも》ちを彼《かれ》に伝《つた》えよう。

彼《かれ》とのケンカが減《へ》る ビーナスのカード

緑《みどり》の紙《かみ》に黒《くろ》のペンでビーナスの護符《ごふ》を作《つく》ります。これをお守《まも》りにして持《も》ち歩《ある》くと、ケンカの回数《かいすう》がめちゃくちゃ減《へ》ります！　実証《じっしょう》ずみです！　（めばる）

ゴカイが解《と》ける トイレでリセット！

トイレで水《みず》を流《なが》しながら「2人《ふたり》のゴカイよ、消《き》え去《さ》れ！」と3回《かい》となえてね。すると彼《かれ》も自分《じぶん》も素直《すなお》になって、あやまろうって気分《きぶん》になれるの。（彩）

彼《かれ》と仲直《なかなお》りできる 夕暮《ゆうぐ》れの一番星《いちばんほし》

夕方《ゆうがた》、空《そら》を見上《みあ》げて一番星《いちばんぼし》を探《さが》してください。一番星《いちばんぼし》を見《み》つけたら「光《ひかり》の天使様《てんしさま》、言葉《こと》《は》のトゲをぬいて」とお願《ねが》いするの。すると彼《かれ》にあなたのあやまりたい気持《きも》ちがバッチリ伝《つた》わるよ。ケンカしたあと、なるべくすぐにおまじないをするのがおすすめ！

（とーます）

彼《かれ》のきげんが直《なお》る 左《ひだり》手《て》のスター☆

会話中《かいわちゅう》に彼《かれ》がふきげんになったら、左手《ひだりて》の親指《おやゆび》のつけ根《ね》に指《ゆび》で☆をかいてみて。イヤなフンイキがなくなって、元《もと》どおり、いい感《かん》じにおしゃべりできるはず。

（プリン♪）

まさか、ウワキしてる!?

もし、彼《かれ》がウワキしたらどうする？
おこるよ！
だよね…って、あー！あれってBくん!?
どーした!?
あんなに楽《たの》しそうに他《ほか》の女《おんな》の子《こ》と話《はな》してるよ!?
う、ウワキ…！
ただ女《おんな》の子《こ》と話《はな》してるだけじゃん
ちょっとはヤキモチやいてくれよ…
？
ちぇっ
Bくんのこと信用《しんよう》してるんだね！
彼《かれ》、私《わたし》のこと大好《だいす》きだからね〜

恋《こい》のトラブルを解決《かいけつ》&予防《よぼう》しよう！

シット、ウワキ、すれちがい、三角関係《さんかくかんけい》……。おまじないで、恋《こい》のトラブルとサヨナラしよう！

彼《かれ》のウワキを予防《よぼう》 盛《も》り塩《じお》のお清《きよ》め

小《ちい》さなお皿《さら》に塩《しお》を盛《も》って、彼《かれ》の写真《しゃしん》の前《まえ》に置《お》きます。写真《しゃしん》がなければ、携帯《けいたい》の写《しゃ》メでも◎。そして「ウワキの虫《むし》よ、去《さ》れ」と3回《かい》つぶやくの。あとは使《つか》った塩《しお》をティッシュで包《つつ》んでゴミ箱《ばこ》に捨《す》てれば、おまじない完了《かんりょう》。彼氏《かれし》のウワキをバッチリ予防《よぼう》できるはず☆

（ゴマきなこ）

彼《かれ》がマジメになる やぎ座《ざ》のスタディーサイン

もう少《すこ》し彼氏《かれし》にマジメになってほしいって思《おも》ったら、やぎ座《ざ》のマーク（♑）をかいた紙《かみ》を、こっそり彼《かれ》のバッグに入《い》れるの。かなり効果《こうか》◎のおまじないだよ！

（ミネラル）

彼《かれ》がウソをつかない 真実《しんじつ》の水《みず》

彼《かれ》の姿《すがた》をイメージしながら、コップに水《みず》を注《そそ》ごう。そして「彼《かれ》がウソをつきませんように」ってとなえながら、砂糖《さとう》をひとつまみ入《い》れて飲《の》みほせばOK♡

（ぺっぱー☆）

元《もと》カノをげきたいする 赤《あか》い土星《どせい》のお守《まも》り

白《しろ》いハンカチに赤《あか》いししゅう糸《いと》で、土《ど》星《せい》のサインをししゅうします。これをふだんから使《つか》うようにすると、元《もと》カノのイヤがらせやシットがなくなるよ！（姫子）

恋《こい》するよくばりガール

大好《だいす》きな彼《かれ》にワガママをかなえてもらおう！

「好《す》きって言《い》って！」「デートにさそって！」そんな恋《こい》のワガママを全部《ぜんぶ》かなえちゃおう♡

デートにさそわれる 遊《あそ》びイルカの神様《かみさま》

イルカのモチーフがついたキーホルダーかペンダントを3回《かい》ゆらします。そして「彼《かれ》のところに遊《あそ》びに行《い》って」ととなえると、彼《かれ》からデートのおさそいが！（まりむ）

「好《す》き」と言《い》ってくれる ラブラブローズ

バラの香《かお》りは彼《かれ》の「好《す》き」という気持《きも》ちを高《たか》めてくれるんだって。彼《かれ》と会《あ》う前《まえ》にバラの香《かお》りをつけておくと、「好《す》き」って言《い》ってくれるようになるよ☆（♥リカ♥）

ずっとラブラブ♡ 恋《こい》のホワイトリボン

白《しろ》いリボンに、彼《かれ》とあなたの名前《なまえ》を黒《くろ》のマジックペンでかこう！ そして、そのリボンを彼《かれ》にカバンに結《むす》んでもらって☆ それを大事《だいじ》にお守《まも》りにして持《も》っていると、いつまでも彼《かれ》と両思《りょうおも》いでいられるんだよ～♥ ほどけたら、彼《かれ》に結《むす》び直《なお》してもらえばOK。（ぺぺー）

彼《かれ》の家《いえ》に招《まね》かれる ×××で大接近《だいせっきん》♪

辞書《じしょ》から「家《いえ》」の文字《もじ》を探《さが》して、そこに小《ちい》さく「×」を3つかきます。「×」には「LOVE」の意味《いみ》があるから、近《ちか》いうちに彼《かれ》の家《いえ》に行《い》くチャンスが来《く》るよん♪（かにょん）

おつき合《あ》いは永《えい》遠《えん》♡

何《なに》があってもずっと彼《かれ》と仲《なか》良《よ》しでいよう！

彼《かれ》との恋《こい》がずっと続《つづ》くように、2人《ふたり》のキズナを強《つよ》くしてくれるおまじないを集《あつ》めたよ☆

2人《ふたり》の愛《あい》を永遠《えいえん》に こじれない糸《いと》

ヘアゴムやリボンなど「糸《いと》」をイメージさせるものは、からまないように全部《ぜんぶ》キレイに整《ととの》える！　2人《ふたり》を結《むす》ぶ赤《あか》い糸《いと》がこじれず、ずっと仲《なか》良《よ》くいられるよ。

（まーせんせい）

情熱的《じょうねつてき》な恋《こい》が続《つづ》く 恋《こい》のボルテージは右回《みぎまわ》り♡

2人《ふたり》でいっしょにジュースやお茶《ちゃ》を飲《の》むとき、彼《かれ》のグラスを右回《みぎまわ》りにかきまぜてからわたしてね。不思議《ふしぎ》と気持《きも》ちが燃《も》え上《あ》がって、彼《かれ》のほうからラブラブしてくるんだって！　でもまちがえて左回《ひだりまわ》りにすると、逆《ぎゃく》に情熱《じょうねつ》が消《き》えちゃうから気《き》をつけて(>_<)　（アポー♪）

将来《しょうらい》、彼《かれ》と結婚《けっこん》できる カトラリーの魔法《まほう》

彼《かれ》と将来《しょうらい》使《つか》いたい、おはしかフォーク、スプーンを用意《ようい》してね。最初《さいしょ》に使《つか》うタイミングで、彼《かれ》の名前《なまえ》を3回《かい》となえると、結婚《けっこん》できるって聞《き》いたよ♪

（ブライダルユミ）

彼《かれ》にキラわれない ジャマ消《け》しミント

ミント味《あじ》のガムを食《た》べて「2人《ふたり》の間《あいだ》にあるカベは、すべて消《き》え去《さ》る」ととなえてね。これで彼《かれ》にキラわれるようなことは、自然《しぜん》と言《い》わなくなるよん☆

（＊＊しめじめじ＊＊）

HAPPYEND

あれから12年《ねん》…B子《こ》といっしょに結婚式《けっこんしき》をあげちゃいました♡
そういえば…
私《わたし》たち、恋《こい》になやむといつも相談《そうだん》してはげまし合《あ》ったね
そうそう！おまじないにもたくさん助《たす》けてもらったね
みんなもおまじないでハッピーをゲットしてね♡

Part6

ミリョクをアップする魔《ま》法《ほう》

ビューティーOMA

おまじないの力《ちから》を味方《みかた》につければ、見《み》た目《め》だって変《か》えられる♪　髪《かみ》を早《はや》くのばしたい、ダイエットを成功《せいこう》させたい、まつ毛《げ》をもっとのばしたい、スタイルよくなりたい。キレイ＆かわいくなりたいワガママを、あれもこれも全《ぜん》部《ぶ》実現《じつげん》させちゃおう！

美《び》容《よう》はおまかせ！

ビューティー塾《じゅく》

Beauty School

美《び》のおなやみをかかえた、
まよえる子《こ》ヒツジちゃんはどこ？
ビューティーOMAマスターの
麗子《れいこ》と美子《みこ》が、
あなたに美《び》の極意《ごくい》を伝授《でんじゅ》するわよ！

麗子《れいこ》&美子《みこ》

古今東西《ここんとうざい》のビューティーOMAに精通《せいつう》したOMAマスター。
女《おんな》の子《こ》の美《び》を心《こころ》から応援《おうえん》している。

ねぇ、美子《みこ》さん。ちょっとこれ、見《み》てくださらない。

どうしたの、お姉様《ねえさま》。JS（※）おなやみランキング？

最近《さいきん》のJSの美《び》のおなやみをまとめてみたの。

まぁ、切実《せつじつ》だわ！お姉様《ねえさま》これは、あたくしたちビューティーOMAマスターの出番《でばん》ではなくて？

そうね、美子《みこ》さん。世紀《せいき》のOMAパワーを、みなさまにごらんに入《い》れましょう！

JSに聞《き》いた！美《び》のおなやみベスト5

1位《い》
かわいくなりたい

2位《い》
髪《かみ》のなやみ、ヘアアレンジのなやみ

3位《い》
大人《おとな》っぽくなりたい

4位《い》
肌《はだ》・身体《からだ》のなやみ

5位《い》
おしゃれのセンスのなやみ

※JS……女子小学生《じょししょうがくせい》を略《りゃく》した言葉《ことば》

美《び》のおなやみ1

とにかくかわいくなりたいっ！

美《び》は1日《にち》にしてならず！
でもビューティーOMAなら、効果《こうか》も結果《けっか》も早《はや》められるわ。

まずは、かわいくなれちゃうOMAからごしょうかいします♡

かわいらしさが開花《かいか》する

満開《まんかい》フラワー

登校中《とうこうちゅう》に見《み》かける花《か》だんや学校《がっこう》の木《き》に、花《はな》のつぼみはついていないかしら？　まだつぼみ状態《じょうたい》の花《はな》を見《み》かけるたび、心《こころ》の中《なか》で「キレイにさきますように」とお願《ねが》いすると、あなた自身《じしん》にもかわいくなれる魔法《まほう》がかかります☆

かわいくなれちゃう♪

音色《ねいろ》のカーテン

銀《ぎん》のすずに緑《みどり》の糸《いと》をつけて、自分《じぶん》の部屋《へや》のカーテンにぬいつけて。さいほうがニガテな子《こ》は、テープではっても◎。朝起《あさお》きたときに、自分《じぶん》ですずのついたカーテンを開《あ》けると、毎日少《まいにちすこ》しずつかわいくなれるのよ。

かわいい女《おんな》の子《こ》になれる

プリズム☆スター

おフロ上《あ》がりはかわいくなる絶好《ぜっこう》のチャンス！　身体《からだ》&髪《かみ》をしっかりふいてから窓際《まどぎわ》に立《た》ち、星空《ほしぞら》を見上《みあ》げるの。そして「キラキラした女《おんな》の子《こ》にしてください」とおいのりしましょう。でも、雲《くも》が多《おお》い日《ひ》は効果《こうか》がないから注意《ちゅうい》。

ミリョクがアップする

ウンディーネのじゅもん

バラの香《かお》りがする入浴剤《にゅうよくざい》をおフロに入《い》れて、よくかきまぜましょう。バスタブに左足《ひだりあし》から入《はい》って胸《むね》までつかったら、お湯《ゆ》の表面《ひょうめん》に金星《きんせい》のマーク（♀）をかきます。そして「ウンディーネ、私《わたし》を輝《かがや》かせて」ととなえればOK。

食《た》べてかわいさアップ

サポートゼリー

ゼリーを食《た》べるときは、利《き》き手《て》ではないほうの手《て》でスプーンを持《も》って食《た》べましょう。真《ま》ん中《なか》から食《た》べると目《め》力《ちから》アップ、左《ひだり》から食《た》べると肌《はだ》あれが治《なお》ります。右《みぎ》から食《た》べるとくちびるがうるおい、プルプルになりますわよ!

かわいいと評判《ひょうばん》になる

ハニーストロベリー

イチゴを食《た》べるときは練乳《れんにゅう》じゃなく、ハチミツがおすすめよ。食《た》べる前《まえ》に「黄金《おうごん》の果実《かじつ》」と言《い》ってから食《た》べるの。すると、学校《がっこう》や友《とも》だちの間《あいだ》で「かわいくなったね!」って、ステキなうわさが広《ひろ》がっていくの☆

かわいさレベルアップ!
あこがれフォト

あこがれの芸能人《げいのうじん》やタレントの写真《しゃしん》を、まくらの下《した》に置《お》くの。そして写真《しゃしん》に写《うつ》ったあこがれの人《ひと》の名前《なまえ》を逆《さか》さまに読《よ》みなさい（麗子《れいこ》なら〝こ・い・れ〟よ!）。3日《か》続《つづ》けると、かわいさのレベルが3日《か》前《まえ》よりアップしているわ。

イマイチ↓かわいいに
目頭《めがしら》をぎゅ〜っ!

今日《きょう》はちょっとイマイチ……と、自分《じぶん》のかわいさに自信《じしん》がなくなったら、両目《りょうめ》の目頭《めがしら》を中指《なかゆび》でやさしくおさえてあげて! 後《うし》ろ向《む》きな気持《きも》ちが消《き》えて、あなた自身《じしん》がもっている本来《ほんらい》のかわいさが輝《かがや》きだします。

笑顔《えがお》がかわいくなる
ウラ返《がえ》しまくら

ねるときに使《つか》っているまくらを、毎日《まいにち》ウラ返《がえ》してからねむるだけ。簡単《かんたん》でしょ? すごく単純《たんじゅん》だけど効《き》き目《め》はバツグン。1週間《しゅうかん》も続《つづ》ければ「笑顔《えがお》がかわいいね」って、まわりの人《ひと》からほめられることが増《ふ》えるはず。

〝かわいい〟をゲット!
プリティーシャッター

今《いま》までで、一番《いちばん》かわいくとれた自分《じぶん》の写真《しゃしん》を用意《ようい》して。写《しゃ》メでもいいわよ。それをじーっと見《み》つめて、そのときのかわいさを今《いま》の自分《じぶん》にしみこませるの。するとなぜか、その写真《しゃしん》以上《いじょう》にかわいくなれちゃうわよ。

写真《しゃしん》をかわいく!
あいうえおミラー

写真《しゃしん》をとる日《ひ》の朝《あさ》、歯《は》をみがいたあとに鏡《かがみ》に向《む》かって「あいうえお」と言《い》いなさい。できるだけはっきり、大《おお》きく口《くち》を開《あ》けるのがポイントよ。声《こえ》は出《だ》さなくてもOK。これで写真《しゃしん》がかわいく写《うつ》るわ♡

ミリョクが上昇《じょうしょう》する
ビューティーリリー

自分《じぶん》の部屋《へや》にユリの花《はな》をかざりましょう。花《はな》をかざるのが難《むずか》しいなら、絵《え》や写真《しゃしん》をかざるだけでも◎。そして「静《しず》かな清純《せいじゅん》さをおあたえください」といのって。あなたの中《なか》にねむるミリョクが目覚《めざ》めてくるはずよ。

ミリョク的《てき》な女《おんな》の子《こ》に
ダイアナのおまじない

満月《まんげつ》の夜《よる》にとなえるだけの、簡単《かんたん》なおまじないよ。夜《よる》に、月《つき》を見上《みあ》げて「ダイアナ・イアチキチザキチナタア・ナアイダ」と心《こころ》をこめておいのりするの。月《つき》の女神様《めがみさま》があなたをもっと、ミリョク的《てき》な女《おんな》の子《こ》にしてくれるはず。

かわいい写《しゃ》メに♪
アルテミスのつぶやき

突然《とつぜん》、写《しゃ》メをとることになったときに、使《つか》えるおすすめのおまじないよ。とられる前《まえ》に「アルテミス」とつぶやくだけ。白目《しろめ》や半目《はんめ》なんて変顔《へんがお》にはならず、あなたのかわいらしさがバッチリ伝《つた》わる写《しゃ》メがとれるわ!

美《び》のおなやみ2

髪《かみ》のトラブルを解《かい》決《けつ》したいっ！

髪《かみ》を手《て》入《い》れすると、美《び》のオーラがアップします♡

そのとおり。どんな美人《びじん》でも髪《かみ》が残念《ざんねん》だと、美《うつく》しさがランクダウンするから気《き》をつけなさい！

ツヤツヤ髪《がみ》になる シャンプーシャボン

シャンプーを使《つか》うときは、このおまじないを試《ため》してみて。人《ひと》さし指《ゆび》と親指《おやゆび》で輪《わ》を作《つく》り、そこにシャンプーをつけて息《いき》を吹《ふ》きかけ、シャボン玉《だま》を作《つく》るの。すぐに成功《せいこう》したら、次《つぎ》の日《ひ》はキレイなツヤツヤ髪《がみ》で過《す》ごせるわ。

モテ髪《がみ》になれちゃう ルナチックブラシ

日曜日《にちようび》の夜《よる》、空《そら》に月《つき》が見《み》えたら、月《つき》を見上《みあ》げながら髪《かみ》をブラッシングしましょう。なるべくていねいに、やさしく髪《かみ》をとかすのがコツ。そうするとその日《ひ》から1週間《しゅうかん》はツヤサラのモテ髪《がみ》をキープできちゃいますわよ。

ねグセがつかない 髪《かみ》の毛《け》に、チュッ♡

ねる前《まえ》に、毛先《けさき》にチュッとキスをしてからねむるだけ。ショートへアの子《こ》は右《みぎ》の手《て》のひらにキスしてから、その手《て》で髪《かみ》をなでてあげるといいわよ。ガンコなねグセも、このおまじないを試《ため》した次《つぎ》の日《ひ》はハネたりしないはず。

ヘアスタイルが決《き》まる♪
女神様《めがみさま》のコンディショナー

髪《かみ》を洗《あら》ったあと、両手《りょうて》でお湯《ゆ》をすくって洗面器《せんめんき》に移《うつ》して。そこにいつも使《つか》っているコンディショナーをワンプッシュ入《い》れ、「ダイアナ・アルテミス」ととなえて髪《かみ》につけて。ヘアスタイルが決《き》まりやすい髪《かみ》になるわ。

まとまる髪《かみ》に
イシュタルのじゅもん

シャンプーを泡立《あわだ》ててから髪《かみ》の毛《け》につけて、洗《あら》っている間《あいだ》「イシュタル」と心《こころ》の中《なか》でとなえ続《つづ》けましょう。そしておフロから上《あ》がったら、ドライヤーでかわかすの。するとまとまりやすく、ヘアアレンジしやすい髪《かみ》に。

バッチリな髪型《かみがた》に
秘《まるひ》ブラッシング

髪《かみ》をとかすときはまず、自分《じぶん》の右《みぎ》手側《てがわ》から始《はじ》めるの。そして左手側《ひだりてがわ》、真《ま》ん中《なか》、最後《さいご》に前髪《まえがみ》。そして最後《さいご》に小《ちい》さく「エラニ・ニエリク」とつぶやけばOK。そのまま下《お》ろしていてもアレンジしても、髪型《かみがた》が決《き》まるわよ。

思《おも》いどおりの髪型《かみがた》に

マジック・ドライヤー

愛用《あいよう》しているドライヤーに、何《なん》でもいいからニックネームをつけてあげて。そして使《つか》うときはいつも「よろしくね！」とニックネームを呼《よ》ぶの。大《たい》切《せつ》に使《つか》ってあげると、ドライヤーも美《び》をサポートしてくれるのよ。

ヘアアレンジ上手《じょうず》に♪

おとめのパワー

ヘアアレンジ中《ちゅう》、どのタイミングでもいいから、おとめ座《ざ》のマーク（♍）を心《こころ》の中《なか》に思《おも》いうかべましょう。おとめ座《ざ》は、髪《かみ》のキレイな女《おんな》の子《こ》の味方《みかた》。ヘアアレンジがうまくいくように導《みちび》いてくれるはずよ。

髪《かみ》が早《はや》くのびる

エティ・ボンの魔法《まほう》

シャンプーのあと、トリートメントに少《すこ》しだけ水《みず》をまぜましょう。そして「エティ・ボン」と言《い》いながら髪《かみ》になじませるの。すると、いつもより早《はや》いスピードで髪《かみ》がのびるわ。ロングヘアも夢《ゆめ》じゃなくてよ。

キレイな髪《かみ》になる

月《つき》の光《ひかり》の輝《かがや》き

髪《かみ》に美容液《びようえき》をつけるなら、月《つき》の光《ひかり》が入《はい》る窓辺《まどべ》がおすすめ。「月《つき》の女神《めがみ》のように」といのりながら、ていねいに美容液《びようえき》をつけるの。何《なに》もしないでつけるのと、効果《こうか》がぜんぜんちがうのよ。月《つき》が見《み》えない日《ひ》はできないから注意《ちゅうい》してね。

美容院《びよういん》で失敗《しっぱい》しない

満月《まんげつ》のアイスキューブ

洗面器《せんめんき》に水《みず》を入《い》れて満月《まんげつ》の光《ひかり》をそこに移《うつ》すの。その水《みず》を紙《かみ》コップに少《すこ》しだけ入《い》れて、冷《れい》とう庫《こ》でこおらせましょう。紙《かみ》コップを切《き》って氷《こおり》を取《と》り出《だ》し、美容院《びよういん》に行《い》く前《まえ》の日《ひ》のおフロに入《い》れればOK。かわいい髪型《かみがた》になるわよ。

髪《かみ》がまとまる

手《て》ぐしのローズマリー

下《お》ろした髪《かみ》を手《て》でとかすとき、心《こころ》の中《なか》で「ローズマリー」と5回《かい》となえるの。そうすると髪《かみ》がからまったり、引《ひ》っかかったりすることがなくなって、1日中《にちじゅう》キレイなストレートヘアをキープできちゃうわ。

ヘアスタイルでなやまない

風《かぜ》のフェアリー

ドライヤーを使《つか》ったあと、「風《かぜ》の精《せい》よ、私《わたし》の髪《かみ》をしなやかにしてください」とお願《ねが》いするの。髪《かみ》に宿《やど》った風《かぜ》のフェアリーたちが、あなたの髪《かみ》を守《まも》ってくれるわ。どんなヘアスタイルもバッチリ似合《にあ》うようになるはず。

もっと大人《おとな》っぽくなりたいっ!

大人《おとな》のムードだって、おまじないでゲットできるのよ。

あたくしたちみたいに、ステキなレディになれるOMAをしょうかいするわ!

大人《おとな》っぽくなれる 背《せ》のびエクササイズ

あなたの年《ねん》れいよりも年上《としうえ》で、あこがれている芸能人《げいのうじん》やタレントはいない? その人《ひと》の写真《しゃしん》を、部屋《へや》のカベの高《たか》いところにはりましょう。そしてそのカベに背中《せなか》をつけて背《せ》のびをするの。毎日続《まいにちつづ》けていると近《ちか》づけるわよ。

大人《おとな》のミリョクをゲット ファビュラスリップ

リップクリームをぬる前《まえ》に、どんな大人《おとな》になりたいかイメージするの。どんな服《ふく》を着《き》て、どんなヘアスタイルをしているかまでしっかり想像《そうぞう》するのよ。そして「ビーナス」と言《い》ってリップをぬれば、大人《おとな》っぽくなれるわ。

ちょっぴりセクシーに クロスのおまじない

サイドの髪《かみ》を耳《みみ》にかけるときは、クロスが絶対《ぜったい》よ。右耳《みぎみみ》にかけるときは左手《ひだりて》、左耳《ひだりみみ》にかけるときは右手《みぎて》。かき上《あ》げながら「セレネ」と心《こころ》の中《なか》でつぶやくの。そうするとあなたのフンイキが、ちょっぴりセクシーになるはず。

お姉《ねえ》さんっぽくなれる

新月《しんげつ》のチョコレート

新月《しんげつ》の夜《よる》に、空《そら》を見上《みあ》げてチョコレートを食《た》べるの。そして女神《めがみ》ダイアナに「あなたのように強《つよ》くやさしくなれますように」とおいのりして。これで、まわりの女《おんな》の子《こ》より、少《すこ》し大人《おとな》っぽくなれちゃうわよ。

大人《おとな》への第一歩《だいいっぽ》

緑《みどり》の葉《は》のお守《まも》り

キレイな緑《みどり》の葉《は》を拾《ひろ》って、洗《あら》ってかわかすの。その葉《は》に青《あお》の油性《ゆせい》ペンで金星《きんせい》のマーク（♀）をかいて。3日《か》間《かん》洗《せん》面《めん》台《だい》にその葉《は》を置《お》いて、4日目《かめ》になったら「ありがとう」とお礼《れい》を言《い》って捨《す》てるだけ。簡単《かんたん》でしょ?

セクシーになれちゃう

マジックバタフライ

手帳《てちょう》や日記《にっき》、ノートの好《す》きなところに「セクシーになりたい」と、好《す》きな色《いろ》のペンで小《ちい》さくかくの。それをかくすように、上《うえ》からチョウチョのシールをはるのよ。そうすると、いつの間《ま》にか願《ねが》いはかなっているはず。

ちょっぴり背《せ》のびできる

レモン・ムーン

月《つき》のキレイな夜限定《よるげんてい》のおまじないよ。コップに水《みず》を入《い》れて、そこにレモン汁《じる》を3滴《てき》たらすの。コップに月《つき》の光《ひかり》が当《あ》たるように窓辺《まどべ》に置《お》き、次《つぎ》の朝《あさ》、その水《みず》を一気《いっき》に飲《の》みほしなさい! 大人《おとな》のミリョクに一歩《いっぽ》、近《ちか》づけるわ。

ミリョクがアップする

チャーム・ブラック

いつも使《つか》っているアイテム（ペンケースやポーチがおすすめ）を、黒《くろ》にかえるだけ！　できるだけシンプルなものが◎。それを使《つか》っていると大人《おとな》っぽいクールなかっこよさが、内面《ないめん》からにじみ出《で》るようになるのよ。

子《こ》どもっぽくなくなる

手《て》のひらパワー

朝《あさ》、洗顔《せんがん》するときに顔《かお》の前《まえ》で15秒《びょう》間《かん》手《て》を合《あ》わせましょう。手《て》のひらの間《あいだ》にエネルギーがギュッと集《あつ》まるところを、しっかりイメージするの。それから顔《かお》を洗《あら》えば、自然《しぜん》に子《こ》どもっぽさは消《き》えていくでしょう。

お姉《ねえ》さんキャラになれる

セクシーパープル

紫《むらさき》の花《はな》でおし花《ばな》を作《つく》って、それを新品《しんぴん》のノートにはさむだけ。紫《むらさき》の色《いろ》には昔《むかし》から、上品《じょうひん》な女性《じょせい》のエネルギーが宿《やど》ると言《い》われているの。あなたにもそのエネルギーが、花《はな》を通《とお》して伝《つた》わるはず。大人《おとな》っぽくなれるわよ。

笑顔《えがお》を大人《おとな》っぽく
勝負《しょうぶ》のビーナス

好《す》きな人《ひと》に話《はな》しかける前《まえ》や、男《おとこ》の子《こ》に話《はな》しかけられたとき、こっそり左手《ひだりて》の人《ひと》さし指《ゆび》で自分《じぶん》の右《みぎ》のほほに金《きん》星《せい》のマーク（♀）をかくの。笑顔《えがお》に大人《おとな》のミリョクが宿《やど》って、話《はな》し相手《あいて》に大人《おとな》っぽい印象《いんしょう》をあたえられるの。

大人《おとな》っぽい写真《しゃしん》に
リマースのじゅもん

写真《しゃしん》をとるときや、写《しゃ》メをとるときに大人《おとな》っぽく仕上《しあ》がるおまじないよ。とられる前《まえ》に「リマース」とつぶやくだけ。いつものあなたより、少《すこ》し大人《おとな》っぽく、ちょっぴりセクシーな写真《しゃしん》写《うつ》りになるはず☆

セクシーさが身《み》につく
コスメの折《お》りヅル

金色《きんいろ》の折《お》り紙《がみ》の白《しろ》い面《めん》に、ハートを3つ横《よこ》に並《なら》べて赤《あか》いペンでかくのよ。その折《お》り紙《がみ》でツルを折《お》って、コスメポーチにいれましょう。あなたがイメージしたとおりの、理想《りそう》の女性《じょせい》の姿《すがた》に近《ちか》づいていけるわ。

美《び》のおなやみ4

肌《はだ》あれ・ダイエット ど～にかしたいっ！

ダイエット……それは永遠《えいえん》のテーマ。

あたくしたちだって、肌《はだ》あれになやまされることもあるわ。そんなときは、OMAで解決《かいけつ》するのよ♡

ニキビができない肌《はだ》に

クリスタルソープ

どんな大《おお》きさでもいいから、クリスタルを1つ用意《ようい》しなさい。そして、新《あたら》しい石《せっ》けんを使《つか》う前《まえ》に、石《せっ》けんとクリスタルをひと晩《ばん》いっしょに置《お》いておくの。その石《せっ》けんを使《つか》っていると、ニキビができない肌《はだ》になれるわよ。

ヤセやすい身体《からだ》に

フルーツバスタイム

おフロに入浴剤《にゅうよくざい》を入《い》れるときは、フルーツの香《かお》りのものを選《えら》んでみて。そして「スリムな身体《からだ》になりますように」と念《ねん》じながら、お湯《ゆ》に入浴剤《にゅうよくざい》を落《お》とすの。たっぷりアセが出《で》て、ヤセやすい身体《からだ》になっていくはず。

ソバカスが消《き》える

レモンフェアリーにお願《ねが》い

レモンをうすく輪切《わぎ》りにスライスして、それを太陽《たいよう》の光《ひかり》でかわかして。カラカラにかわいたら「レモンの妖《よう》精《せい》よ、私《わたし》のソバカスを連《つ》れ去《さ》って」とお願《ねが》いして、レモンを土《つち》にうめればOK。ゆっくり、ソバカスが消《き》えていくわ。

レディたるもの
日焼け対策は
バッチリよ!!

スリムな足《あし》になる
三日月《みかづき》マッサージ

足《あし》をマッサージするなら、みずがめ座《ざ》のマーク（♒）をえがくようにするのがおすすめ。ローションやクリームを少《すこ》し手《て》のひらに取《と》って、マークを意識《いしき》してマッサージすると、ほっそりしたカモシカ足《あし》になれるわ。

スマートになれる
㊙《まるひ》体重報告《たいじゅうほうこく》

体重計《たいじゅうけい》にのったとき「今《いま》より2キロやせていれば……」と思《おも》うことはなくって？　そのときに思《おも》った「理想《りそう》体重《たいじゅう》」を手帳《てちょう》の1週間後《しゅうかんご》の日付《ひづけ》にかくの。これを続《つづ》けていると、自然《しぜん》と理想《りそう》に近《ちか》づいていけるはずよ。

肌《はだ》あれが引《ひ》っこむ
イニシャルムーン

肌《はだ》にふれる前《まえ》（顔《かお》を洗《あら》うときや、顔《かお》がかゆいときなど）は、空中《くうちゅう》に自分《じぶん》のイニシャルと月《つき》のマーク（☽）をかきなさい。すると肌《はだ》へのダメージを、月《つき》のパワーがいやしてくれるの。肌《はだ》あれに効果的《こうかてき》よ！

おやつをガマンできる

天女《てんにょ》のスイーツ

ダイエット中《ちゅう》におやつが食《た》べたくなったら、「私《わたし》は天女《てんにょ》。カスミと笑顔《えがお》が私《わたし》の主食《しゅしょく》」と3回心《かいこころ》の中《なか》で言《い》うの。そして深呼吸《しんこきゅう》を5回《かい》。不思議《ふしぎ》と「あまいものが食《た》べたい！」という気持《きも》ちが、すーっとなくなるわよ。

ウエストが細《ほそ》くなる

ビーナスのくびれ

おフロは絶好《ぜっこう》のダイエットタイム。お湯《ゆ》につかりながらおなかをマッサージしましょう。そのとき、ビーナスの頭文字《かしらもじ》「V」の文字《もじ》を意識《いしき》してやさしくマッサージすると、じょじょにウエストにくびれができてくるわ。

肌《はだ》がピカピカになる

たまごはだのじゅもん

朝《あさ》でも夜《よる》でも顔《かお》を洗《あら》うとき、美肌《びはだ》に近《ちか》づけるじゅもんを教《おし》えてあげるわ。それは「つるつる・ぴかぴか・たまごはだ」。洗《あら》っている間中《あいだじゅう》、となえ続《つづ》けるのがポイントよ。最低《さいてい》でも1週間《しゅうかん》、続《つづ》けないと効果《こうか》がないから注意《ちゅうい》して。

うでが引《ひ》きしまる

アドナイの力《ちから》ぞえ

プニプニの二《に》のうでを引《ひ》きしめたいなら、アドナイに力《ちから》を借《か》りて！鏡《かがみ》を見《み》て自分《じぶん》の二《に》のうでをつまみ、「アドナイ」と9回《かい》つぶやくのよ。そしてマッサージをするとさらに◎。すっきりした二《に》のうでに近《ちか》づくわ。

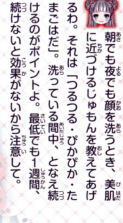

ダイエットが成功《せいこう》する
満月《まんげつ》ダイエット

ダイエットを始《はじ》めるなら、満月《まんげつ》の日《ひ》からスタートしなさい！ そして女神《めがみ》ダイアナに「ダイアナ、あなたの美《うつく》しさを分《わ》けてください」とお願《ねが》いするの。計画《けいかく》どおりに、スムーズにダイエットできちゃうはずよ。

美肌《びはだ》になれる
おフロの仕上《しあ》げ

ピカピカに輝《かがや》く肌《はだ》をゲットしたいなら、これ。おフロから上《あ》がる前《まえ》に、頭《あたま》の上《うえ》からあたたかいシャワーを5秒間《びょうかん》浴《あ》びるの。そしてタオルで顔《かお》をふくときに「エロヒム・エロヒム」と心《こころ》の中《なか》で言《い》えばOK♡

日焼《ひや》けしない
セブン・サンシャワー

太陽《たいよう》の光《ひかり》を浴《あ》びても、日焼《ひや》けを防《ふせ》いでくれるおまじないよ。日焼《ひや》け止《ど》めをぬるときに「セブン」ととなえるだけ。日焼《ひや》け止《ど》めの効果《こうか》をアップして、あなたのまわりに日《ひ》に焼《や》けにくいバリアをはってくれるわよ。

おしゃれセンスをみがきたいっ!

おしゃれに必要《ひつよう》なものは、ズバリ、センスよ。

美《び》を極《きわ》めたあたくしたちのセンスの秘密《ひみつ》は、じつはOMAにかくされているの！

いい買《か》いものができる 手《て》がきのホクロ

ショッピングに出《で》かける前《まえ》に、黒《くろ》いリキッドアイライナーで、自分《じぶん》の左《ひだり》の口元《くちもと》に小《ちい》さな点《てん》をかきましょう。ここにあるホクロは幸運《こううん》を運《はこ》んでくれるホクロ。ステキなアイテムとめぐりあえるはずよ。

洋服《ようふく》でなやまない HAPPYの儀式《ぎしき》

「今日《きょう》は何《なに》を着《き》て行《い》こう?」ってなやむことが、なくなるおまじないよ。朝《あさ》、顔《かお》を洗《あら》ったら、まだ顔《かお》に残《のこ》っている水《みず》を人《ひと》さし指《ゆび》につけて、手《て》のひらに「HAPPY」とかくだけよ。ファッションセンスがアップするわ。

おしゃれになる 雑誌《ざっし》de変身《へんしん》

雑誌《ざっし》でステキなコーデを探《さが》して、そのページを切《き》りぬくの。そして、それをまくらの下《した》に置《お》いてねむりましょう。これであなたのおしゃれ度《ど》は確実《かくじつ》にレベルアップ！　ダサいなんて、もう言《い》われなくなるはず。

センスがアップする
プリティ↓ドール

お気《き》に入《い》りのぬいぐるみの顔《かお》に、あなたが写《うつ》っているプリクラをはるのよ。そして毎日《まいにち》「あなたはもっとかわいくなる!」と暗示《あんじ》をかけるの。そうするとなぜか、あなたのセンスがみるみる上《あ》がっていくわよ。

おしゃれと評判《ひょうばん》に
ビューティークローゼット

クローゼットやタンスはこまめに整理《せいり》するのよ。キレイになったら、ドアか引《ひ》き出《だ》しの内側《うちがわ》にキラキラ光《ひか》るハートのシールをはるの。少《すく》なくとも月《つき》に一度《いちど》はおそうじしましょう。シールもはり替《か》えてね。

あなたはもっとかわいくなる!!

センスがみがける
スマイルフラワー

いまいち好《す》きになれない服《ふく》のブランドタグのところに、指《ゆび》で花《はな》のイラストをかきましょう。それからその服《ふく》を着《き》れば、今《いま》までとはちがう視点《してん》で見《み》ることができるはず。服《ふく》に対《たい》するニガテ意《い》識《しき》が消《き》えていくわ。

洋服《ようふく》を着《き》こなせる
センスのコピー

街《まち》でおしゃれな人《ひと》を見《み》かけたら、ギュッと10秒《びょう》目《め》を閉《と》じましょう。その人《ひと》の姿《すがた》をまぶたのウラに焼《や》きつけるイメージが大切《たいせつ》。続《つづ》けている間《あいだ》にあなたのセンスがするどくなって、おしゃれレベルがアップするわ。

モテ服《ふく》ゲット！
ショッピングネイル

ショッピングに行《い》く前《まえ》に、左手《ひだりて》の人《ひと》さし指《ゆび》のツメに黄色《きいろ》の星《ほし》のシールをはるの。そしてその上《うえ》からバンソウコウをはって、ショッピングに行《い》きなさい。すると「似合《にあ》う！」って言《い》ってもらえるモテ服《ふく》が買《か》えるはず。

センスがいいと言《い》われる
おしゃれレインボー

クローゼットやタンスの前《まえ》で、虹《にじ》を空中《くうちゅう》にかくように、右手《みぎて》を大《おお》きく左右《さゆう》にふって。これを毎日《まいにち》続《つづ》けていると、少《すこ》しずつ洋服《ようふく》を選《えら》ぶセンスが上《あ》がるの。あなたがみんなのファッションリーダーになれる日《ひ》も、夢《ゆめ》じゃなくってよ。

服《ふく》をほめられる
星《ほし》のトントン

新《あたら》しい服《ふく》を着《き》て出《で》かける日《ひ》は、はいていくクツのウラに青《あお》の水性《すいせい》ペンで土星《どせい》のマーク（ち）をかいて。そしてクツをはいたら、つま先《さき》で地面《じめん》をトントンと2回《かい》けるの。みんなから「かわいい」と、いっぱいほめてもらえちゃうわよ。

コーデのセンスアップ

おそろいランジェリー

下着《したぎ》の色《いろ》を上下《じょうげ》でそろえるようにすると、コーディネートのセンスがアップするわ♡　同《おな》じ色《いろ》が難《むずか》しいなら暖色系《だんしょくけい》（ピンクやオレンジ、赤《あか》など）・寒色系《かんしょくけい》（青《あお》、緑《みどり》、水色《みずいろ》など）を意識《いしき》するだけでもOK。

小物使《こものづか》い上手《じょうず》に

エンジェルチョイス

ファッションに何《なに》か小物《こもの》をプラスするときは、机《つくえ》の上《うえ》にいくつか並《なら》べて目《め》を閉《と》じ「光《ひかり》の天使様《てんしさま》、今日《きょう》の私《わたし》に似合《にあ》うのは?」とたずねるの。目《め》を開《ひら》いて、最初《さいしょ》に目《め》に入《はい》ったアイテムが、センスアップをサポートしてくれるはず。

おしゃれ度《ど》上昇《じょうしょう》!

イエローピアス

黄色《きいろ》の水性《すいせい》ペンを用意《ようい》して。そして左右《さゆう》の耳《みみ》たぶに、黄色《きいろ》のピアスをつけるようなイメージで小《ちい》さく丸《まる》をかくの。あなたのダサい部分《ぶぶん》をなかったことにして、おしゃれに生《う》まれかわらせてくれるおまじないよ。

かわいいもキレイも

JSのワガママかなえます!

よくばりなワガママJSの
「かわいくなりたい!」も
「キレイになりたい!」も
OMAマスターが
何《なん》とかしちゃいます☆

ねえ、美子《みこ》さん。あたくし、提案《ていあん》があるのだけれど聞《き》いてくださらない?

なぁに、お姉様《ねえさま》。何《なん》でもおっしゃって。あたくしたち、仲良《なかよ》し姉妹《しまい》でしょ。

「キレイ」と「かわいい」が、どっちもほしいJSはどうしたらいいと思《おも》う?

……それは永遠《えいえん》の課題《かだい》だわ。だって、女《じょ》性《せい》はいくつになってもかわいくありたいし、キレイでいたいもの。

でしょう? だからあたくし、考《かんが》えたの。そのときの気分《きぶん》やコーデで選《えら》べたらステキじゃない?って。

なんてこと! そのとおりだわ、お姉様《ねえさま》は天才《てんさい》ね!

JSのその日《ひ》の気分《きぶん》&コーデに合《あ》わせて、かわいくもなれるしキレイにもなれる。そんなOMAをたっぷりしょうかいしてあげるわ!

JSだけじゃなく、女性全員《じょせいぜんいん》に試《ため》してもらいたいOMAね♡

かわいくなりたい日《び》は

スマイル・ヘアアクセ

ヘアアクセをつけたあとに、手鏡《てかがみ》に向《む》かってニコッと笑《わら》いかけるの。そして手鏡《てかがみ》をギュッとおさえ、あなたの笑顔《えがお》のパワーを手《て》のひらに移《うつ》しましょう。その手《て》でヘアアクセにさわると、その日《ひ》は１日《にち》かわいくなれちゃうの。

キレイになりたい日《び》は

マジック・ハート

キレイになりたいと思《おも》った日《ひ》は、指《ゆび》で空中《くうちゅう》にハートマークをかいてから、ヘアアクセをつけましょう。つけたあとに、ヘアアクセの上《うえ》でもう一度《いちど》、指《ゆび》でハートマークをかくとさらに効果《こうか》◎。美人度《びじんど》が上《あ》がるわよ。

セサリーにかけるおまじない

に大変身《だいへんしん》！　でも、効果《こうか》は１日《にち》で切《き》れちゃうから注意《ちゅうい》して。

キレイに変身《へんしん》

ローズの魔法《まほう》

バラの花《はな》は、昔《むかし》から愛《あい》と美《び》のシンボルとして大事《だいじ》にされてきたの。だからバラの絵《え》や写真《しゃしん》の上《うえ》に、その日《ひ》使《つか》うヘアアクセサリーを置《お》いておくの。ヘアアクセサリーにバラのパワーが宿《やど》って、美人《びじん》のお守《まも》りになるわ。

「かわいい！」とほめられる

キラキラ☆ヘアピン

かわいいと言《い》われたいときは、このおまじないが◎。ヘアピンを使《つか》う前《まえ》、心《こころ》の中《なか》で「星《ほし》の輝《かがや》き、私《わたし》に宿《やど》れ」と心《こころ》の中《なか》で3回《かい》となえるの。髪《かみ》につけてもいいし、ポケットやカバンにつけても、かわいさが上《あ》がるわよ。

「キレイ！」とほめられる

ビーナスの髪《かみ》かざり

ピンをつけるとき、最後《さいご》の1本《ぽん》だけ利《き》き手《て》とは逆《ぎゃく》の手《て》でつけるの。そして「ビーナス・ビーナス・ビーナス」と小《ちい》さくつぶやけばOK。「いつもよりキレイだね！」って、みんなからほめられちゃうはず。

リボン&ピン&ゴムなど ヘアアク

いつも使《つか》っているヘアアクセが、ビューティーのお守《まも》り

かわいく変身《へんしん》

フルーツKISS

フルーツの香《かお》りがするスプレーを、使《つか》いたいヘアアクセサリーに吹《ふ》きかけるのよ。そして髪《かみ》につける前《まえ》に、ゴムやピンに軽《かる》くキスをするの。フルーツのみずみずしさが、あなたにかわいさを授《さず》けてくれるわ。

かわいくなる♡

アフロディーテのポーチ

コスメポーチの中《なか》に♡と☆のシールをはった紙《かみ》を入《い》れましょう。そして、「美《び》と愛《あい》の女神《めがみ》様《さま》、私《わたし》にミリョクを授《さず》けてください」とお願《ねが》いすると、アフロディーテがあなたのかわいさをアップしてくれるはず。

キレイになる♡

ミラクルポーチ

愛用《あいよう》しているコスメのポーチに、あこがれの芸能人《げいのうじん》のイニシャルを指《ゆび》でかくの。そして「ウラン・ウキ・アワク」と5回《かい》となえて、そのポーチを持《も》ち歩《ある》くだけ。その日《ひ》1日《にち》、あなたのキレイをサポートするお守《まも》りに。

アイテムにかけるおまじない

「キレイ」の魔法《まほう》をかけて、上手《じょうず》に使《つか》い分《わ》けましょう♡

“キレイ”のお守《まも》り

ハートのリップスティック

リップをぬるとき、くちびるにハートマークをかくようにするとキレイになれるのよ。ぬったあと、リップのフタに指《ゆび》でハートマークをかくとさらに効果《こうか》◎。キレイになるお守《まも》りになるから、持《も》ち歩《ある》いて。

メイクがかわいく

キュートのサポート

メイクをするときは、まずデジタル時計《とけい》の表示《ひょうじ》を調《しら》べてから！　分《ふん》の表示《ひょうじ》が奇数《きすう》のときにメイクをスタートすると、いつもよりかわいく仕上《しあ》がるの。1日《にち》中《じゅう》、かわいいメイクがキープできるはずよ。

メイクがキレイに

美人《びじん》のため息《いき》

メイクをする前《まえ》に、両手《りょうて》の中指《なかゆび》を親指《おやゆび》にくっつけて「はあ〜！」と大《おお》きくため息《いき》をはきましょう。それからメイクを始《はじ》めると、その日《ひ》はキレイに仕上《しあ》がるのよ。大人《おとな》っぽくなりたいときは、とくにおすすめ♡

コスメ&ポーチなど メイク

効果《こうか》は1日《にち》限定《げんてい》！　メイクの道具《どうぐ》に「かわいい」&

“かわいい”のお守《まも》り

リップのニコちゃん

かわいくなりたい日《ひ》はリップをぬるときにニコッと笑《わら》うの！　笑顔《えがお》をキープしたままでリップをぬり、最後《さいご》に「プリティースマイル」と小《ちい》さくつぶやいて。かわいさが1日中《にちじゅう》、アップしちゃうはずよ。

コーデをかわいく

両《りょう》ひざのパック

コーデをかわいくまとめたいときは、着《き》替《が》え終《お》わったあとに両《りょう》ひざを両手《りょうて》でポンポンポンと3回《かい》たたきましょう。そして「パック」とつぶやくの。フェアリーが、あなたのかわいさをアップしてくれるわよ。

コーデをキレイに

ほめられチャーム

「今日《きょう》はキレイだね！」って言《い》われたいなら、このおまじない。着《き》がえる前《まえ》に着《き》る予定《よてい》の服《ふく》を床《ゆか》の上《うえ》に置《お》き、両手《りょうて》を合《あ》わせて「チャーム・チャーミング」となえて。その日《ひ》は1日中《にちじゅう》、キレイってほめられちゃうはず。

ションにかけるおまじない

ゲットできる☆　今日《きょう》のあなたの気分《きぶん》は、いったいどっちかしら？

キレイって注目《ちゅうもく》される

ブリリアントスター

新《あたら》しく買《か》ったアイテムに、キレイさアップの魔法《まほう》をかけるおまじないよ。好《す》きな花《はな》の花《はな》びらを5枚《まい》ゲットして、新品《しんぴん》のアイテムの上《うえ》にひと晩《ばん》、置《お》いておくだけ。アイテムのキレイさが、劇《げき》的《てき》にアップするはず。

制服《せいふく》をかわいく着《き》こなす

名札《なふだ》にKISS

制服《せいふく》や学校《がっこう》に着《き》ていく洋服《ようふく》を「かわいい！」ってほめられたい日《ひ》は、名札《なふだ》のウラに軽《かる》く5回《かい》キスをしてみて。イチゴの香《かお》りがするリップをつけると、さらに効果的《こうかてき》。クラスのみんなから注《ちゅう》目《もく》されるわよ！

制服《せいふく》をキレイに着《き》こなす

キレイを呼《よ》ぶソックス

エレガントに制服《せいふく》や、学校《がっこう》に着《き》ていく服《ふく》を着《き》こなしたいときは、クツ下《した》に注目《ちゅうもく》。はく前《まえ》にクツ下《した》のつま先《さき》を左手《ひだりて》でギュッとにぎりましょう。そして右手《みぎて》で左手《ひだりて》を包《つつ》んで。これでその日《ひ》1日《にち》、キレイが続《つづ》くわ。

コーデに合《あ》わせて！

ファッ

スカートでもパンツでも、キレイとかわいいは

かわいいって注目《ちゅうもく》される

キュートマジック

アルミホイルを1センチ角《かく》に切《き》ったものを、10枚用意《まいようい》しましょう。そして買《か》いもの袋《ぶくろ》から出《だ》したアイテムに、切《き》ったアルミホイルをふりかけるの。かわいいの魔法《まほう》がアイテムにかかり、ほめられ率《りつ》も上《あ》がるわよ。

かわいいを呼《よ》ぶソーダ

ベリー・ベリー

ソーダを飲《の》むときは、コップやストロー、コースターをなるべく赤《あか》でそろえるの。そして飲《の》む前《まえ》に「ベリーの魔法《まほう》」と心《こころ》の中《なか》でつぶやけば、あなたのかわいさを引《ひ》き出《だ》してくれる、不思議《ふしぎ》な力《ちから》がはたらくわ。

キレイを呼《よ》ぶソーダ

しゅわしゅわピンク

コップにソーダを注《そそ》いで、その中《なか》にピンク色《いろ》のコンペイトウを入《い》れましょう。そしてコンペイトウが全部《ぜんぶ》とけてしまう前《まえ》に、ソーダをストローでゆっくり飲《の》むの。あなたの中《なか》の“キレイ”が目覚《めざ》めるはず。

ものにかけるおまじない

「キレイ」と「かわいい」のおまじないをかけることができるのよ♪

キレイUP↑フルーツ

ハートのお皿《さら》

フルーツでキレイになりたいときは、このおまじないがおすすめ。フルーツをお皿《さら》にのせる前《まえ》に、お皿《さら》に指《ゆび》でハートマークをかくの。キレイになれるエネルギーがフルーツを通《とお》してあなたに伝《つた》わるでしょう。

食《しょく》事《じ》でかわいくなる

ダビデの㊙《まるひ》スイーツ

3時《じ》のおやつや食後《しょくご》のデザートを食《た》べるとき、目《め》を閉《と》じて金色《きんいろ》に輝《かがや》くダビデ（✡）を思《おも》いうかべるの。すると、目《め》の前《まえ》のスイーツがかわいさをアップしてくれるフードに早変《はやが》わり！　ダイエットにもおすすめよ。

食《しょく》事《じ》でキレイになる

いただきますの前《まえ》に

晩《ばん》ごはんを食《た》べる前《まえ》に、手《て》を合《あ》わせて「いただきます」って言《い》うでしょ？　その前《まえ》に深呼吸《しんこきゅう》を5回《かい》、しっかりくり返《かえ》すの。これだけで、その日《ひ》のディナーにキレイになれるパワーが宿《やど》るわよ！

食事《しょくじ》も美《び》のチャンス！

食《た》べ

ふだんなにげなく食《た》べている食《た》べものや飲《の》みものにだって、

かわいいUP↑フルーツ

シルバーフォーク

フルーツを食《た》べるときは、シルバーのフォークで食《た》べるとかわいい度《ど》がアップするのよ。フォークの持《も》つところに赤《あか》い糸《いと》をチョウチョ結《むす》びにすると、さらに◎。でも、効果《こうか》は1日《にち》しか続《つづ》かないから要注意《ようちゅうい》。

麗子《れいこ》&美子《みこ》からの

美《び》にまつわる大切《たいせつ》なお話《はなし》!

美《び》は1日《にち》にしてならず!

肌《はだ》や髪《かみ》には、それぞれ生《う》まれ変《か》わるサイクルがあるの。肌《はだ》は約《やく》28日《にち》で生《う》まれ変《か》わり、髪《かみ》は1カ月《げつ》に約《やく》1～2センチのびると言《い》われているわ。なかなかOMAの効果《こうか》が出《で》ないとなやんだら、少《すこ》し急《いそ》ぎすぎていないかもチェックしてみて。

あなたらしさが一番大事《いちばんだいじ》!

だれが何《なに》を言《い》っても、あなたが「かわいい!」「キレイ!」と思《おも》ったものを大切《たいせつ》にして。その感覚《かんかく》は、あなただけの個性《こせい》。無理《むり》をしてまわりに合《あ》わせる必要《ひつよう》はないわ。あなたには、あなただけの「美《び》」がもう宿《やど》っているのだから。

覚《おぼ》えておいてほしい3つのポイント

- OMAと努力《どりょく》の合《あ》わせワザが美《び》への近道《ちかみち》
- 髪《かみ》と肌《はだ》のサイクルを目安《めやす》にしましょう
- 何《なに》よりも大事《だいじ》なのは“あなたらしさ”

Part 7

新《あたら》しい自分《じぶん》になろう☆

チェンジOMA

あなたには「こんな風《ふう》になりたいな」と思《おも》う理想《りそう》の女《おんな》の子《こ》はいる？　マンガやアニメのキャラクター、芸能人《げいのうじん》やモデルでもOK ！　なやみ別《べつ》に、あなたのよさを引《ひ》き出《だ》すおまじないを大《だい》しょうかい。不思議《ふしぎ》なエンジェルと「なりたい自分《じぶん》」を探《さが》してみよう！

カー
カー
私《わたし》は杉本小春《すぎもとこはる》
今年《ことし》の春《はる》
小学《しょうがく》5年生《ねんせい》に
なったばかりです
ワー
待てよー
ドンッ
ムカ
ちょっと
バカ男子《だんし》!
バカって
言《い》うな!
せんせー!
2人がケンカしてる!
私《わたし》には今《いま》、だれにも
相談《そうだん》できない
なやみがあります
また ケンカ
しちゃった…

しかも、そのなやみは毎日《まいにち》、減《へ》るどころか増《ふ》えるばかりで…
そうじしてって注意《ちゅうい》したかっただけなのに
どうしてバカって言《い》っちゃったんだろ
ケンカなんかしたくないし
イライラするのもイヤなのになぁ…
ぷにっ
えっ!?
な、何《なに》!?

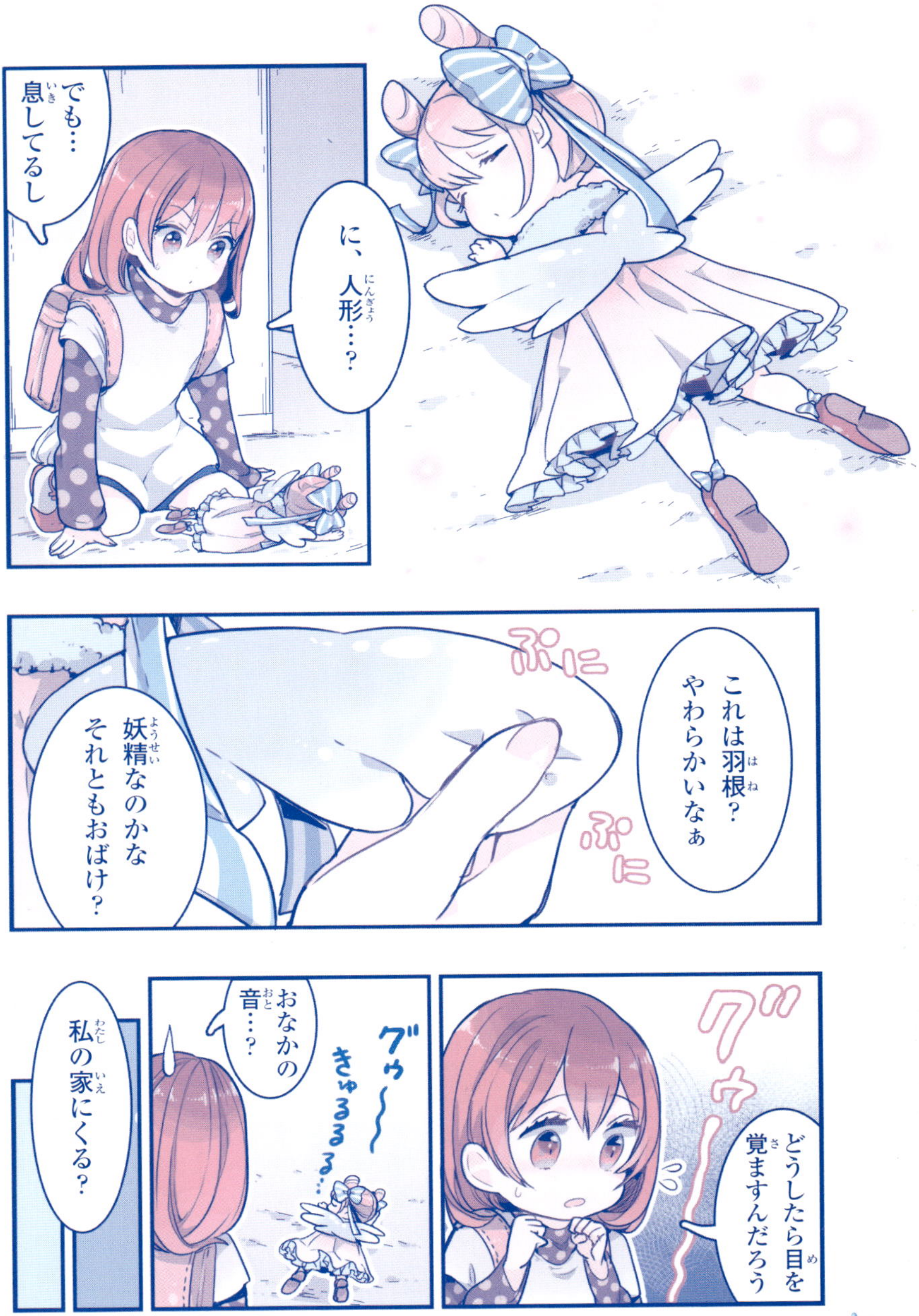
に、人形《にんぎょう》…？
でも…息《いき》してるし
ぷに
ぷに
これは羽根《はね》？やわらかいなぁ
妖精《ようせい》なのかなそれともおばけ？
グゥ〜〜
どうしたら目《め》を覚《さ》ますんだろう
グゥ〜〜
きゅるるる…
おなかの音《おと》…？
私《わたし》の家《いえ》にくる？

ドーナツ〜！
はむ
もう5コも…
おなか減《へ》ってたんだね
えへ♥
助《たす》けてくれてありがと！
私《わたし》、天使《てんし》なの
お礼《れい》におまじないを教《おし》えてあげるよ
おまじない？
そう！おまじない！
なやみも吹《ふ》き飛《と》んじゃうから
ぽん
ほ…本当《ほんとう》に…？

やさしくなるにはどうしたらいいの？

よ〜し、まかせて。やさしくなれるおまじないを、教《おし》えてあげるね♪

イヤなことがあると、イライラしてみんなにやつ当《あ》たりしちゃう……。

やさしさが身《み》につく

ローズクオーツの光《ひかり》

水《みず》を半分《はんぶん》入《い》れたガラスのコップに、ローズクオーツを１つ入《い》れて。それを朝《あさ》の光《ひかり》にかざして、コップをやさしく左右《さゆう》にふるの。コップの水《みず》を通《とお》して光《ひかり》を浴《あ》びると、やさしさが身《み》につくよ。

イライラが消《き》える

クリーンソルト

部屋《へや》のどこかに、塩《しお》をひとつまみ入《い》れたお皿《さら》を置《お》いてみて！　そして１日《にち》１回《かい》、その小皿《こざら》に向《む》かって「はぁ〜」ってため息《いき》をつくの。心《こころ》がすっきりキレイになるよ。塩《しお》は１週間《しゅうかん》に一度《いちど》、取《と》り替《か》えてね。

やさしくなれる

ジェントルピンク

いつも持《も》ち歩《ある》くもの（手帳《てちょう》や携帯電話《けいたいでんわ》、さいふやペンケースなど）に、ピンクのリボンを結《むす》んで。イヤな気持《きも》ちになったら、すぐにそのリボンを見《み》てね。心《こころ》がやさしさで満《み》たされるはずだよ♪

やさしさがめばえる
ねむりの時計《とけい》

ねる前《まえ》に目《め》を閉《と》じて「チクタク」と、時計《とけい》の秒針《びょうしん》がカウントしているところをイメージしてみて。気持《きも》ちがおだやかになるよ。

みんなにやさしくなれる
ノートのピンクハート

ノートや手帳《てちょう》に自分《じぶん》の名前《なまえ》をかくとき、ピンクのペンで名前《なまえ》の最《さい》後《ご》に☆をかいて！　まわりの人《ひと》に対《たい》して、やさしくなれるはず。

気持《きも》ちがやさしくなる
笑顔《えがお》のじゅもん

気分《きぶん》がモヤモヤしたときは「エスケ・スマイル」ととなえて。気《き》持《も》ちによゆうが生《う》まれるから、まわりの人《ひと》にやさしくできるよ！

やさしい気持《きも》ちになる
イライラカット

イライラしちゃったら、自分《じぶん》の髪《かみ》の毛《け》を３本《ぼん》、毛先《けさき》を５ミリだけハサミで切るの。イヤな気分《きぶん》がスーッとなくなるよ♪

エンジェルのプチコラム①

どうしてイライラしちゃうの？

計画《けいかく》どおりに予定《よてい》が進《すす》まなかったり、わかっていることを人《ひと》から注意《ちゅうい》されると、イラッとするよね。心《こころ》のバランスがくずれると、イライラしやすくなるよ。ムッとすることがあっても、考《かんが》えすぎないことがイライラしないコツ。

もっと素《す》直《なお》になるには どうしたらいいの？

だいじょうぶ！　素直《すなお》になれるおまじないを教《おし》えてあげるよ！

みんなに「アマノジャク」って、よく言《い》われるの……。

素直《すなお》になれる

おでこにクリスタル

クリスタルや、クリスタルのかざりがついたアクセサリーを持《も》ち歩《ある》いて。そして、ついつい意地《いじ》をはっちゃったときは、おでこにクリスタルを当《あ》てて深呼吸《しんこきゅう》するの。素直《すなお》な気持《きも》ちを取《と》り戻《もど》せるはず。

素直《すなお》に話《はなし》が聞《き》ける

赤《あか》い文字《もじ》の消《け》しゴム

いつも使《つか》っている消《け》しゴムに、赤《あか》いペンで「ひねくれ」とかいてみて！　そしてその消《け》しゴムを使《つか》い切《き》るの。赤《あか》い文字《もじ》が消《き》えるころには、人《ひと》の話《はなし》が素直《すなお》に聞《き》けるようになっているはずだよ。

素直《すなお》な気持《きも》ちに

ピュアサイダー

とうめいなコップにサイダーを注《そそ》いでね。シュワシュワのアワを見《み》ながら「素直《すなお》になる！」と心《こころ》の中《なか》で念《ねん》じて。そのあと、一気《いっき》にサイダーを飲《の》みほせば、アマノジャクな気持《きも》ちが消《き》えていくよ。

心《こころ》が素直《すなお》になる

安鎮心《あんちんしん》のおまじない

青《あお》い紙《かみ》に筆《ふで》ペンで「安鎮心《あんちんしん》」とかき、折《お》りたたんでお守《まも》りにして。意地《いじ》をはりそうになったら、お守《まも》りをギュッとにぎりしめてね！

素直《すなお》さが身《み》につく

大木《たいぼく》のエナジー

午前中《ごぜんちゅう》、真《ま》っすぐのびている木《き》を探《さが》して、幹《みき》に手《て》を当《あ》てて。そして「私《わたし》も真《ま》っすぐ素直《すなお》になりたい」と3回《かい》となえればOK！

素直《すなお》さが宿《やど》る

アマノジャクをおい出《だ》せ!

白《しろ》い紙《かみ》を人《ひと》の形《かたち》に切《き》り、黒《くろ》ペンで「天邪鬼《あまのじゃく》」とかくの。その紙《かみ》をビリビリに破《やぶ》り、ゴミ箱《ばこ》に捨《す》てて。素直《すなお》な気持《きも》ちになれるはず。

真《ま》っすぐな気持《きも》ちに

セルフ・オーダー

鏡《かがみ》に映《うつ》った自分《じぶん》を見《み》つめて「心《こころ》の中《なか》の私《わたし》に言《い》います。あなたは私《わたし》、私《わたし》の思《おも》いどおりになれ」と言《い》ってね。毎日続《まいにちつづ》けると効果《こうか》もアップ。

エンジェルのプチコラム②

素直《すなお》になれないのはなぜ？

「本当《ほんとう》のことを言《い》ったら、バカにされてキラわれるかも」と心配《しんぱい》する気持《きも》ちが、キミを意地《いじ》っぱりにしている原因《げんいん》かも。素直《すなお》になれないときは、「本当《ほんとう》にこのままでいいの?」と自分《じぶん》の心《こころ》にたずねると、本心《ほんしん》が見《み》えてくるはず。

もっと明《あか》るく前《まえ》向《む》きになるには？

じゃあ前向《まえむ》きになれるおまじないで、気分《きぶん》をかえてみようよ♪

いつまでも、ウジウジなやむ性格《せいかく》をどうにかしたい！

ポジティブになれる

太陽《たいよう》のドングリ

ドングリに金色《きんいろ》のペンで太陽《たいよう》のマーク（◉）をかこう。それをオレンジの布《ぬの》で作《つく》ったふくろに入《い》れ、お守《まも》りにして持《も》ち歩《ある》いて。気分《きぶん》が落《お》ちこんだら、ふくろをにぎって太陽《たいよう》にかざすと前向《まえむ》きになれるよ。

明《あか》るい気分《きぶん》になる

朝日《あさひ》のパワー

いつもより１時間《じかん》、早起《はやお》きをして太陽《たいよう》の光《ひかり》を浴《あ》びてね。そして両《りょう》手《て》を広《ひろ》げて「今日《きょう》１日《にち》、明《あか》るく過《す》ごせますように」と太陽《たいよう》にお願《ねが》いするの。生命力《せいめいりょく》みなぎる太陽《たいよう》が、力《ちから》を貸《か》してくれるはず。

前向《まえむ》きになる

ぱっくんポジティブ

手《て》のひらに○をかいて、ぎゅっと手《て》をにぎりしめてね。力《ちから》をじゅうぶんこめたら手《て》を開《ひら》いて「ごっくん太陽《たいよう》ごちそうさま！」と言《い》って、食《た》べるマネをして。前向《まえむ》きになって元気《げんき》がわいてくるよ。

暗《くら》い気分《きぶん》が吹《ふ》き飛《と》ぶ
元《げん》気《き》のじゅもん

暗《くら》い気分《きぶん》でどんよりしちゃったときは、「ピャッ・ペンク・ハグ」ととなえていると、少《すこ》しずつ明《あか》るさが取《と》り戻《もど》せるよ。

明《あか》るい性格《せいかく》になる
ミラーピース

毎日《まいにち》、鏡《かがみ》に映《うつ》る自分《じぶん》に向《む》かってピースをしてニコッと笑《わら》いかけよう。いつの間《ま》にか、朗《ほが》らかな性格《せいかく》になっているはずだよ。

気持《きも》ちが明《あか》るく
サンシャインボール

好《す》きな色《いろ》のビー玉《だま》を1つ用意《ようい》して、太陽《たいよう》の光《ひかり》に当《あ》てよう。気持《きも》ちが暗《くら》くなったら、ビー玉《だま》をおでこに当《あ》てると気分転《きぶんてん》かんできるよ。

気分《きぶん》が明《あか》るくなる
通学路《つうがくろ》のダビデ

朝《あさ》、学校《がっこう》に着《つ》くまでの間《あいだ》に、おでこにダビデのマーク（✡）を3回《かい》かいてね。かき終《お》えるころには、前向《まえむ》きな気分《きぶん》になっているよ。

エンジェルのプチコラム③

なやんだときは、楽《たの》しいこと探《さが》し

イヤなことがあって、落《お》ちこんだりなやんじゃうときこそ、キミが「楽《たの》しい！」と思《おも》うことを探《さが》してみて。気分《きぶん》を明《あか》るくするには、気持《きも》ちを切《き》り替《か》えることが大事《だいじ》。おまじないを試《ため》したあとは、楽《たの》しいこと探《さが》しにチャレンジ☆

言《い》いたいことをきちんと伝《つた》えるには？

もっと勇気《ゆうき》があればなーって、思《おも》うことが多《おお》いんだけど……。

了解《りょうかい》！　勇気《ゆうき》が出《で》るおまじないを教《おし》えちゃうわよ〜！

勇気《ゆうき》がわいてくる

かくれた「力《ちから》」

バンソウコウを１枚《まい》用《よう》意《い》して、黄《き》色《いろ》のペンでガーゼの部《ぶ》分《ぶん》に「力《ちから》」とかいてね。このバンソウコウを右《みぎ》手《て》の中指《なかゆび》に巻《ま》くと「ここぞ！」のときに勇気《ゆうき》がわいてくるよ。積極的《せっきょくてき》になれるはず。

心《こころ》に勇気《ゆうき》が宿《やど》る

勇気《ゆうき》の黒《くろ》い石《いし》

木曜日《もくようび》の放課後《ほうかご》、学校《がっこう》のグラウンドでなるべく黒《くろ》い石《いし》を探《さが》して。その石《いし》を持《も》ち帰《かえ》りキレイに洗《あら》って、次《つぎ》の日《ひ》から、昼《ひる》は机《つくえ》の上《うえ》に置《お》いて夜《よる》はまくらの下《した》に置《お》くようにすると、勇気《ゆうき》が心《こころ》に宿《やど》るよ。

へこたれない！

レモンピールのおまじない

レモンの皮《かわ》を太陽《たいよう》の光《ひかり》に当《あ》てて、カラカラにかんそうさせて。それをオレンジのふくろに入《い》れて、日《にち》曜日《ようび》の夜《よる》、クツの中《なか》に置《お》いておくだけ。そのクツをはいて登校《とうこう》すると、勇気《ゆうき》がわいてくるよ。

弱気《よわき》にならない

勇気《ゆうき》のかしわで

朝教室《あさきょうしつ》に入《はい》るとき「パンッ」と勢《いきよ》いよく手《て》をたたいて。弱気《よわき》な気分《きぶん》を吹《ふ》き飛《と》ばして、勇気《ゆうき》をくれるおまじないだよ。

勇気《ゆうき》が出《で》る

チアー・スター

好《す》きな大《おお》きさの☆のシールを２枚用意《まいようい》して、ペンケースの内側《うちがわ》にはって。くじけそうなときに、勇気《ゆうき》をくれるお守《まも》りになるよ！

積極的《せっきょくてき》に発言《はつげん》できる

パワーソング

気分《きぶん》が後《うし》ろ向《む》きになったら、大好《だいす》きな曲《きょく》の一番好《いちばんす》きな部分《ぶぶん》を心《こころ》の中《なか》で歌《うた》ってみて。消極的《しょうきょくてき》な気持《きも》ちがなくなるよ。

積極的《せっきょくてき》になれる

グリーンフード

給食《きゅうしょく》やお弁当《べんとう》を食《た》べるときに、緑《みどり》のものから食《た》べるようにしてみて！　毎日続《まいにちつづ》けていると、弱気《よわき》な気持《きも》ちが少《すこ》しずつ消《き》えていくよ。

エンジェルのプチコラム④

だれだって消極的《しょうきょくてき》になる！

だれにだって「こわいな」と感《かん》じたり、「イヤだな」と思《おも》うことは必《かなら》ずあるよ。無理《むり》は禁物《きんもつ》だけど、大切《たいせつ》なのは「にげないこと」。見《み》て見《み》ぬふりをせず、問題《もんだい》と向《む》き合《あ》うことが勇気《ゆうき》を身《み》につける第一歩《だいいっぽ》だよ。

もっと女《おんな》の子《こ》らしくなるには？

じゃあ、おまじないでミリョクを開花《かいか》させせちゃおうよ☆

クラスの男《おとこ》の子《こ》から「女《おんな》の子《こ》らしくない」って言《い》われた～！

女《おんな》の子《こ》らしい口調《くちょう》に
いましめビー玉《だま》

らんぼうな言葉《ことば》づかいをしちゃうときは、このおまじない。ビー玉《だま》に好《す》きな花《はな》の名前《なまえ》をかいて、ポケットに入《い》れて。話《はな》す前《まえ》にポケットの上《うえ》からビー玉《だま》をおさえると、口調《くちょう》が女《おんな》の子《こ》らしくなるよ。

やさしいフンイキになる
ガーリーチョコ

朝《あさ》、1つぶチョコレートを食《た》べて「これから、私《わたし》のミリョクがかがやき出《だ》す」とつぶやいてみてね。キミに宿《やど》る女《おんな》の子《こ》のミリョクが目《め》覚《ざ》めて、女《おんな》の子《こ》らしさが引《ひ》き出《だ》されるはずだよ。

女《おんな》の子《こ》らしくなれる
ブラックマジック

黒《くろ》い紙《かみ》に黒《くろ》いペンで「女《おんな》の子《こ》らしくなりました」とかき、教室《きょうしつ》の自分《じぶん》の机《つくえ》のウラにこっそりはってみて。だれにも見《み》られずに紙《かみ》をはれたら、おまじない成功《せいこう》。女《おんな》の子《こ》らしいミリョクが身《み》につくよ。

上品《じょうひん》になれる
オレンジdeチェンジ！

オレンジの皮《かわ》をむくとき、金星《きんせい》のマーク（♀）を表面《ひょうめん》にかいてからむいてみて。女《おんな》の子《こ》らしい、上《じょう》品《ひん》なミリョクが備《そな》わるよ。

おしとやかになる
ニスオジェヘ

今日《きょう》は、女《おんな》の子《こ》らしくしていなきゃってときは、「ニスオジェヘ」ととなえよう。気持《きも》ちが落《お》ち着《つ》いて、おしとやかになれるよ。

しぐさがおしとやかに
ひみつのノート

新《あたら》しいノートを用意《ようい》して、ウラ表紙《ひょうし》に「Venus」と金色《きんいろ》のペンでかいて。女神様《めがみさま》のパワーが宿《やど》って、しぐさが女《おんな》の子《こ》らしくなるよ。

女《おんな》の子《こ》らしいフンイキに
コロンスティック

レモンやオレンジの香《かお》りのコロンを、綿《めん》ぼうにしみこませて。これをペンケースに入《い》れておくと、エレガントになれるはず。

エンジェルのプチコラム⑤

おまじないの効果《こうか》をチェック！

おまじないをかけたら、その日《ひ》から日記《にっき》をつけてみよう！ 友《とも》だちから言《い》われたことや、感《かん》じたことをきちんと記録《きろく》しておくと、おまじないの効果《こうか》が表《あらわ》れたとき、すぐに「あ、かなったかも！」って実感《じっかん》できるはず。

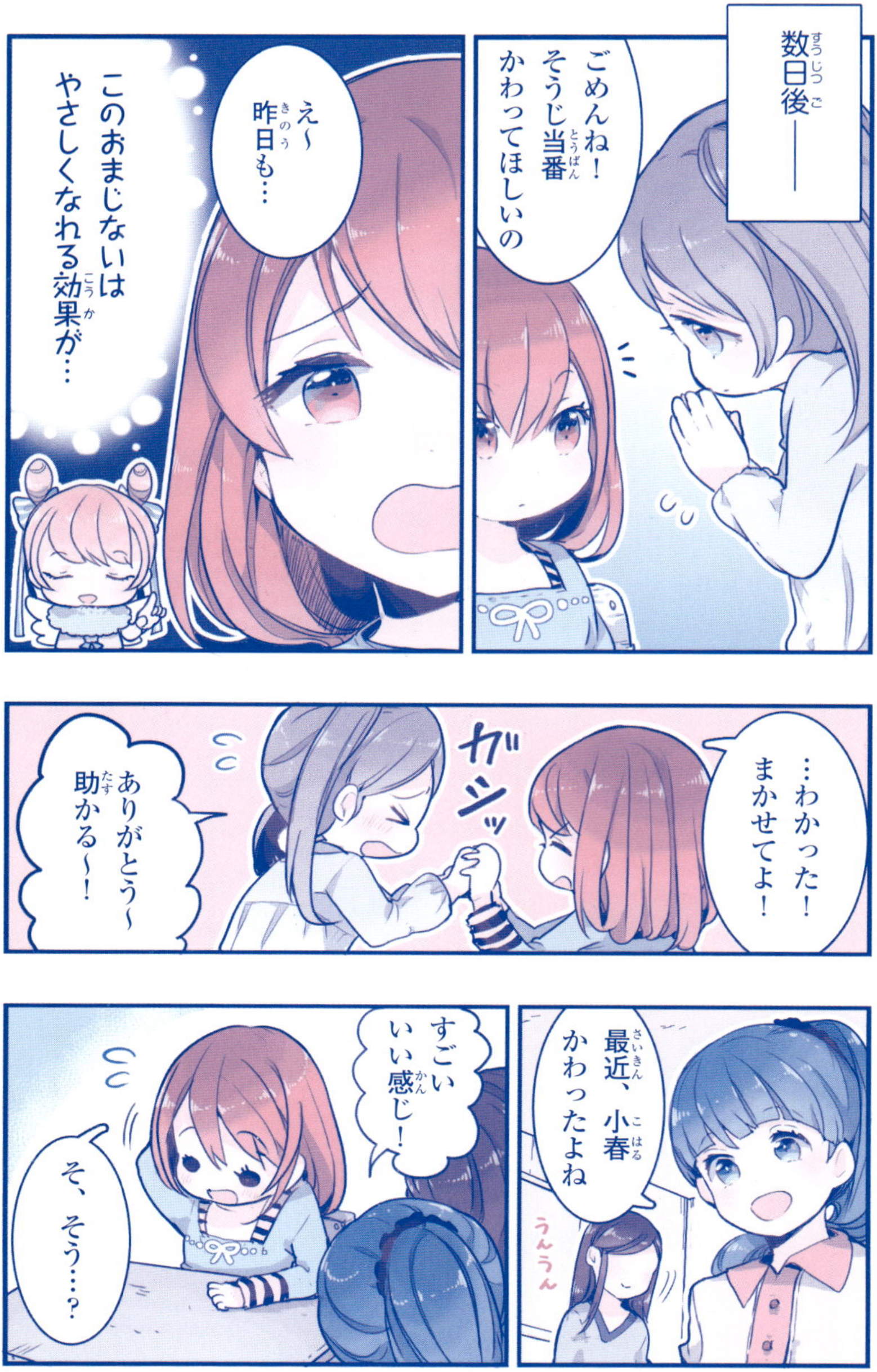

数日後《すうじつご》——
ごめんね！そうじ当番《とうばん》かわってほしいの
え～昨日《きのう》も…
このおまじないはやさしくなれる効果《こうか》が…
…わかった！まかせてよ！
ガシッ
ありがとう～助《たす》かる～！
最近《さいきん》、小春《こはる》かわったよね
うんうん
すごいいい感《かん》じ！
そ、そう…？

小春《こはる》のがんばりがみんなに伝《つた》わった
やったぁ
おまじないってすごいね！
努力《どりょく》の成果《せいか》だよ
今度《こんど》は、小春《こはる》のいいところをのばそう！
いいところ？
まずはミリョクを診断《しんだん》しましょ♡

才《さい》能《のう》診《しん》断《だん》 1 あなたのいいところCHECK

キミの持《も》って生《う》まれた才能《さいのう》を診《しん》断《だん》するよ！ 才能《さいのう》をもっと引《ひ》き出《だ》す㊙《まるひ》おまじないにも、チャレンジしてみてね☆

START

赤《あか》い色《いろ》のイメージは？

Ⓐ強《つよ》い・あつい 1へ

Ⓑ太陽《たいよう》・ほのお 2へ

4

どっちの箱《はこ》を開《あ》ける？

Ⓐ大《おお》きい箱《はこ》 7へ

Ⓑ小《ちい》さい箱《はこ》 8へ

1

困《こま》ったときはどうする？

Ⓐ1人《ひとり》で考《かんが》える 3へ

Ⓑ人《ひと》に相談《そうだん》する 4へ

5

右《みぎ》利《き》き？ 左《ひだり》利《き》き？

Ⓐ右《みぎ》利《き》き 8へ

Ⓑ左《ひだり》利《き》き 9へ

2

イヌとネコはどっちが好《す》き？

Ⓐイヌ 4へ Ⓑネコ 5へ

6

ジュースを飲《の》むなら？

Ⓐオレンジ 10へ

Ⓑグレープ 11へ

3

1人《ひとり》暮《ぐ》らしするなら？

Ⓐ和風《わふう》の家《いえ》 6へ

Ⓑ洋風《ようふう》の家《いえ》 7へ

7

おさいふのお金《かね》は？

Ⓐお札《さつ》がある　11へ

Ⓑ小《こ》ぜにだけ　12へ

8

夏《なつ》と冬《ふゆ》はどっちが好《す》き？

Ⓐ夏《なつ》　12へ　Ⓑ冬《ふゆ》　13へ

9

お守《まも》りを買《か》うなら？

Ⓐ恋愛《れんあい》のお守《まも》り　13へ

Ⓑ友情《ゆうじょう》のお守《まも》り　14へ

10

本《ほん》を読《よ》むスピードは？

Ⓐ速《はや》い・ふつう　11へ

Ⓑおそい　診断《しんだん》Aへ

11

メガネをかけている？

Ⓐかけている　診断《しんだん》Aへ

Ⓑかけていない　診断《しんだん》Bへ

12

雨《あめ》の日《ひ》は好《す》き？

Ⓐ好《す》き　診断《しんだん》Cへ

Ⓑニガテ　13へ

13

宇宙人《うちゅうじん》は信《しん》じる？

Ⓐ信《しん》じる　診断《しんだん》Cへ

Ⓑ信《しん》じない　診断《しんだん》Dへ

14

外《そと》で遊《あそ》ぶのは好《す》き？

Ⓐ好《す》き　診断《しんだん》Dへ

Ⓑニガテ　診断《しんだん》Bへ

は？　キミのステキな才能《さいのう》をずばり診断《しんだん》！　才能《さいのう》をのばすおまじないは、診断結果《しんだんけっか》がちがうものでも効果《こうか》ありだよ♪

診断結果《しんだんけっか》 A

思《おも》いやりがあるところ

キミのいいところは、思《おも》いやりがあるところ。困《こま》っている人《ひと》を見《み》つけたら、すぐに「だいじょうぶ？」と手《て》を差《さ》しのべる様子《ようす》は、みんなから尊敬《そんけい》されているはず。

思《おも》いやり度《ど》アップ！

ふわふわソープ

おフロで身体《からだ》を洗《あら》うとき、石《せっ》けんをふわふわに泡立《あわだ》ててローマ字《じ》の「C」をアワにかこう。そのアワで身体《からだ》を洗《あら》うと、キミの中《なか》の思《おも》いやりがグッと引《ひ》き出《だ》されるよ！

診断結果《しんだんけっか》 B

がんばり屋《や》なところ

がんばり屋《や》なところが、キミのいいところ。ちょっとやそっとじゃあきらめず、一生《いっしょう》けん命《めい》努《ど》力《りょく》する姿《すがた》は、みんなに「見習《みなら》いたいな！」と思《おも》われているみたい☆

がんばり度《ど》アップ！

スリースター

黒《くろ》い紙《かみ》に銀色《ぎんいろ》のペンで☆をかいてみて！　この紙《かみ》を２つに折《お》って、学校《がっこう》のカバンに入《い》れてね。がんばった分《ぶん》だけ、うれしい結果《けっか》が早《はや》く出《で》るようになるはずだよ。

才《さい》能《のう》診《しん》断《だん》結《けっ》果《か》① あなたのいいところ

診《しん》断《だん》結《けっ》果《か》 D

アイデアが豊富《ほうふ》なところ

アイデアが豊富《ほうふ》で、かしこいところがキミの長所《ちょうしょ》。相談《そうだん》されたら「こうしたらどう？」とアドバイスができるから、友《とも》だちからも一《いち》目置《もくお》かれているはず。

ひらめき度《ど》アップ！

自分《じぶん》に㊙《まるひ》レター

未来《みらい》の自分《じぶん》に手紙《てがみ》をかこう。どんな姿《すがた》になっているか、イメージしながらかくのがおすすめ。ひらめき度《ど》がアップし、いろいろなアイデアを思《おも》いつくおまじないだよ。

診《しん》断《だん》結《けっ》果《か》 C

気配《きくば》り上手《じょうず》なところ

キミのいいところは、気配《きくば》り上手《じょうず》なところ。だれよりもよく気《き》がついて先回《さきまわ》りができるから「あなたにまかせておけば、安心《あんしん》！」と、みんなから信《しん》らいされているはず。

気配《きくば》り度《ど》アップ！

カラーマジック

気配《きくば》り度《ど》アップにおすすめな色《いろ》は、ピンク！　おさいふの中《なか》にピンクのビーズやカードを入《い》れておくと、まわりのみんなの望《のぞ》んでいることが、パッとわかっちゃうよ。

あなたのチャームポイントCHECK

才《さい》能《のう》診《しん》断《だん》 2

みんながこっそり「ステキ♡」と思《おも》っている、キミのチャームポイントをテストでチェックしてみよう！

START

遊園地《ゆうえんち》に行《い》くなら？

Ⓐ友《とも》だちと行《い》く　1へ

Ⓑ男《おとこ》の子《こ》と行《い》く　2へ

1

どっちのもようが好《す》き？

Ⓐ水玉《みずたま》もよう　3へ

Ⓑチェックもよう　4へ

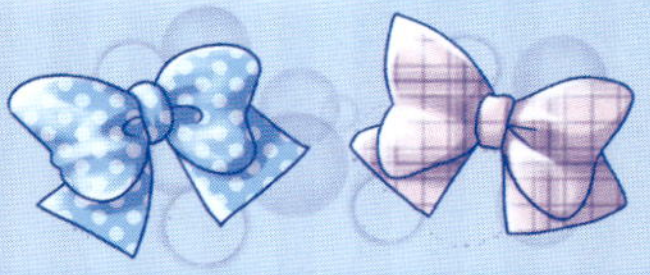

2

パソコンは得意《とくい》？

Ⓐ得意《とくい》　4へ　Ⓑニガテ　5へ

3

朝《あさ》ごはんは何派《なには》？

Ⓐ和食派《わしょくは》　6へ

Ⓑ洋食派《ようしょくは》　7へ

4

これは何《なに》に見《み》える？

Ⓐ女《おんな》の人《ひと》のカゲ　7へ

Ⓑロウソクのカゲ　8へ

5

スポーツは得意《とくい》？

Ⓐ得意《とくい》　8へ　Ⓑニガテ　9へ

6

こわい話《はなし》は好《す》き？

Ⓐ好《す》き　10へ　Ⓑニガテ　11へ

7

好《す》きな男《おとこ》の子《こ》はいる？

Ⓐいる 11へ　Ⓑいない 12へ

8

おイモを食《た》べるなら？

Ⓐ焼《や》きイモ 12へ

Ⓑ大学《だいがく》イモ 13へ

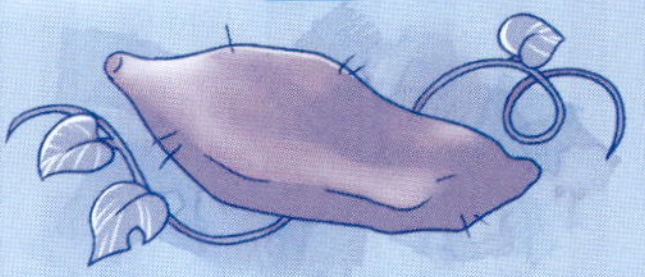

9

人前《ひとまえ》で話《はな》すのは得意《とくい》？

Ⓐ得意《とくい》 13へ

Ⓑニガテ 14へ

10

青《あお》い色《いろ》のイメージは？

Ⓐ海《うみ》 11へ　Ⓑ空《そら》 診断《しんだん》Aへ

11

空《そら》を飛《と》ぶなら？

Ⓐ飛行機《ひこうき》 診断《しんだん》Aへ

Ⓑ気球《ききゅう》 診断《しんだん》Bへ

12

手《て》のひらは大《おお》きい？

Ⓐ大《おお》きい 診断《しんだん》Cへ

Ⓑふつう・小《ちい》さい 13へ

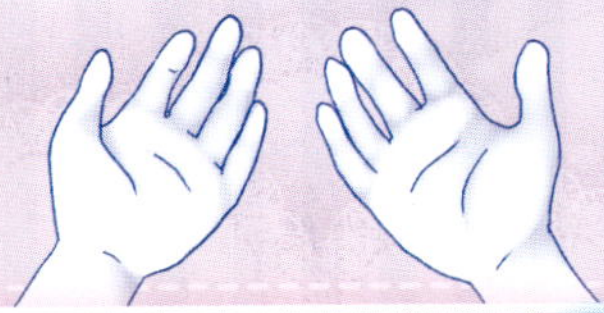

13

歌《うた》は聴《き》くほうが好《す》き？

Ⓐ歌《うた》うほうが好《す》き 診断《しんだん》Cへ

Ⓑ聴《き》くほうが好《す》き 診断《しんだん》Dへ

14

お気《き》に入《い》りのお店《みせ》がある？

Ⓐある 診断《しんだん》Dへ

Ⓑない 診断《しんだん》Bへ

は?

チャームアップのおまじないは、診断結果《しんだんけっか》がちがうものでもチャレンジしてOK♪　ミリョクをゲットしよう！

診《しん》断《だん》結《けつ》果《か》B

大人《おとな》っぽいところ

キミのミリョクは落《お》ち着《つ》いていて、しっかりしているところ。まわりのみんなより大人《おとな》びていて、クールなフンイキは注目《ちゅうもく》の的《まと》！ あこがれている人《ひと》も多《おお》いはずだよ。

大人《おとな》っぽさアップ！

両《りょう》足《あし》の羽《は》根《ね》

両足《りょうあし》のかかとに、指《ゆび》で羽《は》根《ね》の絵《え》をかいてね。そして思《おも》いっ切《き》り背《せ》のびを3回《かい》！　そうすると、キミの中《なか》の子《こ》どもっぽさが消《き》えて、大《おと》人《な》のフンイキが引《ひ》き出《だ》されるよ。

診《しん》断《だん》結《けつ》果《か》A

アクティブなところ

思《おも》い立《た》ったらすぐに動《うご》く、行動《こうどう》的《てき》なところがキミのミリョク。くるくる変《か》わる表情《ひょうじょう》や、好奇心《こうきしん》がおうせいなところが、みんなの視線《しせん》を引《ひ》きつけてはなさないはず！

アクティブさアップ！

ダブル歯《は》みがき☆

歯《は》みがきをしたあと、右手《みぎて》の人《ひと》差《さ》し指《ゆび》で前歯《まえば》をおさえて、ゆる～く左右《さゆう》に動《うご》かして。行動力《こうどうりょく》がアップするから、いつもより積極的《せっきょくてき》に動《うご》くことができるようになるよ！

才能診断結果《さいのうしんだんけっか》② あなたのチャームポイント

診断結果《しんだんけっか》D

さわやかなところ

キミのミリョクは、ものごとにこだわらないところ。だれにでも公平《こうへい》な態度《たいど》で接《せっ》するから、リーダー役《やく》をお願《ねが》いされることも多《おお》いはず。たよりにされているよ。

さわやかさアップ！

コンイチのじゅもん

部屋《へや》に陶器《とうき》のお皿《さら》や花《か》びんをかざって、「コンイチ、コンイチ」と声《こえ》に出《だ》して２回《かい》となえて。そうすると大地《だいち》のパワーが引《ひ》き出《だ》されて、さわやかなフンイキが宿《やど》るよ。

KONICHI
KONICHI

診断結果《しんだんけっか》C

あまえ上手《じょうず》なところ

自分《じぶん》の気持《きも》ちに素直《すなお》で、あまえ上手《じょうず》なところがキミのミリョク。考《かんが》えていることを正直《しょうじき》に表現《ひょうげん》できるところが、みんなから「うらやましい」って思《おも》われているみたい。

あまえ上手度《じょうずど》アップ！

小指《こゆび》のヴィーナス

左手《ひだりて》の小指《こゆび》のツメに、黄色《きいろ》のペンで金星《きんせい》のマーク（♀）をかいて。それを７回《かい》、右手《みぎて》でなでるの。これを１週間続《しゅうかんつづ》けると、素直《すなお》にあまえられるようになるよ。

才《さい》能《のう》診《しん》断《だん》 3

あなたのかくれ才能《さいのう》CHECK

まだ目《め》覚《ざ》めていない、キミの才《さ》能《のう》を調《しら》べてみよう！　いったいどんな才《さ》能《のう》がねむっているのかな～？

START

夢《ゆめ》はよく見《み》る？

Ⓐ見《み》る　1へ

Ⓑ見《み》ない　2へ

1

よくケガをする？

Ⓐする　3へ　Ⓑしない　4へ

2

ペットは飼《か》っている？

Ⓐ飼《か》っている　4へ

Ⓑ飼《か》っていない　5へ

3

1年《ねん》以上《いじょう》、
続《つづ》けていることはある？

Ⓐある　6へ　Ⓑない　7へ

4

国語《こくご》と算数《さんすう》、どっちが好《す》き？

Ⓐ国語《こくご》　7へ　Ⓑ算数《さんすう》　8へ

5

旅行《りょこう》に行《い》くなら？

Ⓐ海外《かいがい》　8へ　Ⓑ国内《こくない》　9へ

6

休《やす》みの日《ひ》は何《なに》してる？

Ⓐ外《そと》で遊《あそ》ぶ　10へ

Ⓑ部屋《へや》で遊《あそ》ぶ　11へ

7
予習復習《よしゅうふくしゅう》はしてる？

Aしている　11へ

Bしていない　12へ

8
たい焼《や》きはどこから食《た》べる？

A頭《あたま》・おしり　12へ

Bおなか　13へ

9
サプライズは好《す》き？

A好《す》き　13へ　Bニガテ　14へ

10
買《か》うならどっちの宝石《ほうせき》？

Aダイヤのネックレス　11へ

Bルビーのリング　診断《しんだん》Aへ

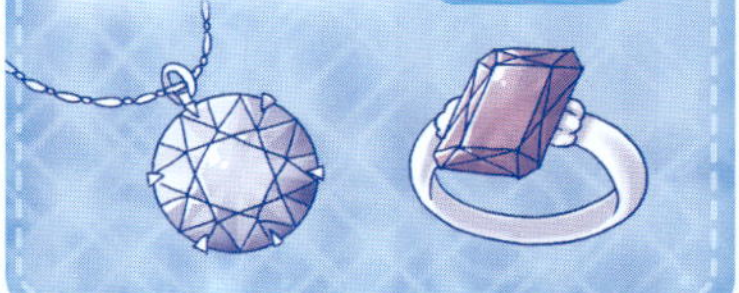

11
メールと電話《でんわ》はどっちが好《す》き？

Aメール　診断《しんだん》Aへ

B電話《でんわ》　診断《しんだん》Bへ

12
どっちのプリンセスが好《す》き？

Aシンデレラ　診断《しんだん》Cへ

B白雪姫《しらゆきひめ》　13へ

13
スカート派《は》？　パンツ派《は》？

Aスカート　診断《しんだん》Cへ

Bパンツ　診断《しんだん》Dへ

14
将来《しょうらい》の夢《ゆめ》はある？

Aある　診断《しんだん》Dへ

Bまだ考《かんが》え中《ちゅう》　診断《しんだん》Bへ

は?

診断結果《しんだんけっか》のおまじないは、どれにチャレンジしてもだいじょうぶ。
意外《いがい》な才能《さいのう》が目覚《めざ》めるかも!?

診《しん》断《だん》結《けつ》果《か》 A

リーダーの才能《さいのう》

キミのかくれ才能《さいのう》は、みんなをグイグイ引《ひ》っぱっていくリーダーの才能《さいのう》。クラス全員《ぜんいん》の意見《いけん》を1つにまとめるカリスマ性《せい》が、キミの中《なか》にねむっているよ。

リーダー度《ど》アップ!

親《おや》指《ゆび》フラワー

リーダーシップがほしいときは、右手《みぎて》の親指《おやゆび》のツメに水性《すいせい》のペンで黄色《きいろ》の花《はな》をかいて。親指《おやゆび》ごとギュッと手《て》をにぎると、自然《しぜん》に勇《ゆう》気《き》や行動力《こうどうりょく》がわいてくるはず。

診《しん》断《だん》結《けつ》果《か》 B

いやしの才能《さいのう》

いっしょにいるだけで悲《かな》しい気《き》持《も》ちをやわらげる、いやしの才能《さいのう》にめぐまれたキミ。そっと寄《よ》りそってくれるところに、まわりのみんなは助《たす》けられているみたい。

いやし度《ど》アップ!

7スターソング

お気《き》に入《い》りのCDを用意《ようい》して、ケースに☆のシールを7つはってみて。はりかたは自由《じゆう》にアレンジしてOK。そのCDを聴《き》くたび、いやしのオーラが授《さず》けられるよ。

才能《さいのう》診断《しんだん》結果《けっか》③

あなたのかくれ才能《さいのう》

診断《しんだん》結果《けっか》 D

先生《せんせい》の才能《さいのう》

人《ひと》にものを教《おし》えることがとても上手《じょうず》なキミ。そんなキミの中《なか》には、先生《せんせい》の才能《さいのう》がかくれているみたい。才能《さいのう》をみがけば将来《しょうらい》は先生《せんせい》や、科学者《かがくしゃ》にもなれちゃう!?

教《おし》える力《ちから》がアップ！

ティーチのじゅもん

みんなの前《まえ》で話《はな》すときや、人《ひと》にものを教《おし》えるときは直前《ちょくぜん》に「ドゥ・ジャ・ボー」と心《こころ》の中《なか》でつぶやいて。きんちょうがほぐれて、実力《じつりょく》をハッキできるように！

診断《しんだん》結果《けっか》 C

ムードメーカーの才能《さいのう》

キミのかくれ才能《さいのう》は、その場《ば》の空気《くうき》を自由自在《じゆうじざい》にあやつるムードメーカーの才能《さいのう》。どんよりしたフンイキを明《あか》るくしたり、険悪《けんあく》なムードを吹《ふ》き飛《と》ばす天才《てんさい》だよ！

ムード作《づく》り度《ど》アップ！

右手《みぎて》の太陽《たいよう》

右《みぎ》の手《て》のひらの真《ま》ん中《なか》に、金《きん》のペンで太陽《たいよう》のマーク（◉）をかこう。大勢《おおぜい》で作業《さぎょう》するとき、みんなの中心《ちゅうしん》になって、上手《じょうず》に場《ば》を盛《も》り上《あ》げていくことができるはずだよ。

おはよう！
おはよう～
そのヘアピンかわいいね！
ありがとう！
えへへ♥

天使《てんし》を助《たす》けた
あの日《ひ》から
キーン
コーン
くらえ！ぞうきんパーンチ！
ド
きゃっ！
おまじないをするごとに
なやみがなくなって
やべっ…
うわっ
くるっ
遊《あそ》ぶのは
そうじが終《お》わって
からにしようよ
ごめん…
いいよ！

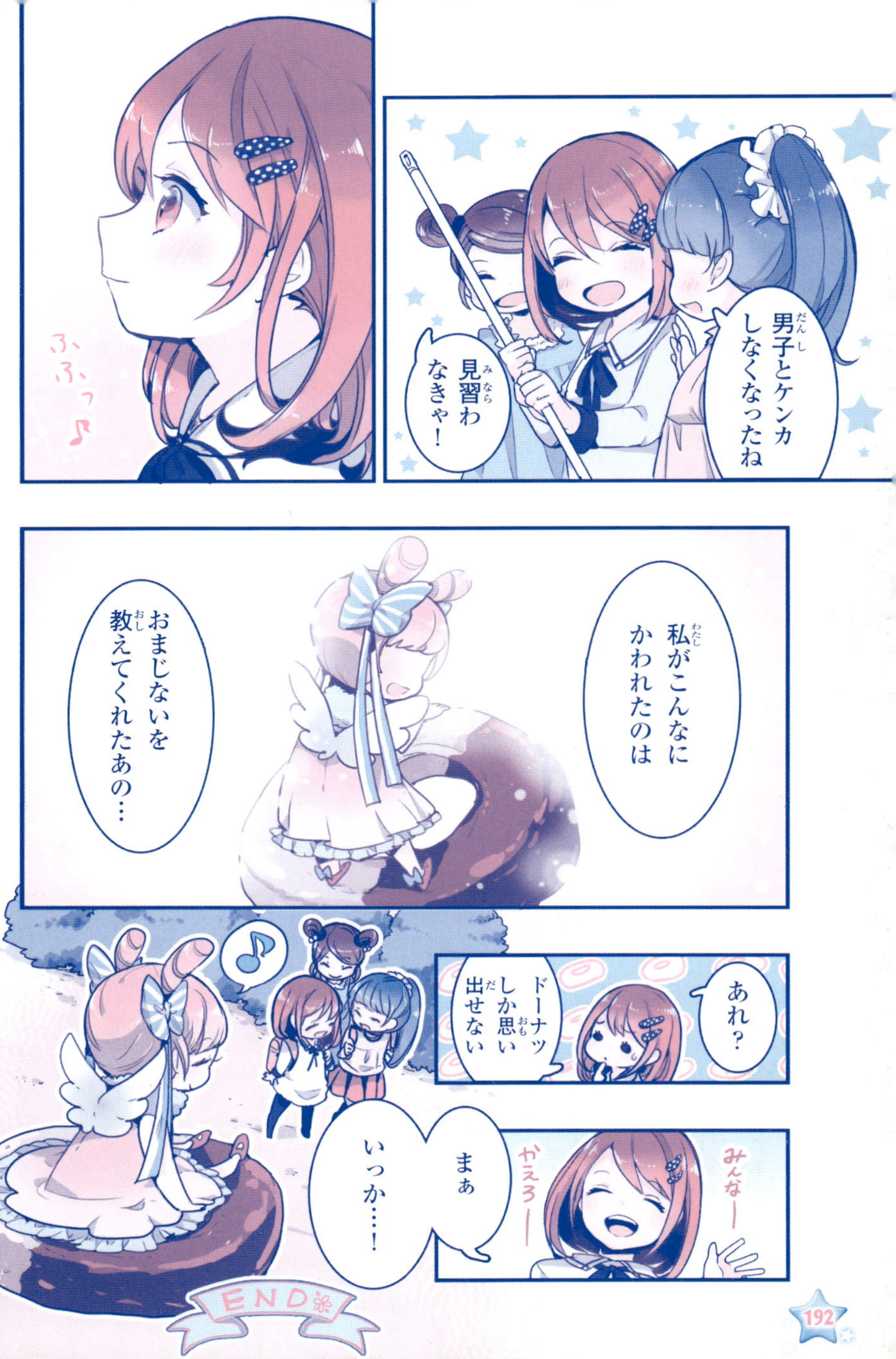
男子《だんし》とケンカしなくなったね
見習《みなら》わなきゃ!
ふふっ♪
私《わたし》がこんなにかわれたのは
おまじないを教《おし》えてくれたあの…
あれ?
ドーナツしか思《おも》い出《だ》せない
みんなー
かえろー
まぁ
いっか…!
END

Part8

勉《べん》強《きょう》＆部《ぶ》活《かつ》をサポート！

スクールOMA

毎日《まいにち》の勉強《べんきょう》はもちろん、予習復習《よしゅうふくしゅう》に宿題《しゅくだい》、運動会《うんどうかい》、遠足《えんそく》、校外学習《こうがいがくしゅう》と小学生《しょうがくせい》だって毎日大変《まいにちたいへん》！　学校生活《がっこうせいかつ》が楽《たの》しく過《す》ごせるように、大《だい》かつやくするおまじないをたっぷり教《おし》えちゃう☆　ニガテな科目必勝法《かもくひっしょうほう》や、先輩《せんぱい》＆先生《せんせい》とのおつき合《あ》いまで、サポートはバッチリだよ♪

毎《まい》日《にち》楽《たの》しく! 授《じゅ》業《ぎょう》OMA

どんな授《じゅ》業《ぎょう》も楽《たの》しくなる、やる気《き》がアップするおまじないをたくさん集《あつ》めたよ☆

授業《じゅぎょう》が楽《たの》しくなる

ゴールドエンジェル

授業《じゅぎょう》で使《つか》うノートのウラ表紙《ひょうし》に、小《ちい》さな天使《てんし》のシールをはって。それから天使《てんし》のまわりを金色《きんいろ》のペンやマーカーでふち取《ど》るの。天使《てんし》がサポートしてくれて、授業《じゅぎょう》が楽《たの》しくなるよ。（美咲）

授業《じゅぎょう》のやる気《き》が上《あ》がる

トントン・ノート

先生《せんせい》の言《い》うことをノートにかいて、授業《じゅぎょう》が終《お》わったら「私《わたし》は頭《あたま》がいい」と心《こころ》の中《なか》でつぶやきます。そのあと、机《つくえ》の上《うえ》でノートをそろえるように、トントンと音《おと》を立《た》てればOK。（しょうま）

授業《じゅぎょう》のやる気《き》アップ

消《け》しゴムマジック

授業《じゅぎょう》が始《はじ》まるのにやる気《き》がでない！　ってなったら、消《け》しゴムで机《つくえ》に水星《すいせい》のマーク（☿）をかいてみてください。集中力《しゅうちゅうりょく》が高《たか》まって先生《せんせい》の話《はなし》が楽《たの》しく聞《き》けるようになります。（♡好子♡）

たいくつな授業《じゅぎょう》にやる気《き》

アニマルシルエット

授業《じゅぎょう》がたいくつになったときは、好《す》きな動物《どうぶつ》のシルエットを赤《あか》ペンで手《て》のひらにかこう。それをパクンと食《た》べるマネをすると、やる気《き》がアップするんだって！（チカ）

授業《じゅぎょう》に気合《きあ》いが入《はい》る

ほのおのガッツポーズ

指《ゆび》で左右《さゆう》の手《て》のひらに火星《かせい》のマーク（♂）をかいてね。そして親指《おやゆび》を折《お》ってこぶしをにぎり、ガッツポーズ！　もうちょっとがんばろうって気合《きあ》いが入《はい》るおまじないです。

（りりか）

楽《たの》しく授業《じゅぎょう》が受《う》けられる

アポロンのお守《まも》り

金色《きんいろ》の折《お》り紙《がみ》を太陽《たいよう》に当《あ》てて、細長《ほそなが》く折《お》ってしおりを作《つく》ります。それを好《す》きな教科書《きょうかしょ》の9ページにはさんでね。太陽《たいよう》の神様《かみさま》・アポロンのパワーで、楽《たの》しく授業《じゅぎょう》が受《う》けられるよ。

（柴田）

金色の折り紙
太陽に当てながら
細長く折って
好きな教科書にしおりをはさんで♪
社会
算数
理科
国語
9ページに！

楽《たの》しい授業《じゅぎょう》になる

レモンシードのおまじない

ミネラルウォーターにレモンをしぼって、レモン水《すい》を作《つく》ろう。そこに1つだけレモンの種《たね》を入《い》れて、種《たね》を飲《の》まないようにレモン水《すい》を飲《の》みほして！　次《つぎ》の日《ひ》から楽《たの》しい授《じゅ》業《ぎょう》になるよ！

（チョモ）

授業《じゅぎょう》でやる気《き》になる

クロスたたき

何《なん》となくやる気《き》がなくなったときは、右手《みぎて》で左肩《ひだりかた》をトントン2回《かい》たたいてね。すると自然《しぜん》とどんな授業《じゅぎょう》もがんばれちゃう！　授業中《じゅぎょうちゅう》に試《ため》すのも、おすすめのおまじないだよ☆

（パニーニ）

サクッと終《しゅう》了《りょう》！ 宿《しゅく》題《だい》OMA

イヤ〜な宿題《しゅくだい》をパパッとすぐに終《お》わらす、㊙《まるひ》おまじないをしょうかいするよ♪

すぐ宿題《しゅくだい》ができる

THOTHのおまじない

宿題《しゅくだい》を始《はじ》める前《まえ》に、自分《じぶん》のおでこに「THOTH」と指《ゆび》でかくだけ！　なぜかいつもより早《はや》く、スルスル〜っと宿題《しゅくだい》が終《お》わっちゃいます。鏡《かがみ》を見《み》ながらかくと上手《じょうず》にかけるよ♪　（サンバ）

宿題《しゅくだい》がすぐに終《お》わる

マーキュリーのティアラ

水色《みずいろ》の折《お》り紙《がみ》をたて長《なが》に切《き》り、ノリではって輪《わ》を作《つく》って。そこに香辛料《こうしんりょう》のローリエを1枚《まい》はって、水星《すいせい》マーク（☿）をかき、これを頭《あたま》にのせれば、宿題《しゅくだい》はバッチリ。　（春）

のり
カット
ローリエに
☿
水星マーク
をかいて…

宿題《しゅくだい》が早《はや》く終《お》わる

「さいぎょう」を9回《かい》

宿題《しゅくだい》にあきてきたら、窓《まど》を開《あ》けて「さいぎょう」と9回《かい》となえてみて。やる気《き》がわいてくるから、宿題《しゅくだい》をするスピードがアップするよ。私《わたし》はいつもこのおまじないを使《つか》ってるよ♡　（Michi）

宿題《しゅくだい》に集中《しゅうちゅう》できる

ドキドキ♡ヘリオス

左《ひだり》の手首《てくび》のドキドキしているところに右手《みぎて》の人《ひと》さし指《ゆび》を当《あ》てて、「ヘリオス」と心《こころ》の中《なか》で3回《かい》つぶやいてね。宿題《しゅくだい》を早《はや》く終《お》わらせようって集中力《しゅうちゅうりょく》が高《たか》まるおまじないだよ。　（へぱりん）

宿題《しゅくだい》がすぐできる
スピードパワー

利《き》き手《て》の人《ひと》さし指《ゆび》をおでこに当《あ》てて、「イムサドイ」と念《ねん》じます。頭《あたま》の回転《かいてん》が速《はや》くなるから、すぐに宿題《しゅくだい》が終《お》わるはず。ど忘《わす》れしたことを、思《おも》い出《だ》したいときにも使《つか》えるよ〜！（秋田美人）

宿題《しゅくだい》が片《かた》づく
マルスのマーク

赤《あか》いリボンに黒《くろ》いペンで、マルスのマーク（♂）をかいて。そして、リボンを宿題《しゅくだい》が終《お》わるまで左《ひだり》の手首《てくび》に巻《ま》きつけます。いつもの倍《ばい》のスピードで、ササッと片《かた》づけられるはず☆（千夏）

宿題《しゅくだい》のやる気《き》アップ
魔《ま》法《ほう》の紅《こう》茶《ちゃ》

宿題《しゅくだい》を始《はじ》める前《まえ》に、紅茶《こうちゃ》を入《い》れます。そしてそこにスプーン1ぱいのハチミツと、白《しろ》・ピンク・水《みず》色《いろ》のコンペイトウを入《い》れて。これをよくかきまぜてから飲《の》めば、すぐ終《お》わるよ。（アールグレイ☆）

早《はや》く宿題《しゅくだい》ができる
キラキラ・スター

なかなか宿題《しゅくだい》が終《お》わらないときは、目《め》を閉《と》じて青《あお》い星《ほし》がキラキラ光《ひか》っているところをイメージ。これを10秒《びょう》続《つづ》けると、不思議《ふしぎ》と頭《あたま》がスッキリするよ。集中力《しゅうちゅうりょく》がアップするんだ☆（朱鳥）

目《め》指《ざ》せ100点《てん》!

テストOMA

テストで満点《まんてん》を取《と》るには、かなりの努力《どりょく》が必要《ひつよう》。おまじないにもサポートしてもらおう!

テストでいい点《てん》を取《と》る

シュロの花《はな》

テストを全部《ぜんぶ》かき終《お》わったら、用紙《ようし》のウラにうす~くエンピツで「シュロの花《はな》」とかくと、点数《てんすう》がアップするよ。読《よ》めないように、うす~くかくのが大事《だいじ》なポイント!

（深春）

テストで高得点《こうとくてん》ゲット!

㊙《まるひ》ステーショナリー

クラスで一番頭《いちばんあたま》のいい子《こ》から、テスト前《まえ》にシャーペンかエンピツを借《か》りてみて! その筆記用具《ひっきようぐ》を使《つか》ってテストを受《う》けると、なぜかいい点《てん》が取《と》れるようになっちゃう。

（はとポッポ）

テストの点《てん》が上《あ》がる

ラブ♡ネーム

テスト用紙《ようし》の名前《なまえ》のところに、好《す》きな彼《かれ》や芸能人《げいのうじん》の名前《なまえ》をかいておくの。答《こた》えをかき終《お》わったら、名前《なまえ》を一度《いちど》消《け》して自分《じぶん》の名前《なまえ》をかきます。きちんとかき直《なお》してから提出《ていしゅつ》してね!

（智治）

すいすい回答《かいとう》できる

ピラミッドのお守《まも》り

新《あたら》しい白《しろ》い消《け》しゴムをカッターで3角形《かくけい》に切《き》ります。その真《ま》ん中《なか》に赤《あか》いペンで水星《すいせい》マーク（☿）をかいて、ペンケースに入《い》れておくだけ。テストのお守《まも》りになるよ♪

（陽炎）

3角形に切る
NEW
ペンケースの中に♪
水星マーク

テストの点数《てんすう》ゲット！

高《こう》得《とく》点《てん》のトランプ

トランプの♡♤◇♧のAのカードを用意《ようい》します。4枚《まい》のカードを1つに重《かさ》ね、赤《あか》い糸《いと》で十字《じゅうじ》にしばります。これをテストの日《ひ》に、カバンに入《い》れて登校《とうこう》すると高得点《こうとくてん》が取《と》れるはず。

（南）

希《き》望《ぼう》した点《てん》が取《と》れる

目《もく》標《ひょう》の消《け》しゴム

新《あたら》しい消《け》しゴムを買《か》ってきて、ケースの内側《うちがわ》にテストの目標点数《もくひょうてんすう》をかいて！　それをだれにもさわられないように、テスト勉強中《べんきょうちゅう》、ずっと使《つか》っていると希望《きぼう》の点数《てんすう》が取《と》れるよ。

（さざなみ）

答《こた》えを思《おも》い出《だ》せる

お助《たす》け土《ど》星《せい》

テストの答《こた》えを思《おも》い出《だ》せないときは、目《め》を閉《と》じて「ブルーストーン」と心《こころ》の中《なか》で3回《かい》となえてみて。それから右手《みぎて》の甲《こう》に土星《どせい》のマーク（♄）をかくと、答《こた》えを思《おも》い出《だ》せます。

（1＋2）

わからない問題《もんだい》が解《と》ける

スッキリ定《じょう》規《ぎ》

テストが始《はじ》まる前《まえ》に、定規《じょうぎ》に紫《むらさき》のペンで小《ちい》さく○をかいておきます。テストでわからない問題《もんだい》が出《で》てきたら、右手《みぎて》の人《ひと》さし指《ゆび》で○にふれるの。なぜか答《こた》えがパッとひらめくよ。

（CIAO）

教科別《きょうかべつ》

ニガテ科目《かもく》こくふく◎MA

好《す》きになれない科目《かもく》も、おまじないがあればだいじょうぶ。
一番得意《いちばんとくい》な科目《かもく》に早変《はやが》わり☆

国《こく》語《ご》

国語《こくご》が楽《たの》しくなる☆

吹《ふ》き矢《や》でねらいうち！

国語《こくご》の授業中《じゅぎょうちゅう》に、手《て》をグーの形《かたち》にゆるくにぎって。そして、先生《せんせい》に向《む》かって吹《ふ》き矢《や》を吹《ふ》くように、フッと勢《いきお》いよく息《いき》をはいてね。だんだん授業《じゅぎょう》が楽《たの》しくなってくるはず。

（米）

国語《こくご》が好《す》きになる☆

ラッキースター

白《しろ》い紙《かみ》に黄色《きいろ》のペンで星《ほし》をかき、その上《うえ》に黒《くろ》いペンで「楽勝《らくしょう》」とかきます。これを白《しろ》いふうとうに入《い》れて、国語《こくご》の教科書《きょうかしょ》にはさんでおくの。国語《こくご》の授業《じゅぎょう》が好《す》きになるよ。

（みっぱ）

国語《こくご》が得意《とくい》になる！

ジュピターのしおり

水曜日《すいようび》の放課後《ほうかご》、グラウンドでキレイな葉《は》っぱを1枚探《まいさが》してね。そこに黒《くろ》いペンで木星《もくせい》のマーク（♃）をかき、国語《こくご》のノートにはさむだけ！　ニガテ意識《いしき》がなくなります☆

（あんぱん）

国語《こくご》がおもしろくなる

水《すい》星《せい》のトライアングル

水色《みずいろ》の蛍光《けいこう》ペンで左右《さゆう》の人《ひと》さし指《ゆび》のツメに水星《すいせい》マーク（☿）をかいて。そして両手《りょうて》の親指《おやゆび》と人《ひと》さし指《ゆび》で3角形《かくけい》を作《つく》ろう。それを国語《こくご》の教科書《きょうかしょ》にかざせば、授業《じゅぎょう》がおもしろくなるよ。

（レモヌース）

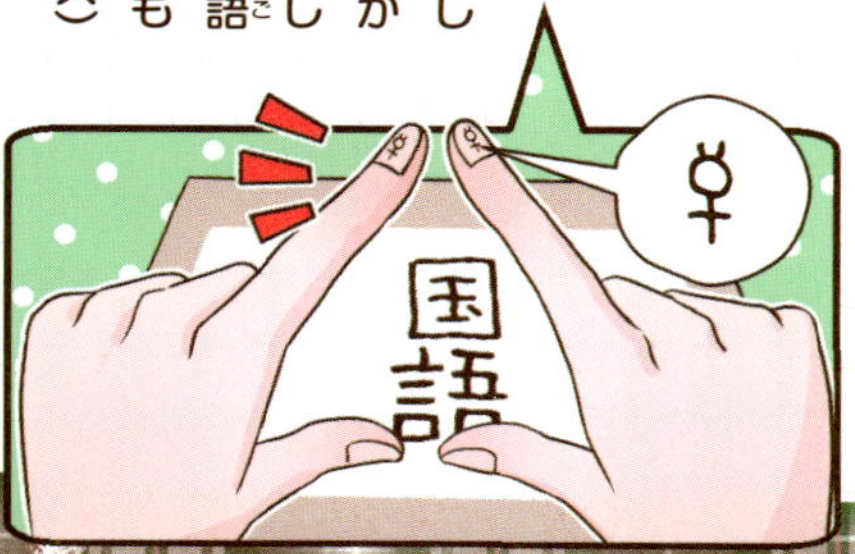

算《さん》数《すう》

算《さん》数《すう》が好《す》きになる☆

水《すい》星《せい》のお守《まも》り

黒《くろ》い紙《かみ》に青《あお》いペンで水星《すいせい》マーク（☿）をかきます。そして「なんじ水星《すいせい》の守護《しゅご》たるオフィエルよ。理解力《りかいりょく》をあたえたまえ」ととなえて。算数《さんすう》が好《す》きになるよ。

（ホワイト）

算数《さんすう》が楽《たの》しくなる

知《ち》恵《え》のフクロウ

フクロウの写真《しゃしん》かイラストを1枚用意《まいようい》して、土曜日《どようび》の夜《よる》に算数《さんすう》の教科書《きょうかしょ》にはさんで！算数《さんすう》の授業中《じゅぎょうちゅう》「イヤだな」と思《おも》ったらすぐ、フクロウにさわれば、少《すこ》しずつ楽《たの》しくなります。

（ちっぷ）

算《さん》数《すう》が得《と》意《くい》になる！

気《き》合《あ》いのエンピツ

算数《さんすう》の授業用《じゅぎょうよう》のエンピツを用意《ようい》します。そしてそのエンピツを使《つか》うときは最初《さいしょ》に「気合《きあい》」とかいてから使《つか》うようにして。半《はん》分《ぶん》くらい使《つか》ったころには、算数《さんすう》がすごく得《とく》意《い》になっているよ。

（シュークリーム）

算《さん》数《すう》がおもしろくなる

オーディンの知《ち》恵《え》

算数《さんすう》の授業《じゅぎょう》が始《はじ》まる前《まえ》に、右《みぎ》手《て》で右《みぎ》の目《め》をかくして、左手《ひだりて》は算数《さんすう》の教科書《きょうかしょ》の上《うえ》に置《お》き「天地《てんち》すべての知《ち》をここに」と心《こころ》の中《なか》でつぶやいて。授業《じゅぎょう》がおもしろくなるよ☆

（Qが好き♡）

社《しゃ》会《かい》

社会《しゃかい》が好《す》きになる☆

水星《すいせい》の下《した》じき

社会《しゃかい》の授業《じゅぎょう》が始《はじ》まる前《まえ》に、下《した》じきに青《あお》い蛍光《けいこう》ペンで小《ちい》さく水星《すいせい》のマーク（☿）をかいてね。すぐに消《き》えちゃうから、毎《まい》回《かい》、授業《じゅぎょう》が始《はじ》まる前《まえ》にかきなおすのがポイントだよ。

（満点ゲット！）

社会《しゃかい》が楽《たの》しくなる

ふわふわウサギ

白《しろ》いフェルトで、ウサギのマスコットを作《つく》ります。綿《わた》を入《い》れるときに「社会《しゃかい》」とかいた紙《かみ》も、いっしょに入《い》れてね。これをカバンに入《い》れておけば、社会《しゃかい》の授業《じゅぎょう》が楽《たの》しくなります。

（ぴんきぃ♪）

社会《しゃかい》が得意《とくい》になる！

ひみつのメガネ

社会《しゃかい》のノートの最後《さいご》のページにメガネのシールをはり、その上《うえ》に青《あお》いペンでダビデの星《ほし》（✡）をかいて。だれにも見《み》られないようにノートを使《つか》い終《お》えれば、社会《しゃかい》が得意《とくい》になるよ。

（クローバー）

社会《しゃかい》がおもしろくなる

ハッピーチョーク

社会《しゃかい》の授業《じゅぎょう》のあとで、先生《せんせい》が使《つか》ったチョークをにぎりしめて「おもしろくなりますように」と心《こころ》の中《なか》で強《つよ》くとなえるの。先《せん》生《せい》が使《つか》っていないチョークだと、効果《こうか》がないから注意《ちゅうい》してね。

（なっとっと）

理《り》科《か》

理科《りか》が好《す》きになる☆

レインボーイレイサー

消《け》しゴムのカバーに白《しろ》い紙《かみ》をはり、そこに7色《いろ》（赤《あか》、オレンジ、黄色《きいろ》、緑《みどり》、青《あお》、あい色《いろ》、紫《むらさき》）の虹《にじ》の絵《え》をかくの。理科《りか》の授業中《じゅぎょうちゅう》は、この消《け》しゴムを必《かなら》ず机《つくえ》の上《うえ》に出《だ》しておくと◎。（シンシア）

理科《りか》がおもしろくなる

ミラクル三《み》つあみ

青《あお》、赤《あか》、緑《みどり》の毛糸《けいと》を1本《ぼん》ずつ用意《ようい》して、それで10センチの三《み》つあみを作《つく》るよ。はしは赤《あか》い毛糸《けいと》で結《むす》んでとめて。それを夜《よる》だけ理科《りか》の教科書《きょうかしょ》にはさむと、授業《じゅぎょう》がおもしろくなるよ。（あいあい）

理科《りか》が得意《とくい》になる！

ブルーのすず

キレイな音《おと》がするすずを1つ買《か》って、青《あお》い油性《ゆせい》ペンでハートをかいて。それをペンケースに入《い》れて、理科《りか》の授業《じゅぎょう》が始《はじ》まる前《まえ》の休《やす》み時間《じかん》に耳元《みみもと》で鳴《な》らすの。授業《じゅぎょう》の内容《ないよう》がスッと入《はい》ってくるよ。（キブきぶ）

理科《りか》が楽《たの》しくなる

エンジェルの2つの羽根《はね》

白《しろ》い紙《かみ》で天使《てんし》の羽根《はね》を作《つく》って、理《り》科《か》のノートの好《す》きなところにはるの。そして理科《りか》の教科書《きょうかしょ》の表紙《ひょうし》にも、小《ちい》さく羽根《はね》の絵《え》をかいて！　すると自《し》然《ぜん》に理科《りか》の授業《じゅぎょう》が楽《たの》しくなっちゃうんだ♪（ヒッコリー）

体《たい》育《いく》

体育《たいいく》が好《す》きになる☆

星《ほし》のエネルギー

体《たい》そう服《ふく》のタグに、黄《き》色《いろ》のししゅう糸《いと》で☆をししゅうします。星《ほし》には「輝《かがや》き」「才能《さいのう》」っていうパワーがあるから、その体《たい》そう服《ふく》を着《き》るだけで、体育《たいいく》が好《す》きになるはず！

（梅ぼしおにぎり）

体育《たいいく》が楽《たの》しくなる

GOGOジャンプ！

体育《たいいく》の授業《じゅぎょう》が始《はじ》まる前《まえ》に、右《みぎ》手《て》をぎゅっとにぎって思《おも》いっ切《き》りジャンプして。友《とも》だちといっしょにやるのもおすすめ。体育《たいいく》が楽《たの》しくなるおまじないだよ。

（結城）

体育《たいいく》が得意《とくい》になる！

やる気《き》のクツヒモ

体育《たいいく》で調子《ちょうし》が出《で》ないときは、クツヒモをわざとほどいて結《むす》びなおそう。結《むす》びながら「力《ちから》をわれに！」と、心《こころ》の中《なか》でつぶやくのがコツ。気《き》合《あ》いが入《はい》って、体育《たいいく》が得意《とくい》になるんだ。

（なかちゃん）

タグに黄色い
ししゅう糸で♪
よ〜し！

体育《たいいく》がおもしろくなる

火《か》星《せい》のぼうし

赤白《あかしろ》ぼうの赤《あか》いところに、赤《あか》ペンで火星《かせい》のマーク（♂）をかくだけ♪　だれかに見《み》られると効果《こうか》がないから、めだたないところにかいてね。体《たい》育《いく》がおもしろくなるよ。

（VON）

音《おん》楽《がく》

音楽《おんがく》が好《す》きになる☆

8枚《まい》の葉《は》っぱ

　同《おな》じ木《き》の葉《は》っぱを8枚探《まいさが》します。なるべく大《おお》きさも、同《おな》じほうが◎。それを重《かさ》ねて音楽《おんがく》の教科書《きょうかしょ》の上《うえ》にのせ、フーッと息《いき》を吹《ふ》きかければOK！　音楽《おんがく》の授業《じゅぎょう》が好《す》きになるよ♪　（さいばー）

音楽《おんがく》が得意《とくい》になる！

うまく歌《うた》えるじゅもん

　歌《うた》う前《まえ》に「アリィキャン　キレイな声《こえ》を私《わたし》に」ととなえてみて～！　歌《うた》がうまくなるはず☆　音楽《おんがく》の授業《じゅぎょう》の他《ほか》にも、カラオケや発表会《はっぴょうかい》など、歌《うた》うときはいつでも使《つか》えるよっ！　（たねっこ）

音楽《おんがく》が楽《たの》しくなる

魔《ま》法《ほう》のクリスタル

　音楽《おんがく》の授業《じゅぎょう》がある前《まえ》の日《ひ》の夜《よる》、音楽《おんがく》の授《じゅ》業《ぎょう》で使《つか》う楽器《がっき》の上《うえ》にクリスタルを置《お》いておくの。月《つき》がキレイな夜《よる》だと、さらに効果《こうか》はアップ。歌《うた》や演奏《えんそう》が上達《じょうたつ》するから音楽《おんがく》が楽《たの》しくなるよ。　（BF）

オン・ソラソバテイエイ・ソワカ

音楽《おんがく》がおもしろくなる

弁《べん》天《てん》様《さま》のサポート

　授業《じゅぎょう》が始《はじ》まる前《まえ》に、左右《さゆう》のまゆの真《ま》ん中《なか》をおしながら「オン・ソラソバテイエイ・ソワカ」と言《い》ってね。音楽《おんがく》と芸術《げいじゅつ》の神様《かみさま》が、おもしろくなるように導《みちび》いてくれるはず。　（しゃらむん）

1年中《ねんじゅう》使《つか》える

学《がっ》校《こう》イベントお役《やく》立《だ》ちOMA

春《はる》の遠足《えんそく》や、夏《なつ》の水泳大会《すいえいたいかい》。秋《あき》の発表会《はっぴょうかい》や冬《ふゆ》の校外学習《こうがいがくしゅう》など、学校生活《がっこうせいかつ》はイベントでいっぱい！　効《き》き目《め》◎のおまじないを、たっぷりしょうかいするよ！

いい席《せき》ゲット！

席がえOMA

仲良《なかよ》しのクラスメイトに囲《かこ》まれれば、授業《じゅぎょう》も楽《たの》しくなるはず♪

ねらった席《せき》になれる

木星《もくせい》にお願《ねが》い！

次《つぎ》はこの席《せき》になりたいなと思《おも》う机《つくえ》の前《まえ》に立《た》ち、左足《ひだりあし》でゆかに木星《もくせい》のマーク（♃）をかいてね。これを毎日続《まいにちつづ》けていると、次《つぎ》の席《せき》がえのとき、希望《きぼう》どおりの席《せき》になれるよ。（パイン）

友《とも》だちと席《せき》が近《ちか》くなる

机《つくえ》の角《かど》たたき

席《せき》がえをする日《ひ》の朝《あさ》、だれよりも早《はや》く登校《とうこう》します。そして、近《ちか》くの席《せき》になりたいクラスメイトの子《こ》の机《つくえ》を、3回《かい》たたいて。そうすると、近《ちか》くの席《せき》になれるんだって。（パッチ）

友《とも》だちに囲《かこ》まれる席《せき》に

囲《かこ》みのおまじない

黒《くろ》いペンで「囲《かこ》」の漢字《かんじ》を白《しろ》い紙《かみ》にかいて、そのまわりを水色《みずいろ》のマーカーで丸《まる》くぬって。この紙《かみ》を席《せき》がえのときにギュッとにぎっていると、まわりの席《せき》が仲良《なかよ》しでうまるんだ☆（ほしっぺ）

近《ちか》い席《せき》の子《こ》と仲良《なかよ》く

席《せき》がえポプリ

席《せき》がえで、イヤなクジを引《ひ》いたら、いい香《かお》りのするハンドクリームをぬって、机《つくえ》を移動《いどう》させて。最初《さいしょ》は「イヤだな～」と思《おも》っていても、少《すこ》しずつ仲良《なかよ》くなれちゃうよ。

（しるば）

後《うし》ろの席《せき》ゲット！

キャンディーハンドパワー

教室《きょうしつ》の後《うし》ろの席《せき》になりたいなら、このおまじないが◎。席《せき》がえのクジを引《ひ》く直前《ちょくぜん》に、利《き》き手《て》でレモン味《あじ》のキャンディーをギュッとにぎりしめて、それから引《ひ》いてみて！

（ピンキー）

イヤな席《せき》にならない

星座《せいざ》マークの加護《かご》

引《ひ》き出《だ》しの中《なか》で一番上《いちばんうえ》にあるノートの最後《さいご》のページを開《ひら》きます。ページの左下《ひだりした》に自分《じぶん》の星座《せいざ》マークをかいて、右手《みぎて》の人《ひと》さし指《ゆび》でぎゅーっとおさえてね。イヤな席《せき》にならないよ。

（りんごパイ）

星座《せいざ》マーク早見表《はやみひょう》

おひつじ座《ざ》	♈	てんびん座《ざ》	♎
おうし座《ざ》	♉	さそり座《ざ》	♏
ふたご座《ざ》	♊	いて座《ざ》	♐
かに座《ざ》	♋	やぎ座《ざ》	♑
しし座《ざ》	♌	みずがめ座《ざ》	♒
おとめ座《ざ》	♍	うお座《ざ》	♓

好《す》きな席《せき》になれる

席《せき》がえのじゅもん

席《せき》がえのクジを引《ひ》くときに、なりたい席《せき》を頭《あたま》の中《なか》でイメージします。そして「オンメル」と心《こころ》の中《なか》で7回《かい》となえてください。それからクジを引《ひ》くと、イメージした席《せき》になれるよ。

（星子☆）

仲良《なかよ》しで近《ちか》い席《せき》に

リップで接近《せっきん》☆

席《せき》がえの直前《ちょくぜん》、近《ちか》くの席《せき》になりたい仲良《なかよ》しの子《こ》といっしょに、リップクリームをくちびるにぬるの。リップ同士《どうし》が引《ひ》かれ合《あ》って、近《ちか》くやとなりの席《せき》になれるはずだよ～！

（はるか）

楽《たの》しく過《す》ごそう！

遠《えん》足《そく》&修《しゅう》学《がく》旅《りょ》行《こう》OMA

学《がっ》校《こう》の外《そと》でも、みんなと仲《なか》良《よ》くなるチャンスはいっぱい！

ステキな遠足《えんそく》になる

ツイン・オレンジ

遠足《えんそく》の前《まえ》の夜《よる》、オレンジを2つ用意《ようい》して「楽《たの》しい遠足《えんそく》になりますように」と願《ねが》いをかけます。そしてオレンジを1つ食《た》べます。残《のこ》りは次《つぎ》の日《ひ》の朝食《あさた》べれば、願《ねが》いがかなうよ。

（どさんこ）

遠足《えんそく》の日《ひ》が晴《は》れる

てるてるぼうずの赤《あか》い石《いし》

てるてるぼうずを作《つく》るとき、中《なか》に赤《あか》いビーズを1つだけ入《い》れます！　これを家《いえ》の東側《ひがしがわ》につるすと、次《つぎ》の日《ひ》天気《てんき》がよくなります！　遠足《えんそく》じゃない日《ひ》も試《ため》してみてください☆

（えいぷ）

旅先《たびさき》で迷子《まいご》になったら

道《どう》祖《そ》神《しん》の案《あん》内《ない》

迷子《まいご》になったかもってときは「道祖神様《どうそしんさま》、私《わたし》の行《い》く道《みち》を教《おし》えてください」と3回《かい》となえて、地図《ちず》を確認《かくにん》したり来《き》た道《みち》を戻《もど》ったりすると、帰《かえ》り道《みち》がわかるようになります！

（かき氷）

旅先《たびさき》で盛《も》り上《あ》がる

ジュピターのカード

白《しろ》い紙《かみ》に黒《くろ》のペンで、ジュピターの護符《ごふ》をかきます。この紙《かみ》をお守《まも》りにして旅行《りょこう》に持《も》っていくと、ステキなことがたくさん起《お》きるよ。私《わたし》は新《あたら》しい友《とも》だちが3人《にん》できました☆

（えるる）

遠足《えんそく》＆旅行《りょこう》が楽《たの》しくなる

左足《ひだりあし》ハプニング

遠足《えんそく》や旅行《りょこう》に出《で》かけるときは、絶対《ぜったい》に先《さき》に左足《ひだりあし》のクツをはいてね。ラッキーハプニングがたくさん起《お》きるおまじないだよ。家族旅行《かぞくりょこう》にも使《つか》えるから、試《ため》してみてね♪

（元気っこ）

遠足《えんそく》でいいことが起《お》きる

大地《だいち》へのメッセージ

家《いえ》のげんかんを出《で》るとき、右手《みぎて》で右足《みぎあし》のかかとを4回《かい》。左手《ひだりて》は左《ひだり》足《あし》のかかとを5回《かい》たたいてください。遠足《えんそく》でとってもうれしいことが起《お》きる、とっておきのおまじないです♡

（シャンティー♪）

楽《たの》しい修学旅行《しゅうがくりょこう》になる

背《せ》もたれノック☆

バスや電車《でんしゃ》で移動《いどう》するときに、座席《ざせき》をトントンとノックしてから、自分《じぶん》の席《せき》に座《すわ》るの。みんなに注目《ちゅうもく》されることが増《ふ》えて、楽《たの》しい思《おも》い出《で》がたくさんできるおまじないだよ！

（パチパチ）

遠足《えんそく》でケガをしない

旅《たび》の和歌《わか》

「岸出《きしで》にそ　立《た》つかみぎわに　ことのねの　とこには春《はる》の　待《ま》つぞこいしき」これは旅先《たびさき》での無事《ぶじ》を願《ねが》う和歌《わか》なんだって。出《で》かける前《まえ》にとなえると、遠足《えんそく》でケガをしないよ。

（野羽）

Part 8 スクールOMA

実力《じつりょく》ハッキ！
水泳《すいえい》大会《たいかい》&運動会《うんどうかい》OMA

ここぞのときこそ、実力《じつりょく》をハッキしていい結果《けっか》を出《で》そう！

競争《きょうそう》に勝《か》てる☆
地面《じめん》のナイショマーク

リレーやかけっこで自分《じぶん》の番《ばん》がきたら、左足《ひだりあし》で地面《じめん》に火星《かせい》のマーク（♂）をかきます。それをサッと右足《みぎあし》で消《け》してから競《きょう》争《そう》を始《はじ》めると、実力《じつりょく》をハッキできるようになります。（ちぃ☆）

勝負《しょうぶ》に勝《か》てる
運気《うんき》の矢印《やじるし》

大会《たいかい》がある日《ひ》の朝《あさ》に、赤《あか》いペンで右《みぎ》の手《て》のひらに「←」、左《ひだり》の手《て》のひらには☆と「→」をかきます。矢印《やじるし》が勝負運《しょうぶうん》をアップさせるから、競争《きょうそう》や勝負《しょうぶ》に勝《か》てるようになるんだって！（伶奈）

1位《い》になれる
勝利《しょうり》のじゅもん

試合《しあい》や大会《たいかい》で1位《い》になりたいならコレ！　両手《りょうて》でピースを作《つく》ってから、心《こころ》の中《なか》で「オン・アビラウンケン・ソワカ」とつぶやきます。がんばった分《ぶん》だけ、しっかり効果《こうか》があるよ！（みかん）

競争《きょうそう》で負《ま》けない
火星《かせい》のハンカチ

「今日《きょう》は負《ま》けられない！」という日《ひ》は、ピンクか赤《あか》のハンカチを持《も》っていくの。そして出番《でばん》の前《まえ》に、左手《ひだりて》の中指《なかゆび》でハンカチに火星《かせい》のマーク（♂）をかいて！　いい結果《けっか》が出《だ》せるよ。（マリアンヌ）

勝負運《しょうぶうん》がアップする

火星《かせい》の聖印《せいいん》

赤《あか》い紙《かみ》に黒《くろ》いペンで火星《かせい》の聖印《せいいん》をかいてね。競争《きょうそう》や試合《しあい》をするときは、この紙《かみ》をポケットに入《い》れておくの。そして試合《しあい》のさい中《ちゅう》に「勝《か》つ!」と念《ねん》じるとゼッタイに勝《か》てる!

（CHU～♡）

運動会《うんどうかい》でケガをしない

マルス様《さま》のバンソウコウ

左手《ひだりて》の中指《なかゆび》に、赤《あか》いペンで火星《かせい》のマーク（♂）をかきます。上《うえ》からバンソウコウをはり、「マルス様《さま》、私《わたし》をケガからお守《まも》りください」といのると運動会《うんどうかい》でケガをしないよ。

（のぶっち）

チームで勝《か》てる☆

勝利《しょうり》のVマーク

クラス対抗《たいこう》リレーなど、グループで競争《きょうそう》するときに勝《か》てるおまじないだよ。メンバー全員《ぜんいん》、左足《ひだりあし》のクツヒモに赤《あか》いペンで「V」をかくの。団結力《だんけつりょく》が高《たか》まり、好成績《こうせいせき》が残《のこ》せるはず。

（ルル♪）

勝負《しょうぶ》にきんちょうしない

そでをツンツン

勝負《しょうぶ》や試合《しあい》の前《まえ》に「きんちょうする～!」ってなったら、そのとき着《き》ている服《ふく》の右《みぎ》そでを、左手《ひだりて》でツンツンと2回《かい》引《ひ》っぱろう。簡単《かんたん》だけどリラックスできるおまじないだよ。

（なつき）

クラスで発表《はっぴょう》！
団《だん》結《けつ》OMA

クラスみんなで発表会《はっぴょうかい》をするときは、団結力《だんけつりょく》がとっても大事《だいじ》♪

クラスがまとまる
ひみつのフルネーム

レポート用紙《ようし》にクラス全員《ぜんいん》のフルネームをかいて、最後《さいご》に先生《せんせい》の名前《なまえ》をかいて。その紙《かみ》をくるくる丸《まる》めて、青《あお》いリボンで結《むす》びます。これを自分《じぶん》の引《ひ》き出《だ》しに入《い》れておけばOK。 （アッシュ）

火曜の夜、赤い紙に黒いペンで
なんじ火星の守護たるファレックよ、勝利に導きたまえ・・・!
団結力アップ!

団結力《だんけつりょく》がアップする
火星《かせい》の精霊《せいれい》の護符《ごふ》

火曜《かよう》の夜《よる》、赤《あか》い紙《かみ》に黒《くろ》いペンで護符《ごふ》を作《つく》ります。そして「なんじ火星《かせい》の守護《しゅご》たるファレックよ、勝利《しょうり》に導《みちび》きたまえ」ととなえます。それからみんなで練習《れんしゅう》すると、成果《せいか》が上《あ》がる！ （ラッキー♪）

一致《いっち》団結《だんけつ》できる
星型《ほしがた》クッキー☆

発表会《はっぴょうかい》やコンクールに出場《しゅつじょう》する仲間《なかま》といっしょに星型《ほしがた》のクッキーを食《た》べてみて！ 手作《てづく》りだとさらに効果《こうか》◎。団結力《だんけつりょく》が高《たか》まり、みんなで協力《きょうりょく》し合《あ》えるおまじないです。 （ちょこ）

発表会《はっぴょうかい》でまとまる
赤《あか》いリボンのパワー

お気《き》に入《い》りのものに、赤《あか》いリボンをつけてポケットに入《い》れておくだけ！ エンピツとか、小《ちい》さなマスコットとかがおすすめ。きんちょうがほぐれて、実力《じつりょく》がハッキできるよ。 （フォー）

発表会《はっぴょうかい》が成功《せいこう》する
プリントの水星《すいせい》

発表会《はっぴょうかい》の楽譜《がくふ》とかプリントをみんなに配《くば》る前《まえ》、一番上《いちばんうえ》の紙《かみ》に大《おお》きく水星《すいせい》のマーク（☿）を左手《ひだりて》の薬《くすり》指《ゆび》でかきます。こうすると練習《れんしゅう》も本番《ほんばん》も、全部《ぜんぶ》うまくいきます！

（ダンス大好き♡）

クラス全員仲良《ぜんいんなかよ》く
チャーム・コロン

いつも自分《じぶん》が使《つか》っている制《せい》汗剤《かんざい》を、だれもいない教室《きょうしつ》の4スミにふりかけます。最後《さいご》に自分《じぶん》の席《せき》に座《すわ》って、イスの下《した》にシュッとかければ完了《かんりょう》。クラス全員《ぜんいん》のキズナがアップするよ。

（アイス星人）

意見《いけん》がまとまる
天火同人《てんかどうじん》

クラスの意見《いけん》がバラバラで困《こま》ったときは、黒板《こくばん》のすみっこに「天《てん》火同人《かどうじん》」とかいてみて！ みんなの意見《いけん》が自然《しぜん》にまとまって、ケンカしないで発表会《はっぴょうかい》に参加《さんか》できるはず。

（I－i－l－y）

みんなで協力《きょうりょく》できる
おそろい待《ま》ち受《う》け☆

メンバー全員《ぜんいん》、スマホや携帯《けいたい》の待《ま》ち受《う》けをおそろいにします。携《けい》帯《たい》を持《も》っていない子《こ》は、プリントアウトした紙《かみ》をお守《まも》りにすればOK。団結力《だんけつりょく》が高《たか》まって、やる気《き》がアップするよ。（ジャスティス）

いいとこ見《み》せよう！

家庭《かてい》訪問《ほうもん》＆参観《さんかん》OMA

上手《じょうず》にアピールして、先生《せんせい》やお母《かあ》さん、お父《とう》さんにほめられちゃお♡

参観《さんかん》で注目《ちゅうもく》される

ダイアナのじゅもん

授業参観《じゅぎょうさんかん》がある前《まえ》の夜《よる》に、空《そら》を見上《みあ》げて「ダイアナ・イアチキ・チザキチ・ナタア」と心《こころ》をこめておいのりしてください。月《つき》の女神様《めがみさま》が注目度《ちゅうもくど》をアップしてくれるんだって！

（花凜）

参観《さんかん》でハキハキ話《はな》せる

ソーラーのカード

金色《きんいろ》の折《お》り紙《がみ》を1枚用意《まいようい》してね。金《きん》色《いろ》の面《めん》に黒《くろ》のペンでソーラーの護符《ごふ》をかきます。これを小《ちい》さく折《お》りたたんでポケットに入《い》れておくと、授業参観《じゅぎょうさんかん》でしっかり発言《はつげん》できる！

（アッコ）

参観《さんかん》できんちょうしない

禍《か》・消《しょう》・転《てん》・福《ふく》

左《ひだり》の手《て》のひらに「禍消転福《かしょうてんふく》」と1文字《もじ》ずつかいて、大《おお》きく息《いき》をはきながら両手《りょうて》をにぎりしめます。きんちょうがほぐれて、リラックスして先生《せんせい》や親《おや》と話《はな》せるよ。

（223）

家庭訪問《かていほうもん》で印象《いんしょう》アップ

福《ふく》ミラー

家庭訪問《かていほうもん》の日《ひ》の朝《あさ》、小《ちい》さな手鏡《てかがみ》に赤《あか》いネイルで「福《ふく》」という字《じ》をかいておくの。それを自分《じぶん》の部屋《へや》の北側《きたがわ》のカベにかざっておくと、先生《せんせい》に優等《ゆうとう》生《せい》アピールができちゃうよ☆

（おまじない好き♡）

家庭訪問《かていほうもん》でほめられる

見《み》えないハート

先生《せんせい》が家《いえ》に来《く》るってときは、とうめいのネイルで両足《りょうあし》の親指《おやゆび》のツメに、ハートマークをかいてみて。怒《おこ》られたり、しかられたりせず、楽《たの》しくおしゃべりできるはずだよ。

（きなこ）

参観《さんかん》でアピールできる

マジック☆ソルト

授業参観《じゅぎょうさんかん》がある日《ひ》は、クツのウラに少《すこ》しだけ塩《しお》をふりかけて登校《とうこう》するのが◎。授業参《じゅぎょうさん》観《かん》に来《き》てくれたお父《とう》さんやお母《かあ》さんに、「がんばってるな」と思《おも》ってもらえるよ。

（かえる）

楽《たの》しい家庭訪問《かていほうもん》になる

タヌキとリラックス

家庭訪問《かていほうもん》できんちょうしたときは、「タヌキが1ぴき、タヌキが2ひき……」って10ぴきまでタヌキを数《かぞ》えるのがいいよ。不思議《ふしぎ》ときんちょうしなくなるから、おすすめです。

（トランペット）

授業参観《じゅぎょうさんかん》で失敗《しっぱい》しない

花《はな》びらのおまじない

白《しろ》い紙《かみ》に円《えん》をかいて、その上《うえ》に自分《じぶん》の好《す》きな花《はな》の花《はな》びらを並《なら》べるの。並《なら》べ終《お》わったら、円《えん》の真《ま》ん中《なか》に自分《じぶん》の名前《なまえ》をかき「授業参観《じゅぎょうさんかん》がうまくいきますように」とお願《ねが》いしてね。

（フェリシア）

授業参観が
うまくいきますように
① 白い紙に
円をかいて
② 円の上に好きな
花びらを並べる
③ 自分の
名前をかく
山田花子

困《こま》った!どうしよう!

ピンチを救《すく》う学《がっ》校《こう》ヘルプOMA

授業中《じゅぎょうちゅう》にねむくなったり、急《きゅう》におなかがいたくなったり。トラブルが発《はっ》生《せい》したときに使《つか》えるおまじないを集《あつ》めたよ!

ピンチ1 授《じゅ》業《ぎょう》中《ちゅう》なのに、おなかが鳴《な》りそうです!

おなかが鳴《な》らない① バイバイトラブル

まばたきをゆっくり3回《かい》したあと、その場《ば》で静《しず》かに足《あし》ぶみを5回《かい》します。そして心《こころ》の中《なか》で「ピンチよ、去《さ》れ」と強《つよ》く念《ねん》じてね。鳴《な》りそうなおなかが、静《しず》かになるよ。(雅)

おなかが鳴《な》らない② お先《さき》にノック

授業《じゅぎょう》が始《はじ》まる前《まえ》に、「お先《さき》!」と心《こころ》の中《なか》でつぶやきながら、おなかをトントントンと軽《かる》くたたいてみて。その授業中《じゅぎょうちゅう》はおなかが鳴《な》らなくなるから、安心《あんしん》して集中《しゅうちゅう》できます!(ハンバーグ)

おなかが鳴《な》らない③ ごちそうさまメッセージ

おなかが鳴《な》りそうになったら、おヘソの上《うえ》に両手《りょうて》を当《あ》てて「ぐーぐーバイバイごちそうさま」と3回《かい》となえます。おなかにギュッと力《ちから》を入《い》れてとなえると、効果《こうか》がアップするよ。(あにば20)

ピンチ2 ねむくて ねむくて、ねちゃいそう……

ねむ気《け》をさます①
すなめけよれ

授業中《じゅぎょうちゅう》にねむくなっちゃったら、「すなめけよれ」と心《こころ》の中《なか》でつぶやいてから、右手《みぎて》の甲《こう》をエンピツの先《さき》でチョンチョンとつついてください。ねむい気持《きも》ちがなくなります。

（LOG）

そんな時は
ね……ねむい
すなめけよれ
はっ
チョンチョンとつついて

ねむ気《け》をさます②
ねむり姫《ひめ》のトゲ

左《ひだり》うでのシャツのそでを、ひじまでめくって「ねむり姫《ひめ》のトゲは、私《わたし》が取《と》ります」と言《い》ってから、うでの内側《うちがわ》をギュッとつねる！　いたいけど効果《こうか》はバッチリだよ～！

（睡眠不足）

あくびが止《と》まる①
目覚《めざ》めの中指《なかゆび》

あくびが出《で》そうになったら、まず、イスに座《すわ》ったまま背《せ》すじをのばします。そして右手《みぎて》の親指《おやゆび》と人《ひと》さし指《ゆび》で、左手《ひだりて》の中指《なかゆび》の先《さき》をにぎる！　するとあくびがピタっと止《と》まるんです！

（ねこねこ）

あくびが止《と》まる②
数字《すうじ》のカウントダウン

心《こころ》の中《なか》で、数字《すうじ》を20から1つずつカウントダウンするだけ～。20、19、18……と0になるまで数《かぞ》えます。それだけであくびをしたい気持《きも》ちが、どこかへ行《い》っちゃうよ。

（メープル）

ピンチ3

毎日《まいにち》、家《いえ》に忘《わす》れものをしちゃいます。

忘《わす》れものをしない①
出《で》かける前《まえ》の1・2・3

学校《がっこう》に行《い》く日《ひ》は、出《で》かける前《まえ》にカバンをジッと見《み》つめて「1、2、3」と言《い》ってから登校《とうこう》しています。忘《わす》れものがあったら、げんかんを出《で》るときに思《おも》い出《だ》せるんだ。（コーヒープリン☆）

忘《わす》れものをしない②
オレンジの消去《しょうきょ》

手《て》のひらにオレンジの水性《すいせい》ペンで、3本横線《ぼんよこせん》を引《ひ》いてください。15分《ふん》たったら、線《せん》がキレイに消《き》えるまで手《て》を石《せっ》けんで洗《あら》います。そうすると、忘《わす》れものをしなくなるんだって。（クッパ）

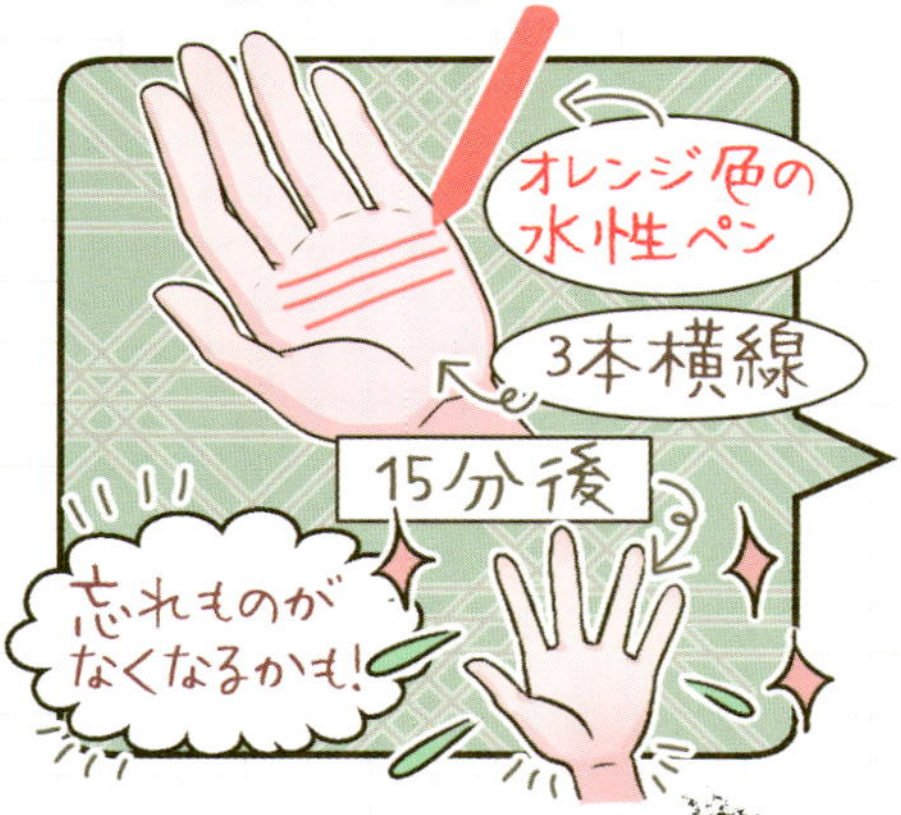
オレンジ色の水性ペン
3本横線
15分後
忘れものがなくなるかも!

忘《わす》れものをしない③
青《あお》い星《ほし》のおまじない

手《て》のひらサイズの白《しろ》い紙《かみ》に、青《あお》いペンで星《ほし》を好《す》きなだけかく。その紙《かみ》を小《ち》さく折《お》って、名札《なふだ》の中《なか》に入《い》れてみて。私《わたし》はこのおまじないで、最近忘《さいきんわす》れものをしていないよ～！（りゅんりゅん）

忘《わす》れものをしない④
石《いし》の精霊《せいれい》の助《たす》け

月曜日《げつようび》に学校《がっこう》からの帰《かえ》り道《みち》、なるべく赤《あか》っぽい石《いし》を探《さが》します。見《み》つけたら家《いえ》に持《も》って帰《かえ》ってキレイに洗《あら》って。それをハンカチに包《つつ》んで持《も》ち歩《ある》くと、なぜか忘《わす》れものがなくなるよ。（隆♪）

ピンチ 4

探《さが》しているものが見《み》つかりません〜！

探《さが》しものが見《み》つかる① ニンニクのじゅもん

なくしちゃったものを見《み》つけたいときは「ニンニク！」とさけびながら探《さが》すのがおすすめ！ちょっと変《へん》なおまじないだけど、昔《むかし》からある、よく効《き》くおまじないなんだよ〜！

（アリエル）

探《さが》しものが見《み》つかる② パープルハンカチーフ

紫《むらさき》のハンカチを1枚《まい》用意《ようい》して「どうか出《で》てきますように！」ってお願《ねが》いしながら探《さが》すと、なくしたものがすぐに見《み》つかるって聞《き》いた。なんで紫《むらさき》じゃないといけないかはナゾ……。

（ハシビロコウ）

探《さが》しものが見《み》つかる③ 発《はっ》見《けん》のじゅもん

「なきくてしでものて」と言《い》いながら探《さが》すと、なくしたものが出《で》てくるんだって。見《み》つかったあとに、両手《りょうて》を合《あ》わせてから深《しん》呼吸《こきゅう》を3回《かい》すると、次《つぎ》はもうなくさないはず。

（柚月☆）

探《さが》しものが見《み》つかる④ こめかみにお願《ねが》い！

大事《だいじ》なものをなくしたら、こめかみを指《ゆび》でぎゅーっとおさえながら探《さが》すと見《み》つかります。どこでなくしちゃったのか、なくした場所《ばしょ》を思《おも》い出《だ》せるおまじないです。

（瑞葉）

ピンチ 5

授業中《じゅぎょうちゅう》なのに、トイレに行《い》きたい……

トイレをガマンできる①
おなかに「4」

トイレに行《い》きたいけど、もうちょっとだけガマンしなきゃいけないときは、指《ゆび》でおなかに「4」とかいてみて。トイレに行《い》きたい気持《きも》ちが、ひとまずおさまるはずだよ。

（ナビ）

トイレをガマンできる②
ノートのプープープー

授業中《じゅぎょうちゅう》にいきなりトイレに行《い》きたくなったら、ノートの右下《みぎした》に「プープープー」とエンピツでかいて、すぐに消《け》しゴムで消《け》す！これをくり返《かえ》していると、かなりマシになります。

（バン☆バン）

ピンチ 6

ちょっと体調《たいちょう》がよくないかも？

いたみがおさまる
アンクのじゅもん

おなかがいたくなったり、頭《あたま》がいたくなったら、奥歯《おくば》をかみしめて「アンク」と5回《かい》となえると、いたみが少《すこ》しマシになるよ。保健室《ほけんしつ》に行《い》くまでの間《あいだ》くらいは、ガマンできるはず。

（バナメイエビ）

セキがおさまる
ごっくんキャンディー

カゼでセキが止《と》まらない～ってなったら、手《て》のひらに○をかいて飲《の》みこむマネをします。苦しいときや、静《しず》かにしなきゃいけないときとか、ひとまずセキがおさまるおまじないです。

（いちごシャーベット）

ピンチ7 どうしよう！足《あし》がしびれちゃった〜！

足《あし》のしびれが取《と》れる❶ おでこに投《な》げKISS

足《あし》のしびれを取《と》りたいときは、右手《みぎて》の中指《なかゆび》にキスをして、そのままおでこに指《ゆび》をつけます。これを3回《かい》くり返《かえ》すと、いつもより早《はや》くしびれがなくなっていくんだって！

（12月）

足《あし》のしびれが取《と》れる❷ しびれ取《と》りのじゅもん

正座《せいざ》をして足《あし》がしびれたら、「オン・コロコロ・センダ・リマトウギ・ソワカ」と言《い》いながら、おでこをぎゅっとおす！　正座《せいざ》する前《まえ》にとなえると、しびれ予防《よぼう》にもなるよ。

（ビオビオ）

ピンチ8 しゃっくりが止《と》まらなくて苦《くる》しい……！

しゃっくりが止《と》まる❶ 「寺《てら》」のお水《みず》

コップに水《みず》を入《い》れて、水面《すいめん》に「寺《てら》」という文字《もじ》を指《ゆび》でかいて。あとは水《みず》を3回《かい》にわけて飲《の》めばOK。しゃっくりが苦《くる》しいときに、止《と》めてくれる有名《ゆうめい》なおまじないです。

（アイスミルク）

しゃっくりが止《と》まる❷ 大豆《だいず》のクイズ

しゃっくりを止《と》めたいときは、友《とも》だちに「とうふは何《なに》でできている？」と聞《き》いてもらうの。大《おお》きな声《こえ》で「大豆《だいず》！」と返事《へんじ》をすると、なぜか不思議《ふしぎ》としゃっくりが止《と》まります！

（ちょもらんま）

学校生活《がっこうせいかつ》もっとじゅうじつ！

先生《せんせい》・先輩《せんぱい》・後輩《こうはい》
攻略《こうりゃく》OMA

学校《がっこう》の先生《せんせい》や先輩《せんぱい》、後輩《こうはい》と仲良《なかよ》くなれば、もっともっと学校《がっこう》が楽《たの》しくなるはず！ 話《はな》すきっかけを作《つく》って、相性《あいしょう》をアップさせちゃおう☆

先生《せんせい》と仲良《なかよ》しに！

キズナを結《むす》ぶ青《あお》いトリ

仲良《なかよ》くしたい先生《せんせい》の顔《かお》を思《おも》いうかべながら、青《あお》いペンでトリの絵《え》をかきます。そして「青《あお》いトリよ、キズナを結《むす》べ」と言《い》って。

（深海）

後輩《こうはい》とキョリが縮《ちぢ》まる

橋《はし》わたしのおまじない

橋《はし》の絵《え》や写真《しゃしん》を見《み》ながら「後《こう》輩《はい》の○○ちゃんと、もっと近《ちか》づく」と念《ねん》じると、次《つぎ》の日《ひ》に、おしゃべりできるチャンスが☆

（ミラクル）

先輩《せんぱい》と仲良《なかよ》くなる

カリスマシルバー

銀色《ぎんいろ》の折《お》り紙《がみ》のウラに自分《じぶん》の生年月日《せいねんがっぴ》を黒《くろ》ペンでかいて。それを2つに折《お》りたたみ、カバンに入《い》れると先輩《せんぱい》と仲良《なかよ》しに！

（木村）

先生《せんせい》に気《き》に入《い》られる

エルメスの羽根《はね》

小《ちい》さな白《しろ》い紙《かみ》に羽根《はね》のイラストをかいて、それを上《うわ》ばきの中《なか》に入《い》れます。それから先生《せんせい》に話《はな》しかけると、仲《なか》良《よ》くなれちゃう。

（yop）

先生《せんせい》と仲良《なかよ》くなる

ピンクのマーカー

授業中《じゅぎょうちゅう》に先生《せんせい》と目《め》が合《あ》ったら、ピンクのマーカーで「正《せい》」の字《じ》をかいて回数《かいすう》を記録《きろく》! 続《つづ》けていると先生《せんせい》と仲良《なかよ》くなれるよ。

（千葉）

先輩《せんぱい》に気《き》に入《い》られる

貸《か》し借《か》りマジック

先輩《せんぱい》にものをわたすときは、こっそり指《ゆび》で水星《すいせい》マーク（☿）をかいてからわたしてみて! 少《すこ》しずつ仲良《なかよ》くなれるよ。

（パペットマン）

後輩《こうはい》と仲良《なかよ》くなる

マネマネおまじない

仲良《なかよ》くなりたい後輩《こうはい》のしぐさをマネしながら、心《こころ》の中《なか》で「急《きゅう》接近《せっきん》!」ととなえると、学校《がっこう》で会《あ》う機会《きかい》が増《ふ》えます。

（♡愛姫♡）

先生《せんせい》と相性《あいしょう》アップ

写《しゃ》メの魔法《まほう》

先生《せんせい》が写《うつ》っている写《しゃ》メを用意《ようい》。それを1日《にち》10分《ぷん》だけ待《ま》ち受《う》け画《が》面《めん》に設定《せってい》すると、先生《せんせい》との相性《あいしょう》がアップして仲良《なかよ》くなれます!

（ぽん子）

先生《せんせい》と盛《も》り上《あ》がる

背中《せなか》の丸《まる》!

仲良《なかよ》くなりたい先生《せんせい》の後《うし》ろに立《た》って、両手《りょうて》で○を作《つく》ります。先生《せんせい》に気《き》づかれないように5秒《びょう》キープできたら、親密度《しんみつど》アップ。

（晴海）

後輩《こうはい》と友《とも》だちになれる
金《きん》銀《ぎん》のすず

金色《きんいろ》と銀色《ぎんいろ》のすずを用意《ようい》して、金色《きんいろ》のすずはバッグ、銀色《ぎんいろ》のすずは家《いえ》のカギにつけます。年下《としした》の子《こ》と友《とも》だちになれるよ！

（ミルクあん）

ニガテな先生《せんせい》と話《はな》せる
白《しろ》いハンカチのおまじない

満月《まんげつ》の夜《よる》に白《しろ》いハンカチを月《つき》の光《ひかり》に当《あ》てます。ニガテな先生《せんせい》と話《はな》すときはそのハンカチを持《も》つと、きんちょうしない。

（にゃんすけ）

先生《せんせい》と親《した》しくなる
授業《じゅぎょう》のじゅもん

仲良《なかよ》くなりたい先生《せんせい》の授業《じゅぎょう》が始《はじ》まる前《まえ》に「オン・ソロソロ・スバー・ハー」ととなえるだけ。先生《せんせい》と話《はな》せるチャンスがくる☆

（くりきんとん）

青い紙に
緑のペンで
先輩
仲良くなりたい先輩の名前☆
1週間以内にきっかけが♪

先輩《せんぱい》と仲良《なかよ》しに！
仲良《なかよ》し5角形《かくけい》

青《あお》い紙《かみ》に緑《みどり》のペンで5角形《かくけい》をかき、中《なか》に仲良《なかよ》くなりたい先輩《せんぱい》の名前《なまえ》をかくと、1週間《しゅうかん》以内《いない》にきっかけが訪《おとず》れます！

（ふぁび）

先生《せんせい》がこわくなくなる
手《て》のひらリーフ

ちょっとこわい先生《せんせい》と話《はな》すときは、手《て》のひらに葉《は》っぱの絵《え》をかいてみて！ 先生《せんせい》のやさしいところが、見《み》えるようになるよ。

（コーン）

Part9

キミのそばにも！

ご当《とう》地《ち》OMA48

日本《にほん》には八百万《やおよろず》の神様《かみさま》がいると言《い》われているけど、おまじないの妖精《ようせい》も全国各地《ぜんこくかくち》にいるんだって。ここでは、そんなおまじないの妖精《ようせい》・“OMA”たちが、それぞれの地域《ちいき》のおまじないを大公開《だいこうかい》！　あなたの住《す》んでいる地域《ちいき》のOMAは、どんなおまじないを教《おし》えてくれるのかな？

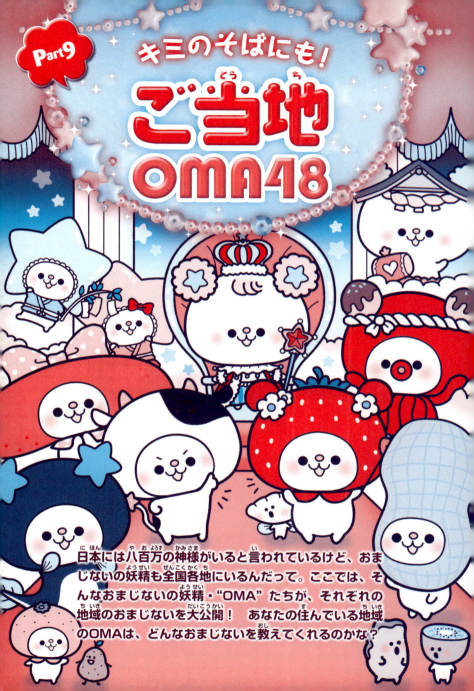

"OMA48"とは……!?

ボクは**おまじない妖精《ようせい》の王《おう》・キングOMA**！　都道府《とどうふ》県《けん》に1ぴきずついる仲間《なかま》たちと合《あ》わせて、「**OMA48**」と呼《よ》ばれているオマ。仲間《なかま》たちは各地《かくち》でおまじないの成功《せいこう》を手助《てだす》けしているほか、それぞれ**オリジナルのおまじない**を持《も》っているオマ！

青森県《あおもりけん》・岩手県《いわてけん》・
宮城県《みやぎけん》・秋田県《あきたけん》・
山形県《やまがたけん》・福島県《ふくしまけん》

北海道《ほっかいどう》
MILK
北海道《ほっかいどう》地方《ちほう》
東北《とうほく》地方《ちほう》
鳥取県《とっとりけん》・島根県《しまねけん》・
岡山県《おかやまけん》・広島県《ひろしまけん》・
山口県《やまぐちけん》
福岡県《ふくおかけん》・佐賀県《さがけん》・
長崎県《ながさきけん》・熊本県《くまもとけん》・
大分県《おおいたけん》・宮崎県《みやざきけん》・
鹿児島県《かごしまけん》・
三重県《みえけん》・滋賀県《しがけん》・
京都府《きょうとふ》・大阪府《おおさかふ》・
兵庫県《ひょうごけん》・奈良県《ならけん》・
和歌山県《わかやまけん》
中国《ちゅうごく》地方《ちほう》
中部《ちゅうぶ》地方《ちほう》
近畿《きんき》地方《ちほう》
関東《かんとう》地方《ちほう》
九州《きゅうしゅう》地方《ちほう》
四国《しこく》地方《ちほう》
沖縄県《おきなわけん》
徳島県《とくしまけん》・香川県《かがわけん》・
愛媛県《えひめけん》・高知県《こうちけん》
新潟県《にいがたけん》・富山県《とやまけん》・
石川県《いしかわけん》・福井県《ふくいけん》・
山梨県《やまなしけん》・長野県《ながのけん》・
岐阜県《ぎふけん》・静岡県《しずおかけん》・
愛知県《あいちけん》
茨城県《いばらきけん》・栃木県《とちぎけん》・
群馬県《ぐんまけん》・埼玉県《さいたまけん》・
千葉県《ちばけん》・東京都《とうきょうと》・
神奈川県《かながわけん》

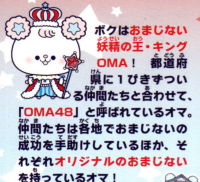

OMA48カードの見方《みかた》

次《つぎ》のページから、ご当地《とうち》OMAたちのとっておきのおまじないがかかれた「OMAカード」コレクションが始《はじ》まるよ！　北《きた》から順《じゅん》に並《なら》んでいるから、右《みぎ》ページの地図《ちず》を見《み》ながらチェックしてみてね。

効果《こうか》アイコン

何《なに》に効果《こうか》のあるおまじないなのかがわかるよ。このアイコンから、試《ため》したいおまじないを探《さが》してね。

ラブ　友情《ゆうじょう》　学校生活《がっこうせいかつ》　美《び》と健康《けんこう》　全体《ぜんたい》

ご当地《とうち》データ

その都道府県《とどうふけん》についての豆知識《まめちしき》だよ。

❶県庁所在地《けんちょうしょざいち》
都道府県《とどうふけん》の中心《ちゅうしん》。

❷名物《めいぶつ》・特産品《とくさんひん》
たくさん生産《せいさん》されているもの。

❸県民性《けんみんせい》
その都道府県《とどうふけん》の人《ひと》に多《おお》い性格《せいかく》。

ご当地《とうち》おまじない

おまじないのやり方《かた》だよ。

かなえたい目的《もくてき》のOMAカードを持《も》ち歩《ある》くのも◎！　コピーして使《つか》ってね。

ご当地《とうち》クイズ　都道府県《とどうふけん》にまつわるミニミニクイズ！
何問正解《なんもんせいかい》できるかな？

答《こた》えは次《つぎ》のページ

岩手県《いわてけん》

DATA
1 盛岡市《もりおかし》 2 冷《れい》めん
3 マジメでがんばり屋《や》

宮沢賢治《みやざわけんじ》の出身地《しゅっしんち》オマよ☆

OMA はなれても友《とも》だち☆

銀河鉄道《ぎんがてつどう》のちかい

ふみ切《き》りが上《あ》がるのを待《ま》ちながら、「カンパネルラ」と5回言《かいい》うと、遠《とお》くへ行《い》ってしまう友《とも》だちとも友情《ゆうじょう》が続《つづ》くよ。

北海道《ほっかいどう》

DATA
1 札幌市《さっぽろし》 2 乳製品《にゅうせいひん》
3 おおらかでやさしい

面積《めんせき》が東京《とうきょう》の38倍《ばい》もあるオマ～！

OMA ステキな恋《こい》ができる

牛乳《ぎゅうにゅう》ごっくん

朝《あさ》、鏡《かがみ》を見《み》ながら、コップに注《そそ》いだ牛乳《ぎゅうにゅう》を5回《かい》に分《わ》けて飲《の》んでね。みんながあこがれるような恋《こい》ができちゃう♡

宮城県《みやぎけん》

DATA
1 仙台市《せんだいし》 2 牛《ぎゅう》たん
3 いつでもマイペース

8月《がつ》の「七夕祭《たなばたまつ》り」が有名《ゆうめい》オマ☆

OMA 願《ねが》いごとがかなう

水色《みずいろ》のたんざく

七夕《たなばた》の日《ひ》、願《ねが》いごとをかいたたんざくとは別《べつ》に、何《なに》もかいていない水色《みずいろ》のたんざくをピンク色《いろ》のリボンでつるしてね。

青森県《あおもりけん》

DATA
1 青森市《あおもりし》 2 リンゴ
3 無口《むくち》で意志《いし》が強《つよ》い

「世界一《せかいいち》の豪雪都市《ごうせつとし》」らしいオマ！

OMA 彼《かれ》と仲良《なかよ》くできる

リンゴにお願《ねが》い

好《す》きな人《ひと》を思《おも》いうかべながら、リンゴの皮《かわ》１コ分《ぶん》を最後《さいご》まで切《き》れさせずにむけると、彼《かれ》と仲良《なかよ》しになれるよ。

ご当地《とうち》クイズ❶ コメの生産量《せいさんりょう》が日本一多《にほんいちおお》い都道府県《とどうふけん》は？

⑫の答《こた》え：岡山県《おかやまけん》

福島県《ふくしまけん》

赤《あか》べこは、昔《むかし》からある
牛《うし》のおもちゃオマ！

DATA
1 福島市《ふくしまし》 2 モモ
3 さっぱりしている

OMA ピンチを乗《の》り切《き》れる

お願《ねが》い赤《あか》べこ

上《うえ》、下《した》、左《ひだり》、右《みぎ》の方向《ほうこう》に順《じゅん》に首《くび》をふり、「赤《あか》べこ、赤《あか》べこ、お助《たす》けください」ととなえれば、ピンチを乗《の》り切《き》れるよ。

秋田県《あきたけん》

美人《びじん》さんが多《おお》いと
言《い》われているオマ♡

DATA
1 秋田市《あきたし》 2 きりたんぽ
3 よく食《た》べよくねむる

OMA キレイになれる

雪《ゆき》と月《つき》のパワー

積《つ》もった雪《ゆき》を手《て》にすくい、月《つき》の光《ひかり》に当《あ》てながら「月《つき》の女神様《めがみさま》、私《わたし》もキレイにしてください」とお願《ねが》いしてみて。

茨城県《いばらきけん》

つくば市《し》には宇宙《うちゅう》開発《かいはつ》
基地《きち》があるオマ

DATA
1 水戸市《みとし》 2 納豆《なっとう》
3 素直《すなお》で真《ま》っすぐ

OMA 夢《ゆめ》がかなう

消《け》しゴムロケット

白《しろ》い消《け》しゴムにロケットの絵《え》をかき、ケースに入《い》れて使《つか》い切《き》ろう。お願《ねが》いをしていることはヒミツにしてね。

山形県《やまがたけん》

ラ・フランスも
よくとれるオマ

DATA
1 山形市《やまがたし》 2 サクランボ
3 シャイ、ねばり強《づよ》い

OMA 親友《しんゆう》ともっと仲良《なかよ》く

チェリー・マジック

2つつながったサクランボを1つずつ、親友《しんゆう》といっしょに食《た》べよう。今《いま》よりもっと、その子《こ》と仲良《なかよ》くなれるはず！

ご当地《とうち》クイズ❷ 日本一《にほんいち》、人口《じんこう》が少《すく》ない都道府県《とどうふけん》は？

❶の答《こた》え：新潟県《にいがたけん》

埼玉県《さいたまけん》

DATA
❶さいたま市《し》 ❷ネギ ❸ゆったりポジティブ

「さきたま古墳《こふん》」が有名《ゆうめい》オマよ！

OMA パワーがみなぎる

胸《むね》のまが玉《たま》

正方形《せいほうけい》の赤《あか》い紙《かみ》にまが玉《たま》のマーク（9）をかき、4つ折《お》りにして洋服《ようふく》の胸《むね》ポケットに入《い》れておくと、前向《まえむ》きな気分《きぶん》に！

栃木県《とちぎけん》

DATA
❶宇都宮市《うつのみやし》 ❷イチゴ ❸おだやかで正直者《しょうじきもの》

宇都宮市《うつのみやし》はギョーザの街《まち》でもあるオマ

OMA 友《とも》だちと仲良《なかよ》く

いくつでもイチゴ

好《す》きな数《かず》のイチゴを牛乳《ぎゅうにゅう》にひたし、「いくつでもイチゴ」ととなえながら、スプーンで1つずつつぶして食《た》べて。

千葉県《ちばけん》

DATA
❶千葉市《ちばし》 ❷ピーナッツ ❸明《あか》るいのんびり屋《や》

埼玉《さいたま》をライバルだと思《おも》っているオマ

OMA 仲直《なかなお》りができる

ピーナッツにお願《ねが》い

ケンカをしたときのおまじない。きれいなピーナッツをカラごと1つ、ポケットに入《い》れて、相手《あいて》に話《はな》しかけてね。

群馬県《ぐんまけん》

DATA
❶前橋市《まえばしし》 ❷こんにゃく ❸情《じょう》にあつく、元気《げんき》

群《む》れる馬《うま》とかいて群馬《ぐんま》……オマ！

OMA 足《あし》が速《はや》くなる

しっぽでダッシュ

体育《たいいく》などで走《はし》る直前《ちょくぜん》に、長《なが》いリボンで髪《かみ》の毛《け》をしばり、しっぽみたいにたらしてみて！　髪型《かみがた》をポニーテールにするのも◎。

ご当地《とうち》クイズ❸　「新東京国際空港《しんとうきょうこくさいくうこう》」がある都道府県《とどうふけん》は？

❷の答《こた》え：鳥取県《とっとりけん》

新潟県《にいがたけん》

雪《ゆき》は多《おお》いけど、東北《とうほく》ではないオマ〜

DATA
❶新潟市《にいがたし》 ❷コメ ❸いちずで熱心《ねっしん》

OMA 願《ねが》いが実現《じつげん》！

おむすびでおいのり

願《ねが》いごとを考《かんが》えながら、3角形《かくけい》のおむすびをにぎり、最後《さいご》に「お願《ねが》いします」と言《い》いながら塩《しお》をふろう。

東京都《とうきょうと》

人口日本一《じんこうにほんいち》！
世界《せかい》の大都市《だいとし》オマ〜

DATA
❶東京《とうきょう》 ❷小松菜《こまつな》 ❸スマートでしなやか

OMA 背《せ》が高《たか》くなる

タワーでノッポ

東京《とうきょう》タワーか東京《とうきょう》スカイツリーの写真《しゃしん》をまくらの下《した》に入《い》れて、夜《よる》の8時半《じはん》にねるようにすると、背《せ》がぐんぐんのびるよ☆

富山県《とやまけん》

薬《くすり》の行商《ぎょうしょう》(売《う》り歩《ある》き)がさかんオマ！

DATA
❶富山市《とやまし》 ❷ホタルイカ ❸読書家《どくしょか》、ガマン強《づよ》い

OMA 腹痛《ふくつう》がやわらぐ

くすりうりくる

おなかが痛《いた》くなったら、「くすりうりくる」ととなえながら、おへその下《した》のあたりを4本《ほん》の指《ゆび》でやさしくなでてみて。

神奈川県《かながわけん》

童《どう》ようの「赤《あか》い靴《くつ》」の舞台《ぶたい》は横浜《よこはま》オマ

DATA
❶横浜市《よこはまし》 ❷マグロ ❸大人《おとな》っぽい

OMA 両思《りょうおも》いになれちゃう

赤《あか》いクツの魔法《まほう》

赤《あか》いクツをはいて、つま先《さき》で5回地面《かいじめん》をたたきながら、好《す》きな人《ひと》の名前《なまえ》をそっとつぶやいてみて。彼《かれ》と思《おも》いが通《つう》じるよ。

ご当地《とうち》クイズ❹ 年間《ねんかん》の平均気温《へいきんきおん》が一番高《いちばんたか》い都道府県《とどうふけん》は？

❸の答《こた》え：千葉県《ちばけん》

山梨県《やまなしけん》

DATA
1 甲府市《こうふし》 2 ブドウ 3 仲間《なかま》を大事《だいじ》にする

静岡《しずおか》と富士山《ふじさん》をシェアしてるオマ★

OMA みんなと仲良《なかよ》しに

みななろブドウ

ブドウを食《た》べるとき、1つぶ口《くち》に入《い》れるごとに、心《こころ》の中《なか》で「みななろ」と言《い》ってみて。だれとでも仲良《なかよ》くなれるよ。

石川県《いしかわけん》

DATA
1 金沢市《かなざわし》 2 ろうそく 3 おっとりしている

金《きん》ぱくの生産量《せいさんりょう》も日本一《にほんいち》オマ

OMA 見《み》たい夢《ゆめ》が見《み》られる

夢見《ゆめみ》ろうそく

見《み》たい夢《ゆめ》を1本《ぼん》のろうそくに念《ねん》じて、そのろうそくをまくらもとに置《お》いてねると、好《す》きな夢《ゆめ》が見《み》られるよ。

長野県《ながのけん》

DATA
1 長野市《ながのし》 2 クルミ 3 マジメでひたむき

レタスなどの野菜《やさい》もよくとれるオマ

OMA 勉強《べんきょう》をがんばれる

クルミパワー☆

白《しろ》いペンで、クルミのカラに♡のマークをかいてから、割《わ》って中身《なかみ》を食《た》べると集中力《しゅうちゅうりょく》アップ！勉強《べんきょう》する前《まえ》におすすめ。

福井県《ふくいけん》

DATA
1 福井市《ふくいし》 2 越前《えちぜん》そば 3 堂々《どうどう》としている

メガネフレームの生産《せいさん》でも有名《ゆうめい》オマ

OMA テストでいい点《てん》！

お守《まも》りメガネ

テストの日《ひ》は、メガネの絵《え》をかいた白《しろ》い紙《かみ》をペンケースの中《なか》に入《い》れておくと◎。得意科目《とくいかもく》の得《とく》点《てん》が上《あ》がるよ☆

愛知県《あいちけん》

「名古屋《なごや》」は県名《けんめい》じゃないオマ〜！

DATA
1 名古屋市《なごやし》 2 ウナギ 3 理性的《りせいてき》なしっかり者《もの》

OMA 授業《じゅぎょう》で当《あ》てられない

ウナギでかくれんぼ

当《あ》ててほしくない授業《じゅぎょう》のときは、ウナギみたいな黒《くろ》っぽいヒモかリボンをポケットに入《い》れて、ときどき手《て》でさわってみて。

岐阜県《ぎふけん》

関市《せきし》は刃物《はもの》の生産《せいさん》で有名《ゆうめい》オマ！

DATA
1 岐阜市《ぎふし》 2 飛騨牛《ひだぎゅう》 3 おつき合《あ》い上手《じょうず》

OMA イヤなことを忘《わす》れる

はさみでバイバイ

つらいことがあったら、心《こころ》の中《なか》で「イヤなことバイバイ！」ととなえながら、いらない紙《かみ》をはさみで8つに切《き》り分《わ》けて。

三重県《みえけん》

一番格式《いちばんかくしき》の高《たか》い神社《じんじゃ》があるオマよ！

DATA
1 津市《つし》 2 松阪牛《まつざかうし》 3 争《あらそ》いごとがニガテ

OMA 彼《かれ》と話《はな》せる

鳥居《とりい》にお願《ねが》い

好《す》きな人《ひと》と話《はな》す前《まえ》に、鳥居《とりい》のマーク（开）を空中《くうちゅう》に3回《かい》かいて、手《て》を合《あ》わせてみて。彼《かれ》といっぱいおしゃべりできるよ♡

静岡県《しずおかけん》

あたたかくて過《す》ごしやすいオマ♪

DATA
1 静岡市《しずおかし》 2 緑茶《りょくちゃ》 3 好奇心《こうきしん》おうせい

OMA 勉強《べんきょう》が楽《たの》しくなる

お茶《ちゃ》でミラクル

お茶《ちゃ》を少《すこ》し冷《さ》ましてから、3口《くち》に分《わ》けて飲《の》み干《ほ》し、目《め》を閉《と》じて10秒《びょう》数《かぞ》えて。ニガテな科目《かもく》も楽《たの》しくなるよ！

ご当地《とうち》クイズ❻ 日本最西端《にほんさいせいたん》の都道府県《とどうふけん》は？

❺の答《こた》え：東京都《とうきょうと》（沖《おき》ノ鳥島《とりしま》）

大阪府《おおさかふ》

「おもろい」は、最高《さいこう》のほめ言葉《ことば》オマ♡

DATA
❶大阪市《おおさかし》 ❷たこ焼《や》き ❸かけひきが上手《じょうず》

OMA 探《さが》しものが出《で》てくる

発見《はっけん》たこ焼《や》き

たこ焼《や》きを作《つく》るときに１つだけ、たこを入《い》れずに焼《や》いて、それをだれにもないしょで食《た》べてみてね。探《さが》しものが見《み》つかるよ！

滋賀県《しがけん》

「ほとんど琵琶湖《びわこ》」って言《い》うなオマ！

DATA
❶大津市《おおつし》 ❷フナずし ❸積極的《せっきょくてき》で社交的《しゃこうてき》

OMA 新《あたら》しい友《とも》だちゲット

琵琶湖《びわこ》の魔法《まほう》

青《あお》の色《いろ》エンピツで琵琶湖《びわこ》の形《かたち》をかき写《うつ》したノートをいつも持《も》ち歩《ある》くようにすると、新《あたら》しい友《とも》だちができるよ！

兵庫県《ひょうごけん》

近畿《きんき》地方《ちほう》で一番《いちばん》、面積《めんせき》が広《ひろ》いオマ！

DATA
❶神戸市《こうべし》 ❷そろばん ❸ロマンチスト

OMA ニガテをこくふく

願《ねが》いましては

ニガテな科目《かもく》の教科書《きょうかしょ》を、いつも逆《さか》さまにカバンに入《い》れるようにすると、だんだんニガテじゃなくなってくるよ。

京都府《きょうとふ》

「大文字《だいもんじ》の送《おく》り火《び》」が有名《ゆうめい》オマよ

DATA
❶京都市《きょうとし》 ❷京野菜《きょうやさい》 ❸落《お》ち着《つ》いている

OMA 大人《おとな》っぽくなる

大文字《だいもんじ》いただき

手《て》のひらに山《やま》の形《かたち》をかき、その中《なか》に漢字《かんじ》の「大《だい》」をかいて。3回《かい》くりかえしてから、「山《やま》」の字《じ》を飲《の》みこんでね。

ご当地《とうち》クイズ❼ 海《うみ》がない都道府県《とどうふけん》はいくつある？

❻の答《こた》え：沖縄県《おきなわけん》（与那国島《よなぐにじま》）

鳥取県《とっとりけん》

となりの島根《しまね》とまちがわれがちオマ

DATA
❶鳥取市《とっとりし》 ❷ラッキョウ
❸ピュアで活動的《かつどうてき》

OMA 宝《たから》ものが手《て》に入《はい》る

砂山《すなやま》でゲット☆

砂場《すなば》で、横並《よこなら》びに山《やま》を5つ作《つく》り、左《ひだり》から2番目《ばんめ》の山《やま》に小石《こいし》を1つかくそう。次《つぎ》の日《ひ》に、こっそり取《と》り出《だ》してね。

奈良県《ならけん》

シカがそこらじゅうにいるオマ…

DATA
❶奈良市《ならし》 ❷奈良《なら》づけ
❸いつもおだやか

OMA かわいさアップ

バンビバンビバンビ

朝《あさ》、顔《かお》を洗《あら》うときに「バンビバンビバンビ」ととなえてみて。かわいいフンイキの女《おんな》の子《こ》になれちゃうよ。

島根県《しまねけん》

縁《えん》むすび神社《じんじゃ》・出雲大社《いずもたいしゃ》があるオマ♡

DATA
❶松江市《まつえし》 ❷和菓子《わがし》
❸バランス感覚《かんかく》がいい

OMA ステキな彼氏《かれし》ができる

恋《こい》を呼《よ》ぶ雲《くも》♡

ハート型《がた》に切《き》りぬいた紙《かみ》に赤《あか》ペンで雲《くも》の絵《え》をかいたものを、おさいふの中《なか》に入《い》れておくと、ステキな彼氏《かれし》ができるよ！

和歌山県《わかやまけん》

ミカンもたくさんとれるオマ

DATA
❶和歌山市《わかやまし》 ❷ウメ
❸しっかりしている

OMA テストがうまくいく

うめぼしお守《まも》り

うめぼしの種《たね》をきれいに洗《あら》い、お守《まも》りにしていつも持《も》ち歩《ある》こう。これで、次《つぎ》のテストではゼッタイ得点《とくてん》アップ！

ご当地《とうち》クイズ❽ ピーマンの生産量《せいさんりょう》日本一《にほんいち》の都道府県《とどうふけん》は？

❼の答《こた》え：8C

山口県《やまぐちけん》

DATA
1 山口市《やまぐちし》 2 フグ 3 リーダーシップあり

じつは、九州《きゅうしゅう》まで歩《ある》いて行《い》けるオマ

OMA ケンカしなくなる

フグのほっぺ

フグのように、ほっぺをふくらませる→しぼませる、を2回《かい》くり返《かえ》して。ついケンカしちゃう子《こ》と仲良《なかよ》くなれるよ。

岡山県《おかやまけん》

DATA
1 岡山市《おかやまし》 2 モモ 3 イヤなことは忘《わす》れる

「桃太郎《ももたろう》」のふるさとと言《い》われているオマ！

OMA いろんな子《こ》と友《とも》だちに

不思議《ふしぎ》なノート

ノートの一番後《いちばんうし》ろのページに、イヌ、サル、トリの絵《え》をかいて、机《つくえ》の引《ひ》き出《だ》しに入《い》れたままにしておくと、友《とも》だちが増《ふ》えるよ。

徳島県《とくしまけん》

DATA
1 徳島市《とくしまし》 2 スダチ 3 陽気《ようき》でよく働《はたら》く

夏《なつ》は「阿波《あわ》おどり」で盛《も》り上《あ》がるオマ♪

OMA 楽《たの》しい気持《きも》ちになる

あわあわハッピー

手《て》を洗《あら》うときに、アワがついた手《て》の甲《こう》に指《ゆび》で「☆」のマークをかいてね。いつも楽《たの》しい気分《きぶん》でいられるよ。

広島県《ひろしまけん》

DATA
1 広島市《ひろしまし》 2 レモン 3 あつくなりやすい

OMA 告白《こくはく》バッチリ成功《せいこう》☆

レモンでアタック

告白《こくはく》する日《ひ》は、レモン味《あじ》のキャンディーを包《つつ》んだハンカチをポケットに入《い》れておいて。いい返《へん》事《じ》がもらえるよ。

ご当地《とうち》クイズ❾ 電車《でんしゃ》が走《はし》っていない都道府県《とどうふけん》は？

❽の答《こた》え：茨城県《いばらきけん》

高知県《こうちけん》

坂本龍馬《さかもとりょうま》の出身地《しゅっしんち》オマぜよ〜!

DATA
1 高知市《こうちし》 2 カツオ 3 行動力《こうどうりょく》がある

OMA 身体《からだ》がじょうぶになる

おとめさんの魔法《まほう》

毎晩《まいばん》ねる前《まえ》に、ねむくなるまで「おとめのちから」と心《こころ》の中《なか》でとなえてみてね。病気《びょうき》に強《つよ》い身体《からだ》になれるよ。

香川県《かがわけん》

うどんの食《た》べすぎには注意《ちゅうい》オマよ!

DATA
1 高松市《たかまつし》 2 うどん 3 器用《きよう》で気前《きまえ》がいい

OMA 彼《かれ》との縁《えん》が結《むす》ばれる

いいな♡のうどん

好《す》きな人《ひと》の名前《なまえ》を心《こころ》の中《なか》でつぶやきながら、うどん1本《ぽん》を途中《とちゅう》でかみ切《き》らずに食《た》べてみて。彼《かれ》との縁《えん》がつながるはず。

福岡県《ふくおかけん》

人口増加率《じんこうぞうかりつ》1位《い》!
住《す》みやすい場所《ばしょ》オマ

DATA
1 福岡市《ふくおかし》 2 めんたいこ 3 ハデなことが好《す》き

OMA ラッキーハプニングが

7つのめんたいこ

めんたいこ1はらを7つに切《き》り分《わ》けて。食《た》べるときは1切《き》れを7回《かい》かむようにすると、うれしいことが起《お》きるよ☆

愛媛県《えひめけん》

キウイフルーツの生産量《せいさんりょう》も1番《ばん》オマ

DATA
1 松山市《まつやまし》 2 イヨカン 3 ちょっぴりドジ

OMA 恋《こい》を呼《よ》びこむ

フルーツラブ

朝《あさ》、かんきつ系《けい》の香《かお》りのコロンを、左右《さゆう》の手首《てくび》と足首《あしくび》に、少《すこ》しだけつけてみて。ステキな恋《こい》ができちゃうよ♡

ご当地《とうち》クイズ⑩ 牛《うし》の飼育数《しいくすう》が一番多《いちばんおお》い都道府県《とどうふけん》は?

❾の答《こた》え:徳島県《とくしまけん》

熊本県《くまもとけん》

DATA
1 熊本市《くまもとし》 2 馬《ば》さし
3 ハキハキしている

水道《すいどう》の水《みず》がとってもおいしいオマ

OMA クラスの人気者《にんきもの》に

ウォーター・パワー

学校《がっこう》に行《い》く前《まえ》に、黒《くろ》いおわんに入《い》れた水《みず》で口《くち》をゆすいでみて。毎日続《まいにちつづ》けていると、クラスのみんなに注目《ちゅうもく》されるよ！

佐賀県《さがけん》

DATA
1 佐賀市《さがし》 2 有田焼《ありたやき》
3 おおらかでやさしい

ドイツには有田町《ありたちょう》の姉妹都市《しまいとし》があるオマ

OMA ぐっすりねむれる

お皿《さら》にお願《ねが》い

夜《よる》、ねる前《まえ》に、きれいなもようのお皿《さら》に水《みず》を入《い》れて、ゆっくり飲《の》んで。よくねむれて、すっきり起《お》きられるよ。

大分県《おおいたけん》

DATA
1 大分市《おおいたし》 2 関《せき》サバ
3 クールで照《て》れ屋《や》

別府《べっぷ》は温泉《おんせん》がとっても多《おお》いオマよ♪

OMA 肌《はだ》がすべすべになる

順番《じゅんばん》にお湯《ゆ》かけ

湯《ゆ》ぶねにつかりながら、右手《みぎて》の甲《こう》→左手《ひだりて》の甲《こう》→首《くび》の右側《みぎがわ》→首《くび》の左側《ひだりがわ》の順《じゅん》に、やさしく3回《かい》ずつお湯《ゆ》をかけてみてね。

長崎県《ながさきけん》

DATA
1 長崎市《ながさきし》 2 カステラ
3 ウジウジなやまない

すごく坂道《さかみち》が多《おお》い県《けん》オマ！

OMA 部活《ぶかつ》で活《かつ》やくできる

坂道《さかみち》ジャンプ

坂道《さかみち》を下《お》り始《はじ》めるときと下《お》り終《お》わったときに、小《ちい》さくジャンプしてみて。部活《ぶかつ》でもっと活《かつ》やくできちゃうよ☆

ご当地《とうち》クイズ⑪ お寺《てら》の数《かず》が一番多《いちばんおお》い都道府県《とどうふけん》は？

⑩の答《こた》え：北海道《ほっかいどう》

沖縄県《おきなわけん》

DATA
1 那覇市《なはし》 2 ゴーヤ
3 おおざっぱで楽天的《らくてんてき》

だいじょうぶ！
なんくるないオマさ〜♪

OMA イヤなことを防《ふせ》ぐ

魔《ま》よけのじゅもん

くしゃみが出《で》たら、すぐに「クスケー」と言《い》うようにして。魔《ま》よけの効果《こうか》があるから、トラブルが起《お》きないよ！

宮崎県《みやざきけん》

DATA
1 宮崎市《みやざきし》 2 マンゴー
3 楽《たの》しいことが大好《だいす》き

1年中《ねんじゅう》あたたかくて
天気《てんき》がいいオマ

OMA 今《いま》よりキレイになる

マンゴーバブル

マンゴーの香《かお》りのボディソープや石《せっ》けんで、首《くび》すじ→つま先《さき》の順《じゅん》に身体《からだ》を洗《あら》い、逆《ぎゃく》の順番《じゅんばん》でアワを流《なが》してね。

ご当地《とうち》OMA ひと言《こと》ポイント

みんなは、「氏神様《うじがみさま》」って知《し》ってるオマかな？　みんなが住《す》んでいるところには、それぞれ**土地《とち》を守《まも》ってくれている神様《かみさま》**がいるオマ。それと同《おな》じように、ご当《とう》地《ち》OMAたちも、**各都道府県《かくとどうふけん》で、とくに力《ちから》をハッキする**オマよ。旅行《りょこう》に行《い》ったら、その地域《ちいき》のおまじないを試《ため》してみるのもおすすめオマ！

鹿児島県《かごしまけん》

DATA
1 鹿児島市《かごしまし》 2 桜島大根《さくらじまだいこん》
3 明《あか》るくあけっぴろげ

「桜島《さくらじま》」のふん火《か》に注意《ちゅうい》！
灰《はい》まみれオマ〜

OMA 思《おも》いが伝《つた》わる

グレーの手紙《てがみ》

グレーの色《いろ》エンピツでふちどりをしたカードや便《びん》せんを使《つか》って、好《す》きな人《ひと》に手紙《てがみ》をかこう。彼《かれ》に気持《きも》ちが伝《つた》わるよ♡

ご当地《とうち》クイズ⑫　ジーンズの生産量《せいさんりょう》1位《い》の都道府県《とどうふけん》は？(答《こた》えはP228)

⑪の答《こた》え：愛知県《あいちけん》

OMA48のおまじない、
楽《たの》しんでもらえたオマかな～？
ボクたちはいつも、
みんなのおまじないがうまくいくように
見《み》守《まも》っているオマよ！

ご当地《とうち》クイズ 何問《なんもん》できたかな？

1~3問《もん》
道《みち》はけわしいオマ。おまじないを
活用《かつよう》してもの知《し》りになるオマよ。

4~6問《もん》
まずまずオマ。いろんな地域《ちいき》に
くわしくなるともっと楽《たの》しいオマよ！

7~9問《もん》
都道府県《とどうふけん》マスターまであと１歩《ぽ》！
もうちょっとだけがんばるオマ！

10~12問《もん》
キミの知識《ちしき》は博士《はかせ》レベルオマ！
おまじないもきっとカンペキ！

Part 10

占《うらな》い×おまじない!

ミラクルOMA

12星座占《せいざうらな》い、数秘占《すうひうらな》い、ルーン占《うらな》い……。いろいろな占《うらな》いで使《つか》われているシンボルマークには、不思議《ふしぎ》な力《ちから》があるって知《し》ってる？　シンボルがもつミラクルパワーを引《ひ》き出《だ》したおまじないは、効果絶大《こうかぜつだい》！　ちょっぴり神秘的《しんぴてき》なおまじないを、たくさん教《おし》えてあげるね☆

図形《ずけい》にこめられたマジカルパワー

占《うらな》いで使《つか》われるマークやモチーフには、いろいろな願《ねが》いや望《のぞ》みがこめられているよ。おまじないでよく占《うらな》いのマークやシンボルが使《つか》われるのは、そのパワーを味方《みかた》につけるため。それだけ、マークにはすごい力《ちから》があるんだよ。

マークでおまじないがパワーアップ!?

マークそのものにパワーがあるということは、マークを使《つか》っていつでもおまじないが試《ため》せるということ！　そのためには、マークの意味《いみ》をきちんと知《し》ることが重要《じゅうよう》だよ。ゲットしたいパワーを調《しら》べてから使《つか》ってね。

超《ちょう》簡《かん》単《たん》! すぐに使《つか》える マークdeおまじない

お気《き》に入《い》りのものにかく

文房具《ぶんぼうぐ》やおさいふなど、いつも使《つか》っているアイテムにマークをかこう。それだけでマークがもっているパワーがもらえるよ。

手《て》のひらに指《ゆび》でかく

マークのパワーを自分《じぶん》の中《なか》に取《と》り入《い》れたいときは、手《て》のひらにかくのがおすすめ。ほしいパワーをどんどんかいちゃおう。

12星《せい》座《ざ》マークに宿《やど》る スペシャルパワー

まずは、星占《ほしうらな》いで使《つか》う星座《せいざ》のマークをしょうかいするね！

3月《がつ》21日《にち》～4月《がつ》19日《にち》生《う》まれ

おひつじ座《ざ》

おひつじ座《ざ》マークがつかさどるパワー

おひつじ座《ざ》のマークは、オスのヒツジのツノと新芽《しんめ》、若葉《わかば》がモチーフになっています。だからおひつじ座《ざ》のマークには、「勇気《ゆうき》」「ものごとの始《はじ》まり」「情熱《じょうねつ》」「行動《こうどう》を開始《かいし》する」といったパワーが宿《やど》っているんだよ。

おひつじ座《ざ》さんはこんな人《ひと》

おひつじ座《ざ》さんは、とても行動的《こうどうてき》な情熱家《じょうねつか》。どんなことでも興味《きょうみ》をもったら、まず「やってみよう」と自《じ》分《ぶん》からチャレンジするタイプ。リーダーシップがバツグンだから、みんなからたよられることも多《おお》いはず。

おひつじ座《ざ》ボーイに効《き》く！

ラブおまじない

アピールハンカチ

白《しろ》いハンカチに、赤《あか》い糸《いと》でおひつじ座《ざ》マークをししゅうして。それを気《き》になるおひつじ座《ざ》ボーイの前《まえ》でわざと落《お》として、彼《かれ》に拾《ひろ》ってもらうの! 思《おも》いが伝《つた》わるよ。（南）

おひつじ座《ざ》ガールに効《き》く！

フレンドおまじない

スターシャンプー

髪《かみ》を洗《あら》うとき、シャンプーを手《て》のひらで泡立《あわだ》てて、そこにおひつじ座《ざ》のマークをかきます。これを１週間《しゅうかん》続《つづ》けると、おひつじ座《ざ》ガールと仲良《なかよ》くなれちゃうんだ！（ぱっき）

おうし座《ざ》

4月《がつ》20日《か》～5月《がつ》20日《か》生《う》まれ

おうし座《ざ》マークがつかさどるパワー

おうし座《ざ》のマークは、ウシの顔《かお》とツノがモチーフです。丸《まる》い円《えん》と半円《はんえん》で作《つく》られているこのマークには「おだやかさ」「平和《へいわ》」「コツコツと努力《どりょく》する力《ちから》」の他《ほか》にも、「ものごとにじっくりと取《と》り組《く》む力《ちから》」が備《そな》わっているの。

おうし座《ざ》さんはこんな人《ひと》

おうし座《ざ》さんのチャームポイントは、マイペースで努力《どりょく》家《か》なところ。難《むずか》しそうな目標《もくひょう》や夢《ゆめ》も、1歩《ぽ》ずつ着実《ちゃくじつ》にかなえちゃうタイプです。「おうし座《ざ》さんはがんばり屋《や》さんだね」ってみんなも感心《かんしん》しているはず！

おうし座《ざ》ガールに効《き》く！

フレンドおまじない

空中《くうちゅう》におうし座《ざ》マーク

仲良《なかよ》くなりたいおうし座《ざ》ガールの後《うし》ろに立《た》って、おうし座《ざ》のマークをかくだけ。すると近《ちか》くの席《せき》になれたり、同《おな》じクラスになれたりしちゃうんだって。　（ミートソース）

おうし座《ざ》ボーイに効《き》く！

ラブおまじない

おしゃべり前《まえ》のゴックン

好《す》きなおうし座《ざ》ボーイと話《はな》す前《まえ》に、手《て》のひらにおうし座《ざ》マークをかいて「ゴックン！」と飲《の》みこむの。友《とも》だちはこれで、彼《かれ》のほうから告白《こくはく》されたよ♡　（ホロちゃん）

ふたご座《ざ》ボーイに効《き》く！

ラブおまじない

ナイショのびんせん

ふたご座《ざ》ボーイと両思《りょうおも》いになりたいなら、ラブレターが一番《いちばん》！　ふうとうにはるシールのウラに、ふたご座《ざ》のマークをかくと、告白成功率《こくはくせいこうりつ》がアップするよ。（くま）

ふたご座《ざ》ガールに効《き》く！

フレンドおまじない

ノートの仲良《なかよ》しふたご

国語《こくご》のノートの好《す》きなページを開《ひら》いて、4スミにふたご座《ざ》のマークをかきます。仲良《なかよ》くなりたいふたご座《ざ》ガールと、話《はな》すきっかけがゲットできちゃいます！（幸）

5月《がつ》21日《にち》〜6月《がつ》21日《にち》生《う》まれ

ふたご座《ざ》

ふたご座《ざ》マークがつかさどるパワー

ふたご座《ざ》のマークは、2人《ふたり》の人間《にんげん》が仲良《なかよ》く手《て》をつないでいるところをイメージしたもの。数字《すうじ》のⅡとも考《かんが》えられていて「楽《たの》しくおしゃべりする」「行動力《こうどうりょく》」「好奇心《こうきしん》をシゲキする」「変化《へんか》を起《お》こす力《ちから》」などが宿《やど》っているよ。

ふたご座《ざ》さんはこんな人《ひと》

ふたご座《ざ》さんは好奇心《こうきしん》がおうせいで、頭《あたま》の回転《かいてん》がとても速《はや》い人《ひと》。どんなことからも、楽《たの》しみを見《み》つけることができる天才《てんさい》です。おしゃべり上手《じょうず》で話題《わだい》が豊富《ほうふ》だから、いつもたくさんの友《とも》だちに囲《かこ》まれているはず☆

かに座《ざ》

6月《がつ》22日《にち》～7月《がつ》22日《にち》生《う》まれ

かに座《ざ》マークがつかさどるパワー

かに座《ざ》のマークは、赤《あか》ちゃんを育《そだ》てているお母《かあ》さんのお乳《ちち》がモチーフ。やさしいお母《かあ》さんのような「愛情《あいじょう》」や「育《そだ》てること・育《はぐく》むこと」「安心感《あんしんかん》」。そして「味方《みかた》になる」パワーが、かに座《ざ》のマークには宿《やど》っています。

かに座《ざ》さんはこんな人《ひと》

感情表現《かんじょうひょうげん》が豊《ゆた》かで、人《ひと》の気《き》持《も》ちに寄《よ》りそうことが得意《とくい》なかに座《ざ》さん。やさしいハートの持《も》ち主《ぬし》で、困《こま》っている人《ひと》がいると放《ほお》っておけない性格《せいかく》です。みんなから信用《しんよう》されているので、相談《そうだん》されることも多《おお》いはず。

かに座《ざ》ボーイに効《き》く！

ラブおまじない

ハートの4の切《き》り札《ふだ》

トランプの♡の4のカードを用意《ようい》して、4つのハートの真《ま》ん中《なか》に、青《あお》いペンでかに座《ざ》のマークをかくだけ。これをお守《まも》りにして持《も》ち歩《ある》くと、思《おも》いが通《つう》じる！　(BON)

かに座《ざ》ガールに効《き》く！

フレンドおまじない

友情《ゆうじょう》の折《お》りヅル

好《す》きな色《いろ》の折《お》り紙《がみ》のウラに、ピンクのペンでかに座《ざ》のマークをかきます。その紙《かみ》でツルを折《お》り、まくらのそばに置《お》いてねると、かに座《ざ》ガールと仲良《なかよ》くなれるの☆　(フランク)

しし座《ざ》マークがつかさどるパワー

しし座《ざ》のマークは、ライオンの身体《からだ》としっぽがモチーフになっているの。「力強《ちからづよ》さ」「一番《いちばん》をめざす」「リーダーになる」「アピールする」という、たくましいライオンのような力《ちから》がしし座《ざ》のマークには宿《やど》っているよ。

しし座《ざ》さんはこんな人《ひと》

そこにいるだけで、まわりのフンイキをパッと明《あか》るくさせるような、華《はな》やかさをもっているしし座《ざ》さん。正義感《せいぎかん》が強《つよ》く仲間思《なかまおも》いなので、まわりのみんなからは「たよれるリーダー」と、思《おも》われているみたい！

7月《がつ》23日《にち》〜8月《がつ》22日《にち》生まれ

しし座《ざ》

しし座《ざ》ボーイに効《き》く！

ラブおまじない

ときめきボディタッチ

自分《じぶん》の右《みぎ》の手《て》のひらを見《み》て、一番《いちばん》ふくらんでいるところに、しし座《ざ》のマークをかきます。その手《て》で、しし座《ざ》ボーイにタッチすると、両思《りょうおも》いの確率《かくりつ》が上《あ》がるんだ。（チッティ☆）

しし座《ざ》ガールに効《き》く！

フレンドおまじない

ライオンのヘアアクセ

お気《き》に入《い》りのヘアアクセに、指《ゆび》でしし座《ざ》のマークをかいて。そしてそれをつけるとき「ル・ル・カルン」ととなえると、しし座《ざ》ガールと仲良《なかよ》くなれちゃう♪（シェリル）

8月《がつ》23日《にち》～9月《がつ》22日《にち》生《う》まれ

おとめ座《ざ》

おとめ座《ざ》マークがつかさどるパワー

おとめ座《ざ》のマークのモチーフは、若《わか》い女性《じょせい》の流《なが》れるように美《うつく》しい髪《かみ》の毛《け》。自分《じぶん》の髪《かみ》を大切《たいせつ》にケアする女性《じょせい》のような「ていねいさ」や「清潔感《せいけつかん》」。「みんなからの好感度《こうかんど》アップ」「責任感《せきにんかん》」のパワーをつかさどっているよ。

おとめ座《ざ》さんはこんな人《ひと》

何《なに》ごとも、キッチリと整理《せいり》するのが得意《とくい》なおとめ座《ざ》さん。世話好《せわず》きで気配《きくば》り上手《じょうず》だから、みんなからとっても信用《しんよう》されているはず。そこにいるだけで、不思議《ふしぎ》な安心感《あんしんかん》をまわりにあたえることができる人《ひと》です。

おとめ座《ざ》ボーイに効《き》く！

ラブおまじない

お願《ねが》い♡写《しゃ》メ

気《き》になるおとめ座《ざ》ボーイの写《しゃ》メをプリントして、ウラに♡をかくの。そして♡の中《なか》におとめ座《ざ》のマークをかけば、両思《りょうおも》いになる可能性《かのうせい》がグッと高《たか》まるんだって。　（レタス）

おとめ座《ざ》ガールに効《き》く！

フレンドおまじない

おとめの石《いし》

学校《がっこう》で平《ひら》たい石《いし》を拾《ひろ》ってきて、そこにおとめ座《ざ》のマークを好《す》きな色《いろ》のペンでかきます。それを大《おお》きな木《き》の下《した》に置《お》くと、おとめ座《ざ》ガールと話《はなし》が盛《も》り上《あ》がる☆　（mint）

9月《がつ》23日《にち》〜10月《がつ》23日《にち》生《う》まれ

てんびん座《ざ》

てんびん座《ざ》マークがつかさどるパワー

てんびん座《ざ》のマークは、同《おな》じ重《おも》さのものをのせているてんびんがモチーフ。2つの異《こと》なるもののバランスを取《と》るてんびんのように「調和《ちょうわ》」「助《たす》け合《あ》い」「平等《びょうどう》」「平和《へいわ》」のパワーが、てんびん座《ざ》のマークには宿《やど》っています。

てんびん座《ざ》さんはこんな人《ひと》

てんびん座《ざ》さんは社交的《しゃこうてき》で、オシャレのセンスがバツグン。アドバイス上手《じょうず》だから「どうしたらいいと思《おも》う？」なんて、みんなにたよられることも多《おお》そう。ファッションリーダーとしても、注目《ちゅうもく》を集《あつ》めているはず！

てんびん座《ざ》ボーイに効《き》く！

ラブおまじない

金色《きんいろ》のてんびん座《ざ》

左手《ひだりて》の薬指《くすりゆび》のつけ根《ね》に、金色《きんいろ》のペンでてんびん座《ざ》のマークをかきます。そして手《て》をにぎりしめて「思《おも》いよ、伝《つた》われ」と言《い》うと、彼《かれ》から告白《こくはく》してくれる♡　（めるへん）

てんびん座《ざ》ガールに効《き》く！

フレンドおまじない

パクパク・クッキー

てんびん座《ざ》ガールと仲良《なかよ》くなりたいときは、いっしょにクッキーを食《た》べるのがおすすめ。食《た》べる前《まえ》に心《こころ》の中《なか》で「心合《こころあ》わせ」ととなえて食《た》べるのがコツだよ。　（ハンス）

さそり座《ざ》

10月《がつ》24日《か》～11月《がつ》22日《にち》生《う》まれ

さそり座《ざ》さんはこんな人《ひと》

大人《おとな》っぽくて、クールなフンイキがさそり座《ざ》さんの一番《いちばん》のミリョク。冷静《れいせい》にまわりを見《み》て、動《うご》くべきときにササッと行動《こうどう》できる人《ひと》。夢《ゆめ》や目標《もくひょう》ができると、別人《べつじん》のように情熱《じょうねつ》的《てき》になるところも、ステキなチャームポイント！

さそり座《ざ》マークがつかさどるパワー

さそり座《ざ》マークのモチーフは、サソリのするどいしっぽ。ここぞというタイミングで敵《てき》を攻《こう》げきするサソリのように、「観察力《かんさつりょく》」「集中力《しゅうちゅうりょく》」「直感力《ちょっかんりょく》」「困難《こんなん》を乗《の》りこえる力《ちから》」が、さそり座《ざ》のマークには宿《やど》っています。

さそり座《ざ》ボーイに効《き》く！

ラブおまじない

告白《こくはく》の食《しょく》パン

さそり座《ざ》ボーイに告白《こくはく》するって決《き》めた日《ひ》の朝《あさ》は、食《しょく》パンを焼《や》いて。そこに好《す》きなジャムでさそり座《ざ》のマークをかいてから登校《とうこう》すると、思《おも》いを伝《つた》えるチャンスが！　（みつ♪）

さそり座《ざ》ガールに効《き》く！

フレンドおまじない

しゅわしゅわサソリ

ソーダをコップに注《そそ》いで、ストローをさします。そして、そのストローでコップの底《そこ》にさそり座《ざ》のマークをかくの！　仲良《なかよ》くなれること、まちがいなしだよ☆　（伊吹）

11月《がつ》23日《にち》～12月《がつ》21日《にち》生《う》まれ

いて座《ざ》

いて座《ざ》マークがつかさどるパワー

いて座《ざ》のマークは、真《ま》っ直《す》ぐに飛《と》ぶ矢《や》がモチーフ。迷《まよ》いなく遠《とお》くへ飛《と》ぶ矢《や》のように「前向《まえむ》きになる」「正直《しょうじき》になる」「知《し》らない場所《ばしょ》に行《い》く」「知《し》らないことを知《し》る」といった力《ちから》を、いて座《ざ》のマークはつかさどっているよ。

いて座《ざ》さんはこんな人《ひと》

いて座《ざ》さんは行動的《こうどうてき》で、好《こう》奇《き》心《しん》がおうせい。知《し》らないことや新《あたら》しいことがあると、「調《しら》べてみよう」とすぐに飛《と》んで行《い》っちゃう。ポジティブな性《せい》格《かく》だから「いっしょにいると楽《たの》しい！」とみんなには思《おも》われているはず。

いて座《ざ》ボーイに効《き》く！

ラブおまじない

ニコニコ・いて座《ざ》マーク

いて座《ざ》ボーイと目《め》が合《あ》ったら、すかさず右手《みぎて》の中指《なかゆび》で空中《くうちゅう》にいて座《ざ》マークをかく！　これを続《つづ》けていると、彼《かれ》がどんどん特別《とくべつ》あつかいしてくれるようになるよ♡　（しのみー）

いて座《ざ》ガールに効《き》く！

フレンドおまじない

小指《こゆび》のネイルマジック

いて座《ざ》ガールと遊《あそ》びたいときは左《ひだり》足《あし》の小指《こゆび》のツメに、細《ほそ》い字《じ》がかける赤《あか》い油性《ゆせい》ペンでいて座《ざ》のマークをかいてみて。向《む》こうからおさそいがくるはず～♪　（えきっこ）

やぎ座《ざ》

12月《がつ》22日《にち》～1月《がつ》19日《にちう》生まれ

やぎ座《ざ》マークがつかさどるパワー

やぎ座《ざ》のマークは、上半身《じょうはんしん》がヤギで下半身《かはんしん》がサカナの伝説《でんせつ》の生《い》きもの「牧神《ぼくしん》パーン」がモチーフです。「続《つづ》ける力《ちから》」「マジメさ」「成長《せいちょう》すること」「冷静《れいせい》になる」パワーが、やぎ座《ざ》のマークにはこめられているよ。

やぎ座《ざ》さんはこんな人《ひと》

上品《じょうひん》なフンイキで、落《お》ち着《つ》いたムードがただようやぎ座《ざ》さん。おとなしそうに見《み》えるけど、自分《じぶん》が「これ」と決《き》めた道《みち》を進《すす》む意志《いし》の強《つよ》さをもっている人《ひと》。いつも冷静《れいせい》だから、まわりからも信《しん》らいされているはず。

やぎ座《ざ》ボーイに効《き》く！

ラブおまじない

つま先《さき》に魔法《まほう》

右足《みぎあし》のクツのつま先《さき》のウラに、やぎ座《ざ》マークを赤《あか》いペンでかく！　気《き》になるやぎ座《ざ》ボーイと仲良《なかよ》くなれるから、じょじょに彼《かれ》が好《す》きになってくれるんだって。　（♪ロッテ♪）

やぎ座《ざ》ガールに効《き》く！

フレンドおまじない

シルバーゴート

黒《くろ》い紙《かみ》に銀色《きんいろ》のペンでやぎ座《ざ》のマークをかくの。それを学校《がっこう》の自分《じぶん》の引《ひ》き出《だ》しの中《なか》に入《い》れておくと、話《はな》しかけられる確率《かくりつ》がすっごくアップするんだって！　（100mg）

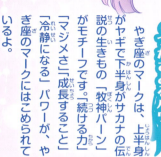

みずがめ座《ざ》ボーイに効《き》く！
ラブおまじない
ラブを呼《よ》ぶシール

携帯《けいたい》の待《ま》ち受《う》け画面《がめん》か家《いえ》の電話《でんわ》のディスプレイに、みずがめ座《ざ》のマークをかいたシールをはっておくの。すると、向《む》こうから電話《でんわ》がかかってきて告白《こくはく》される！　（ビーバー）

みずがめ座《ざ》ガールに効《き》く！
フレンドおまじない
みずがめ座《ざ》のミラー

朝《あさ》、顔《かお》を洗《あら》うときに鏡《かがみ》のはしっこにみずがめ座《ざ》のマークをかきます。これだけで、その日《ひ》1日《にち》、みずがめ座《ざ》ガールと仲良《なかよ》くおしゃべりできるはずだよ♪　（火・花）

1月《がつ》20日《か》～2月《がつ》18日《にち》生《う》まれ
みずがめ座《ざ》

みずがめ座《ざ》マークがつかさどるパワー

みずがめ座《ざ》のマークは、かめの中《なか》の水《みず》が波打《なみう》っている様《よう》子《す》がモチーフになっているの。容器《ようき》によって自在《じざい》に形《かたち》を変《か》える水《みず》のような「しなやかさ」「自由《じゆう》」「ユニークさ」「新《あたら》しさ」の力《ちから》がマークには宿《やど》っています。

みずがめ座《ざ》さんはこんな人《ひと》

社交的《しゃこうてき》でフットワークが軽《かる》く、おしゃべり上手《じょうず》なみずがめ座《ざ》さん。知識《ちしき》が豊富《ほうふ》でいろいろなことを知《し》っているから、いつもたくさんの人《ひと》に囲《かこ》まれているはず。楽《たの》しいことを計《けい》画《かく》したり、サプライズを考《かんが》える天才《てんさい》だよ☆

うお座《ざ》ボーイに効《き》く！

ラブおまじない

青《あお》いダブルフィッシュ

ブルーのペンで、左手《ひだりて》の小指《こゆび》に小《ちい》さくうお座《ざ》マークを２つかいてみて。気《き》になるうお座《ざ》ボーイが女《おんな》の子《こ》として意識《いしき》してくれて、少《すこ》しずつ好《す》きになってくれるよ。　（ぱう）

うお座《ざ》ガールに効《き》く！

フレンドおまじない

スイートココア

ココアをいつもよりちょっとあまめに作《つく》って、飲《の》みながらうお座《ざ》のマークを空中《くうちゅう》に３回《かい》かきます。すると、うお座《ざ》ガールと仲良《なかよ》くなれるって聞《き》いたよ。　（四角形）

2月《がつ》19日《にち》～3月《がつ》20日《か》生《う》まれ

うお座《ざ》

うお座《ざ》マークがつかさどるパワー

うお座《ざ》のマークは2ひきのサカナのしっぽを、リボンで結《むす》んだ姿《すがた》がモチーフです。仲《なか》がいい2ひきのサカナのように、うお座《ざ》マークには「愛《あい》情《じょう》」「思《おも》いやり」「やさしさ」「キズナを強《つよ》める力《ちから》」が宿《やど》っているよ。

うお座《ざ》さんはこんな人《ひと》

うお座《ざ》さんは心《こころ》やさしく、友《とも》だち思《おも》いな性格《せいかく》。いっしょにいるだけで、なぜかいやされてしまう不思議《ふしぎ》なムードの持《も》ち主《ぬし》だよ。困《こま》っている人《ひと》に自分《じぶん》からサッと手《て》を差《さ》しのべて、笑顔《えがお》を引《ひ》き出《だ》してあげる天才《てんさい》！

惑星《わくせい》マークに宿《やど》る スーパーパワー

「すぐに使《つか》えるマークdeおまじない（P242）」のアクションで、マークの力《ちから》を使《つか》いこなしてみてね♪

太陽《たいよう》

◆明《あか》るさ　◆元気《げんき》

◆健康《けんこう》　◆成功《せいこう》

太陽《たいよう》の守護神《しゅごしん》

アポロン

アポロンは月《つき》の女神《めがみ》アルテミスのふたごの弟《おとうと》で、太陽《たいよう》を守《しゅ》護《ご》する勇《ゆう》かんで男《おとこ》らしい神様《かみさま》。永遠《えいえん》の若《わか》さをもっていて、音楽《おんがく》や芸術《げいじゅつ》、医学《いがく》、武術《ぶじゅつ》などの才能《さいのう》にもめぐまれていたの。

アポロンのおまじない

ゴールデン・サン

白《しろ》い紙《かみ》に金色《きんいろ》のペンで太陽《たいよう》のマークをかきます。そして、昼《ひる》の12時《じ》ぴったりにその紙《かみ》を太陽《たいよう》の光《ひかり》に当《あ》てると、落《お》ちこんだ気分《きぶん》が吹《ふ》き飛《と》んでポジティブになれるんだって。　（シュウマ）

月《つき》の守護神《しゅごしん》

アルテミス

月《つき》の守護神《しゅごしん》は女神《めがみ》アルテミス。人々《ひとびと》をやさしい月《つき》の光《ひかり》で照《て》らし、子《こ》どもと森《もり》を守護《しゅご》する役目《やくめ》をしていたの。だから月《つき》は女《おんな》の子《こ》の味方《みかた》。あなたの恋《こい》や出会《であ》いを応援《おうえん》してくれるよ。

アルテミスのおまじない

キュンキュン・リップ

男《おとこ》の子《こ》に「かわいい」って思《おも》ってもらいたいときのおまじない。リップクリームをぬるとき、月《つき》のマークを思《おも》いうかべて。１週間《しゅうかん》続《つづ》けると、効《き》き目《め》が出始《ではじ》めるはず☆（うさぎ）

月《つき》

◆女《おんな》の子《こ》らしさ

◆やさしさ　◆恋《こい》の出会《であ》い

もっと！月《つき》のパワーに注目《ちゅうもく》しよう

おまじないをかけるとき、月《つき》の満《み》ち欠《か》けにも注目《ちゅうもく》してみよう☆
月《つき》の状態《じょうたい》によって、ハッキされる力《ちから》がそれぞれちがうんだよ！

新月《しんげつ》のパワー
新《あたら》しく別《べつ》のおまじないをかけ直《なお》すのに、ベストな日《ひ》だよ。

上弦《じょうげん》の月《つき》のパワー
どんなおまじないも、かなう確率《かくりつ》がアップする日《ひ》。

満月《まんげつ》のパワー
ダイエットや美容《びよう》に関《かん》するおまじないが、おすすめな日《ひ》。

下弦《かげん》の月《つき》のパワー
今試《いまため》しているおまじないをかけ直《なお》すと、さらに強力《きょうりょく》になる日《ひ》。

水星《すいせい》

◆コミュニケーション
◆勉強《べんきょう》　◆友情《ゆうじょう》

水《すい》星《せい》の守《しゅ》護《ご》神《しん》

ヘルメス

水星《すいせい》の守護神《しゅごしん》は学問《がくもん》の神《かみ》・ヘルメス。木星《もくせい》の守護神《しゅごしん》ゼウスのむすこで、旅《たび》・商売《しょうばい》・交通《こうつう》・競技《きょうぎ》・音楽《おんがく》などの才能《さいのう》にめぐまれていて、神様《かみさま》の中《なか》で一番頭《いちばんあたま》がいいと言《い》われていたの。

ヘルメスのおまじない

水星《すいせい》マークのハンカチ

白《しろ》いハンカチに青《あお》いししゅう糸《いと》で、水星《すいせい》のマークをししゅうするの。それをテストの日《ひ》に持《も》っていくと点数《てんすう》がアップするよ！　大事《だいじ》な試験《しけん》にも、おすすめです♪　(amiami)

金星《きんせい》

◆愛《あい》　◆ビューティー
◆金運《きんうん》　◆人気《にんき》

金《きん》星《せい》の守《しゅ》護《ご》神《しん》

アフロディーテ

金星《きんせい》の守護神《しゅごしん》は愛《あい》と美《び》の女神《めがみ》アフロディーテ。ビーナスと呼《よ》ばれることもあるよ。たくさんいる神様《かみさま》の中《なか》でもとくに美《うつく》しく、すばらしい音楽《おんがく》・芸術《げいじゅつ》の才能《さいのう》をもっていたの。

アフロディーテのおまじない

女神《めがみ》の口《くち》づけ

青《あお》いペンで白《しろ》い紙《かみ》に好《す》きな人《ひと》の名《な》前《まえ》をかいて、その名前《なまえ》の上《うえ》に重《かさ》なるように、緑《みどり》のペンで金星《きんせい》のマークをかきます。次《つぎ》の日《ひ》、ステキなラブハプニングが起《お》きるよ。　（ミーナ）

火星《かせい》 ♂

◆勇気《ゆうき》　◆自信《じしん》

◆試合《しあい》や勝負《しょうぶ》に勝《か》つ

火《か》星《せい》の守《しゅ》護《ご》神《しん》 アレス

火星《かせい》の守護神《しゅごしん》は、戦《たたか》いの神様《かみさま》アレス。アレスは勇《いさ》ましく勇《ゆう》かんな神様《かみさま》で、木星《もくせい》の守護神《しゅごしん》・ゼウスのむすこだったの。戦《たたか》いに勝利《しょうり》をもたらすとして、多《おお》くの人《ひと》に信仰《しんこう》されたんだよ。

アレスのおまじない

勝利《しょうり》のじゅもん

利《き》き手《て》の手《て》のひらに火星《かせい》マークをかき、「勝利《しょうり》の神《かみ》アレスよ、私《わたし》に栄光《えいこう》をもたらしたまえ」と念《ねん》じて。今《いま》までの努力《どりょく》が実《みの》って、実力《じつりょく》をバッチリ出《だ》せるおまじないです☆　（零）

♃ 木星《もくせい》

◆ラッキー　◆幸運《こううん》

◆成功《せいこう》　◆幸《しあわ》せ

木《もく》星《せい》の守《しゅ》護《ご》神《しん》 ゼウス

木星《もくせい》を守護《しゅご》しているのは、全《ぜん》知全能《ちぜんのう》の神様《かみさま》・ゼウス。人間《にんげん》だけでなく神様《かみさま》も支配《しはい》して、どんなものにも変身《へんしん》できる能力《のうりょく》と、雷《かみなり》を自由自在《じゆうじざい》にあやつる能力《のうりょく》をもっていたの。

ゼウスのおまじない

ハッピープレゼント

左《ひだり》の手《て》のひらに右手《みぎて》の人《ひと》さし指《ゆび》で、木星《もくせい》マークをかきます。そして心《こころ》の中《なか》で「ナ・カイテ・シノテ・モツイオ・エウラ・イレイホ」とつぶやくと、ほしいものがもらえる♡（誠）

クロノスのおまじない

神様《かみさま》の目覚《めざ》まし

目覚《めざ》まし時計《どけい》をセットしてから、時計《とけい》の表面《ひょうめん》に土星《どせい》のマークをかくだけ。起《お》きたい時間《じかん》に自然《しぜん》に目《め》が覚《さ》めて、学校《がっこう》や待《ま》ち合《あ》わせにチコクすることがなくなるよ☆　(firefly)

土星《どせい》 ♄

◆決断《けつだん》　◆落《お》ち着《つ》く

◆集中力《しゅうちゅうりょく》を高《たか》める

土星《どせい》の守護神《しゅごしん》 クロノス

土星《どせい》の守護神《しゅごじん》クロノスは、時間《じかん》の神様《かみさま》。限《かぎ》りある時間《じかん》を大事《だいじ》に使《つか》うように、人々《ひとびと》を見守《みまも》っています。迷《まよ》ったりなやんだりしたとき、どうすればいいのかサポートしてくれるよ。

ウラノスのおまじない

告白《こくはく》のお守《まも》り

告白《こくはく》したいの気合《きあ》いが入《はい》らないときは、両足《りょうあし》のウラに天王星《てんのうせい》マークを指《ゆび》でかくの！　告白《こくはく》するぞってパワーが、どんどんわいてくるから不思議《ふしぎ》☆　(はるはる)

♅ 天王星《てんのうせい》

◆変化《へんか》させる　◆未来《みらい》

◆新《あたら》しく見《み》つける

天王星《てんのうせい》の守護神《しゅごしん》 ウラノス

天王星《てんのうせい》の守護神《しゅごしん》ウラノスは、宇宙《うちゅう》を支配《しはい》する神様《かみさま》。とても大《おお》きな身体《からだ》を持《も》ち、宇宙《うちゅう》そのものを身《み》にまとっているとも言《い》われているの。ものごとを変化《へんか》させる力《ちから》を授《さず》けてくれるよ。

海王星《かいおうせい》

◆芸術《げいじゅつ》　◆感受性《かんじゅせい》

◆ステキな夢《ゆめ》を見《み》る

海王星《かいおうせい》の守護神《しゅごしん》

ポセイドン

海王星《かいおうせい》の守護神《しゅごしん》は、海《うみ》の神様《かみさま》ポセイドンだよ。木星《もくせい》の守護神《しゅごしん》ゼウスの次《つぎ》に強《つよ》く、神様《かみさま》からも尊敬《そんけい》されているの。夢《ゆめ》や感性《かんせい》など、目《め》に見《み》えないものをサポートしてくれるよ。

ポセイドンのおまじない

夢《ゆめ》の中《なか》のダーリン

運命《うんめい》の彼《かれ》と夢《ゆめ》で会《あ》えちゃうおまじないです！　ねる前《まえ》にまくらに海王星《かいおうせい》のマークをかき「ポセイドンのねむり」と3回《かい》つぶやけばOK。運命《うんめい》の人《ひと》がわかるよ（満）

冥王星《めいおうせい》

◆困難《こんなん》を乗《の》りこえる

◆本当《ほんとう》の望《のぞ》みを知《し》る

冥《めい》王《おう》星《せい》の守護神《しゅごしん》

ハデス

冥王星《めいおうせい》の守護神《しゅごしん》は冥府《めいふ》の神様《かみさま》ハデス。ハデスは木星《もくせい》の守護神《しゅごしん》ゼウスと海王星《かいおうせい》の守護神《しゅごしん》ポセイドンの兄《あに》で、死後《しご》の世界《せかい》を支配《しはい》しています。困難《こんなん》を乗《の》りこえる力《ちから》をくれる神様《かみさま》だよ。

ハデスのおまじない

ミラクルミラー

これは、理想《りそう》の自分《じぶん》に近《ちか》づくおまじない。洗面台《せんめんだい》の鏡《かがみ》に指《ゆび》で冥王《めいおう》星《せい》のマークをかき、「こうなりたい」って自分《じぶん》をイメージするの。理想《りそう》に近《ちか》づけるよ。　（刹那）

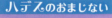

数字《すうじ》に宿《やど》る不思議《ふしぎ》なパワー

計算《けいさん》するときに使《つか》う数字《すうじ》にも、いろいろなパワーが宿《やど》っています☆誕生日《たんじょうび》の数字《すうじ》を使《つか》う占《うらな》い「数秘術《すうひじゅつ》」で、ラッキーナンバーを調《しら》べてみよう！

1 ものごとのスタートを応援《おうえん》してくれる数字《すうじ》

数字《すうじ》「1」が持《も》つ力《ちから》

1はすべての数字《すうじ》の始《はじ》まり。ものごとを始《はじ》めるエネルギーと、それを成功《せいこう》に導《みちび》くパワーが宿《やど》っているよ。ラッキーナンバーが1の人《ひと》は、新《あたら》しいことにチャレンジする勇気《ゆうき》にめぐまれた人《ひと》。努力《どりょく》をおしまない情熱家《じょうねつか》だよ。

1の力《ちから》を引《ひ》き出《だ》すおまじない

1111の刻印《こくいん》

午前《ごぜん》11時《じ》11分《ふん》になったらすぐ、右《みぎ》の手《て》のひらに数字《すうじ》の「1」をかいて！　これで、これから始《はじ》めようと思《おも》っている計画《けいかく》が、すっごくスムーズに進《すす》んでいくはずだよ♪　（もはもは）

ラッキーナンバーの調《しら》べ方《かた》

生年月日《せいねんがっぴ》をバラバラにして、数字《すうじ》を1つずつ足《た》します。答《こた》えが2ケタになったら、1ケタになるまで計算《けいさん》を続《つづ》けてね。

例《れい》1

2008年《ねん》1月《がつ》1日《ついたち》生《う》まれの場合《ばあい》

2＋0＋0＋8＋1＋1＝12

1＋2＝3

ラッキーナンバーは「**3**」だよ。

例《れい》2

2007年《ねん》9月《がつ》2日《か》生《う》まれの場合《ばあい》

2＋0＋0＋7＋9＋2＝20

2＋0＝2

ラッキーナンバーは「**2**」だよ。

2

2つのバランスを取《と》って、両立《りょうりつ》させてくれる数字《すうじ》

数字《すうじ》「2」が持《も》つ力《ちから》

2には別々《べつべつ》のものを両立《りょうりつ》させる力《ちから》と、ものごとを着実《ちゃくじつ》に育《そだ》てていくパワーがあるよ。ラッキーナンバーが2の人《ひと》は、まわりの人《ひと》と歩調《ほちょう》を合《あ》わせるのが得意《とくい》な気配《きくば》り屋《や》さん。親《した》しみやすいフンイキがミリョク的《てき》な人《ひと》！

2の力《ちから》を引《ひ》き出《だ》すおまじない

サクランボの両立《りょうりつ》

2つぶが1つにつながっているサクランボの絵《え》をかいて、トントンと絵《え》を2回《かい》たたいてください。そして両立《りょうりつ》させたいもの（勉強《べんきょう》と恋《こい》とか）を思《おも》いうかべればOK。　（チェルシー）

3

好奇心《こうきしん》をシゲキして楽《たの》しいことを増《ふ》やしてくれる数字《すうじ》

数字《すうじ》「3」が持《も》つ力《ちから》

3にはものごとを楽《たの》しんで、よりよいものに進化《しんか》させていくエネルギーが宿《やど》っています。3がラッキーナンバーの人《ひと》は好奇《こうき》心《しん》がおうせいで、一度《いちど》にたくさんのことに興味《きょうみ》をもつタイプ。器用《きよう》さがチャームポイントです。

3の力《ちから》を引《ひ》き出《だ》すおまじない

テストの㊙《まるひ》ひらめき

テストのとき、全部《ぜんぶ》答《こた》えをかき終《お》わったあとでやるおまじないだよ。用紙《ようし》をウラ返《がえ》して、そこに☆を指《ゆび》で3回《かい》かくの。そこから見直《みなお》すと、まちがいがパッとわかっちゃう！（満点女王）

4

継続《けいぞく》する努力《どりょく》をサポートしてくれる数字《すうじ》

数字《すうじ》「4」が持《も》つ力《ちから》

数字《すうじ》の4にはマジメにコツコツ、1つのものを続《つづ》けていく力《ちから》が備《そな》わっているよ。ラッキーナンバー4の人《ひと》は、落《お》ち着《つ》いたところがミリョク的《てき》。とてもマジメで友《とも》だちとの約束《やくそく》もきちんと守《まも》る、正義感《せいぎかん》にあふれる人《ひと》だよ。

4の力《ちから》を引《ひ》き出《だ》すおまじない

4つのハートマーク

キレイな音《おと》のすずを1つ用意《ようい》します。そこに緑《みどり》の油《ゆ》性《せい》ペンで、四葉《よつば》のクローバーのようにハートを4つかいてね。すずが鳴《な》るたび、気《き》になる彼《かれ》とのキョリが縮《ちぢ》まるよ。　（ドラゴン）

5

チャレンジする勇気《ゆうき》を授《さず》けてくれる数字《すうじ》

数字《すうじ》「5」が持《も》つ力《ちから》

5は、ものごとにチャレンジするときに勇気《ゆうき》をくれる数字《すうじ》。うまくいくよう導《みちび》いてくれるよ。ラッキーナンバー5の人《ひと》は、ユーモアのセンスがバツグン。何《なん》でも器用《きよう》にこなす、行動的《こうどうてき》でスマートなところがステキ。

5の力《ちから》を引《ひ》き出《だ》すおまじない

ぷかぷかリンゴ

リンゴの皮《かわ》をむいて、皮《かわ》の一番赤《いちばんあか》いところをキッチンバサミで5角形《かくけい》に切《き》ります。それを紅茶《こうちゃ》にうかべて、好《す》きな彼《かれ》を思《おも》いながら飲《の》んでね。話《はな》しかける勇気《ゆうき》がわいてくるよ。　（うどん）

7

集中力《しゅうちゅうりょく》を高《たか》めて、勉強《べんきょう》する意欲《いよく》を授《さず》けてくれる数字《すうじ》

数字《すうじ》「7」が持《も》つ力《ちから》

1つのことをとことんまでつきつめる力《ちから》が、数字《すうじ》の7にはあるよ。ラッキーナンバー7の人《ひと》は、ものごとの本質《ほんしつ》を見《み》ぬく才《さい》能《のう》にめぐまれた人《ひと》。勉強熱心《べんきょうねっしん》でもの知《し》りだから、まわりからも尊敬《そんけい》されているよ。

7の力《ちから》を引《ひ》き出《だ》すおまじない

セブンスター

テスト勉強《べんきょう》や宿題《しゅくだい》をやる前《まえ》に、手《て》のひらの親指《おやゆび》の下《した》のふくらんでいるところに、☆を7回《かい》かくの。すると、なぜかやる気《き》がわいてきて、いつもより作業《さぎょう》がはかどっちゃうよ。　（ライム）

6

愛情《あいじょう》と思《おも》いやりの気持《きも》ちを育《そだ》ててくれる数字《すうじ》

数字《すうじ》「6」が持《も》つ力《ちから》

数字《すうじ》の6には、愛情《あいじょう》や思《おも》いやりの気持《きも》ちを育《はぐく》むパワーがあります。ラッキーナンバーが6の人《ひと》は、人《ひと》の役《やく》に立《た》つことをいつも考《かんが》えている人《ひと》。まわりのみんなの喜《よろこ》ぶ顔《かお》が、やる気《き》やエネルギーの源《みなもと》になっているはず。

6の力《ちから》を引《ひ》き出《だ》すおまじない

思《おも》いやりのチョコ

グループ行動《こうどう》を始《はじ》める前《まえ》に、メンバー全員《ぜんいん》でイチゴ味《あじ》のチョコを6つぶずつ食《た》べてください。協力《きょうりょく》し合《あ》う気持《きも》ちが強《つよ》くなって、チームワークがすっごくよくなるよ！　（杏理）

8

夢《ゆめ》や理《り》想《そう》をかなえる力《ちから》をサポートしてくれる数《すう》字《じ》

数《すう》字《じ》「8」が持《も》つ力《ちから》

数《すう》字《じ》の8には、目《もく》標《ひょう》を達《たっ》成《せい》したり夢《ゆめ》をかなえる力《ちから》が宿《やど》っています。ラッキーナンバー8の人《ひと》は、負《ま》けずギライでがんばり屋《や》さん。一《いち》度《ど》決《き》めたことは、実《じつ》現《げん》できるまで一《いっ》生《しょう》けん命《めい》取《と》り組《く》む、ねばり強《づよ》さの持《も》ち主《ぬし》だよ。

8の力《ちから》を引《ひ》き出《だ》すおまじない

ハッピー8の教《きょう》科《か》書《しょ》

ニガテな科《か》目《もく》の教《きょう》科《か》書《しょ》の最《さい》後《ご》のページに、「8」を8コかきます。位《い》置《ち》はどこでもOK。イヤだけど勉《べん》強《きょう》しなきゃいけないってときに、サポートしてくれるおまじないです♪　（にんにん）

9

素《す》直《なお》でやさしい気《き》持《も》ちに導《みちび》いてくれる数《すう》字《じ》

数《すう》字《じ》「9」が持《も》つ力《ちから》

数《すう》字《じ》の9には自《じ》分《ぶん》の気《き》持《も》ちに素《す》直《なお》になる力《ちから》、相《あい》手《て》の気《き》持《も》ちをくみ取《と》る力《ちから》が備《そな》わっているよ。ラッキーナンバー9の人《ひと》は、人《ひと》の気《き》持《も》ちに寄《よ》りそうことが得《とく》意《い》。感《かん》受《じゅ》性《せい》が豊《ゆた》かで、人《ひと》をゆるす広《ひろ》い心《こころ》をもっています。

9の力《ちから》を引《ひ》き出《だ》すおまじない

ウサ耳《みみ》アンテナ

赤《あか》いリボンにハートのシールを9コはって、ウサギのぬいぐるみの耳《みみ》に結《むす》んであげるの♪　人《ひと》から注《ちゅう》意《い》されたとき、ムカッとせずに素《す》直《なお》に受《う》け止《と》められるようになります。　（ちー）

魔法文字《まほうもじ》 バインドルーンの神秘《しんぴ》のパワー

ルーンとは北欧《ほくおう》に伝《つた》わる最古《さいこ》の文字《もじ》で、
オーディンという神様《かみさま》が作《つく》ったもの。
ルーンとルーンを組《く》み合《あ》わせ、
さらにパワーアップさせた文字《もじ》を
バインドルーンと呼《よ》んでいます。

ラブラブ確実《かくじつ》！

バインドルーンの恋効《こいき》きパワー

出会《であ》い、片思《かたおも》い、両思《りょうおも》い。恋《こい》のことなら何《なん》でもおまかせ！

男《おとこ》の子《こ》からモテたい

男《おとこ》の子《こ》から注目《ちゅうもく》を集《あつ》めたいときには、これがおすすめだよ♡

ステキな彼《かれ》に会《あ》いたい

恋《こい》の出会《であ》いがほしいときは、このバインドルーンが◎。

彼《かれ》と2人《ふたり》きりになりたい

だれにもジャマされず、彼《かれ》と2人《ふたり》きりになれるバインドルーン。

彼《かれ》から連《れん》らくがほしい

気《き》になる彼《かれ》のほうから、メールや電話《でんわ》がほしいときに。

彼《かれ》に好《す》きになってほしい

彼《かれ》の気《き》持《も》ちを、あなたにふり向《む》かせたいときにおすすめ。

夢《ゆめ》の中《なか》で彼《かれ》に会《あ》いたい

彼《かれ》と夢《ゆめ》の中《なか》で、こっそり会《あ》えるバインドルーンだよ♡

ぐうせん彼《かれ》と会《あ》いたい

バッタリ彼《かれ》と街《まち》で出《で》会《あ》いたいときに、使《つか》いたいバインドルーン。

恋《こい》のライバルに勝《か》ちたい

恋《こい》のおジャマ虫《むし》を消《け》すための、お手《て》伝《つだ》いをしてくれるはず。

楽《たの》しいデートがしたい

彼《かれ》とラブラブなデートがしたいときは、これが一番《いちばん》♡

両《りょう》思《おも》いになりたい

片《かた》思《おも》いを実《みの》らせたいなら、このバインドルーンを使《つか》って！

彼《かれ》と結《けっ》婚《こん》したい

大《だい》好《す》きな彼《かれ》といつまでも仲《なか》良《よ》くいたい人《ひと》におすすめ☆

彼《かれ》のウワキをふせぐ

彼《かれ》の気《き》持《も》ちをひとりじめしたいときや、ウワキ予《よ》防《ぼう》に。

仲《なか》良《よ》し度《ど》アップ!

バインドルーンの友《とも》効《き》きパワー

友情《ゆうじょう》にバッチリ効果《こうか》をハッキするバインドルーンだよ☆

楽《たの》しくおしゃべりしたい

友《とも》だちとワイワイ盛《も》り上《あ》がりたいときはこのバインドルーン。

新《あたら》しい友《とも》だちがほしい

ステキな友《とも》だちと、新《あら》たに出会《であ》いたいときにおすすめ。

友《とも》だちを増《ふ》やしたい

もっともっと友《とも》だちの数《かず》を増《ふ》やしたいときは、これがおすすめ。

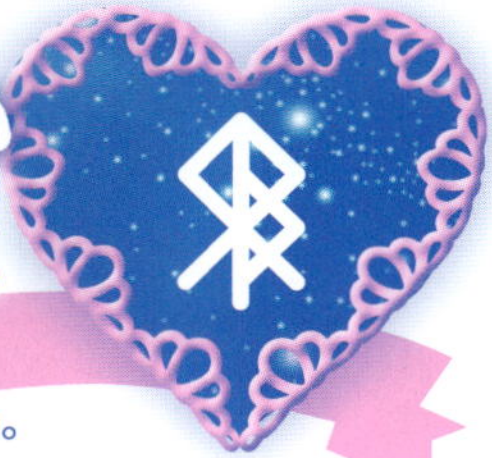

クラスの人気者《にんきもの》になりたい

クラスメイトの注目《ちゅうもく》を集《あつ》めて、人気者《にんきもの》になりたいときに。

お出《で》かけを楽《たの》しくしたい

友《とも》だちと遊《あそ》びに出《で》かけるなら、このバインドルーンが◎だよ。

友《とも》だちと親友《しんゆう》になりたい

キズナを深《ふか》めて、キズナをステップアップさせたいときに♪

ニガテな子《こ》と仲良《なかよ》くしたい

ちょっとニガテな子《こ》と、仲良《なかよ》くしたいときにおすすめ♪

ケンカの仲直《なかなお》りがしたい

「ごめん」がうまく言《い》えないときや、あやまってほしいときに。

なりたい自分《じぶん》に!
バインドルーンでビューティーアップ

「かわいい」も「キレイ」も自由自在《じゆうじざい》にゲットしよう!

大人《おとな》っぽくなりたい

お姉《ねえ》さんキャラをめざすあなたには、このバインドルーンが◎。

かわいくなりたい

キュートさを身《み》につけたいときは、このバインドルーン♡

スタイルをよくしたい

このバインドルーンを使《つか》えば、モデルも夢《ゆめ》じゃない!?

スリムになりたい

目標体重《もくひょうたいじゅう》まで、ダイエットをサポートしてくれるはず。

髪《かみ》をキレイにしたい

サラツヤ髪《がみ》になりたいときや、髪《かみ》を早《はや》くのばしたいときに。

肌《はだ》をキレイにしたい

ツルツル肌《はだ》を手《て》に入《い》れて、ニキビや肌《はだ》あれにさよならしよっ!

バストアップしたい

胸《むね》をふっくらさせたいときは、このバインドルーン☆

笑顔《えがお》をステキにしたい

あなたの笑顔《えがお》を、パワーアップさせてくれるはずだよ。

ワガママかなえて♪

バインドルーンで何《なん》でもゲット

ほしいものやお願《ねが》いごとがあるなら、これで決《き》まり！

宿題《しゅくだい》を早《はや》く終《お》わらせたい

ニガテな作業《さぎょう》もサクサク進《すす》めてくれるバインドルーンだよ。

テストでいい点《てん》が取《と》りたい

実力《じつりょく》をハッキリしたいときは、このバインドルーンがおすすめ。

スポーツで活《かつ》やくしたい

体育《たいいく》の授業《じゅぎょう》や運《うん》動会《どうかい》で活《かつ》やくして、成果《せいか》を出《だ》したいならこれ！

先生《せんせい》に好《す》かれたい

先生《せんせい》から好《す》かれたいとき、目上《めうえ》の人《ひと》と親《した》しくなりたいときに。

プレゼントがほしい

ほしいものがあるときや、おねだりするときに使《つか》ってみて☆

おこづかいがほしい

りんじ収入《しゅうにゅう》がほしいときに、サポートしてもらおう。

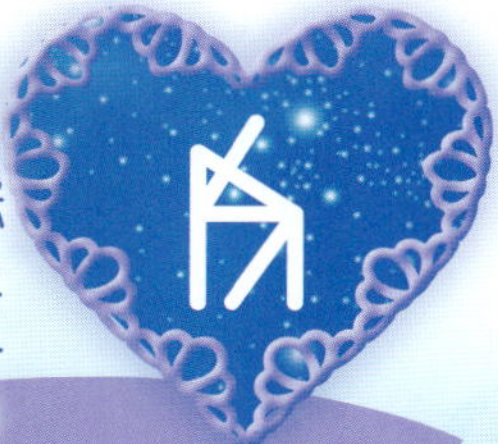

懸賞《けんしょう》を当《あ》てたい

雑誌《ざっし》の懸賞《けんしょう》に応《おう》募《ぼ》するなら、このバインドルーンがおすすめ！

クジ運《うん》をアップさせたい

クジ運《うん》と金運《きんうん》がアップして、ほしいものがゲットできちゃうよ。

方角《ほうがく》に宿《やど》る ミステリアスパワー

Part 10

ミラクルOMA

東西南北《とうざいなんぼく》、それぞれの方角《ほうがく》ごとに、おまじないの効果《こうか》をアップさせるエネルギーがあるよ。ほしいパワーの方角《ほうがく》に身体《からだ》を向《む》けて、おまじないを試《ため》してみてね。

超簡単《ちょうかんたん》！ 方角《ほうがく》の調《しら》べ方《かた》

1 腕時計《うでどけい》を手《て》に乗《の》せる

天気《てんき》のいい日《ひ》に外《そと》に出《で》て、12時《じ》を左側《ひだりがわ》にして腕時計《うでどけい》を手《て》に乗《の》せます。短《みじか》いほうの針《はり》（短針《たんしん》）が太陽《たいよう》に向《む》くように、身体《からだ》の位置《いち》を移動《いどう》させて調整《ちょうせい》しよう。

2 12時《じ》と短針《たんしん》の間《あいだ》が南《みなみ》

12時《じ》と短針《たんしん》のちょうど真《ま》ん中《なか》が南《みなみ》の方角《ほうがく》になります。そこから時計回《とけいまわ》りに、西《にし》→北《きた》→東《ひがし》と続《つづ》くよ。よくわからないときは、大人《おとな》の人《ひと》に確認《かくにん》してみてね！

北《きた》

トラブル解決《かいけつ》

乗《の》りこえる力《ちから》

困難《こんなん》や試練《しれん》に立《た》ち向《む》かい、乗《の》りこえる力《ちから》を授《さず》けてくれるよ。ケンカした友《とも》だちに、あやまりたいときにも◎。

北《きた》のおまじない

ガマン強《づよ》くなるクツ

右《みぎ》のクツの中《なか》にキレイな葉《は》っぱを1枚《まい》入《い》れて、北《きた》の方角《ほうがく》に9歩《ぽ》あるくと「負《ま》けないぞ！」って気分《きぶん》になる。　（未来）

東《ひがし》

成長《せいちょう》する

発展《はってん》させる

ものごとを成長《せいちょう》させたり、発展《はってん》させたりしてくれるよ。友情《ゆうじょう》や愛情《あいじょう》を育《そだ》てたいときは、東《ひがし》の方角《ほうがく》がおすすめ。

東《ひがし》のおまじない

キズナを育《そだ》てる◯

朝《あさ》、学校《がっこう》に行《い》く前《まえ》に東《ひがし》を向《む》いて大《おお》きく空中《くうちゅう》に◯をかくの。それから仲良《なかよ》くなりたい子《こ》の顔《かお》を思《おも》いうかべてみて！　（じゅうじゅう）

西《にし》

やり直《なお》す

取《と》り戻《もど》す

再《さい》チャレンジする力《ちから》を授《さず》けてくれるよ。ダイエットに失敗《しっぱい》したときや食《た》べすぎを取《と》り消《け》したいときにも◎。

西《にし》のおまじない

西《にし》の魔女《まじょ》の魔法《まほう》

失敗《しっぱい》したときは西《にし》の窓《まど》を開《あ》けて「西《にし》の魔女《まじょ》よ、お願《ねが》い！」とつぶやけばOK。次《つぎ》は絶対《ぜったい》に成功《せいこう》するはずだよ☆　（チョッパ→）

南《みなみ》

盛《も》り上《あ》げる

元気《げんき》にする

南《みなみ》にはものごとをイキイキさせるパワーがあります。前向《まえむ》きになりたいときや、楽《たの》しく過《す》ごしたいときに。

南《みなみ》のおまじない

南《みなみ》の空《そら》の星《ほし》

落《お》ちこんだ気分《きぶん》のときは、南《みなみ》の空《そら》で星《ほし》を探《さが》すのがおすすめ。7つ見《み》つけると、なぜか元気《げんき》になれるよ！　（シュークリーム）

Part 11

クジ運《うん》大《だい》アップ↑↑

金《きん》運《うん》ゲットOMA

ほしいものがあるときや、おこづかいがピンチのときは、金運《きんうん》ゲットOMAにおまかせ。みんなの間《あいだ》で話題《わだい》になっているとっておきのおまじないで、クジ運《うん》とツキを上《あ》げちゃおう！　これで絶対《ぜったい》当《あ》てたい懸賞《けんしょう》も、アイドルのコンサートチケットも、ゲットできるはず☆

ツキがアップする♡

3つのキャンディー

レモン味《あじ》のキャンディーを３つビンに入《い》れて３回《かい》ふります。その中《なか》の１つを食《た》べれば、その日《ひ》１日中《にちじゅう》、幸《しあわ》せな気分《きぶん》がずっと続《つづ》きます。（AMAGI）

夢《ゆめ》をかなえよう

未来《みらい》ダイアリー

新《あたら》しいノートの最初《さいしょ》のページに、これから起《お》きてほしい出来事《できごと》をかきます。毎日《まいにち》ねる前《まえ》にこのノートを読《よ》むと、そのとおりになるよ♪

（じぇろーむ☆）

パワー全開《ぜんかい》！ ベスト20

った♡」とうわさになっている、
いを集《あつ》めたよ！

うれしい日《ひ》になる

ホワイトイレイサー

白《しろ》い紙《かみ》を消《け》しゴムで消《け》して、キレイなカスを集《あつ》めて。これを小《ちい》さなふくろに入《い》れて持《も》ち歩《ある》けば、うれしいことがやってきちゃうよ♪（ひかわん↑）

運気《うんき》がアップする

ブルーのシグナル

横断歩道《おうだんほどう》の信号《しんごう》が、青《あお》に変《か》わる瞬間《しゅんかん》「アップ！」と心《こころ》の中《なか》でとなえて。タイミングがバッチリ合《あ》えば、運気《うんき》がアップしま～す☆　（ＹＯ子）

チャンスがやって来《く》る

リボンドリーム

ピンクのリボンの真《ま》ん中《なか》に自分《じぶん》のイニシャルをかいて、まくらの下《した》に入《い》れてねると、夢《ゆめ》の妖精《ようせい》がラッキーなチャンスをくれるよ♡（ふぇすふぇす）

歩《ある》いて運気《うんき》ゲット☆

クツヒモ・チェンジ

いつもはいているスニーカーのヒモを、左右《さゆう》入《い》れ替《か》えてみて。これだけで、びっくりするくらい、チャンスがやってくるよ～♪　（小金沢）

ラッキーが起《お》きる

木星《もくせい》の精霊《せいれい》の護符《ごふ》

木曜日《もくようび》の夜《よる》、水色《みずいろ》の折《お》り紙《がみ》に黒《くろ》いペンで護符《ごふ》をかいてね。この護符《ごふ》を大事《だいじ》に持《も》っていると、災《わざわ》いをラッキーに変《か》えてくれるんだよ。　（キム４☆）

願《ねが》いごとがかなう♡

ヘアアクセの魔法《まほう》

恋《こい》なら赤《あか》、友情《ゆうじょう》なら緑《みどり》、勉強《べんきょう》なら青《あお》のヘアアクセを用意《ようい》して、かなえたい願《ねが》いごとをとなえながら髪《かみ》につけると、願《ねが》いがかないます。

（＃さくら）

HAPPY 最強《さいきょう》OMA

「効果《こうか》があった！」「願《ねが》いがかな
人気《にんき》のおまじな

イヤなことが起《お》きない

ダビデの星《ほし》のお守《まも》り

白《しろ》い紙《かみ》にダビデマーク（✡）をかいてポケットに入《い》れておけば、アクシデントやトラブルを、いい出来事《できごと》にチェンジしてくれるよ。　（ツリーファイブ）

チャンスを呼《よ》びこむ

幸運《こううん》のツル

ガムやキャンディーの包《つつ》み紙《がみ》を正方形《せいほうけい》に切《き》って、ツルを折《お》ります。これをペンケースに入《い》れておくと、意外《いがい》ないいことが起《お》きる！　（＊綾藤＊）

外出先《がいしゅつさき》でチャンス

ハートのお守《まも》りシューズ

学校《がっこう》へ行《い》くときに一番《いちばん》はいているクツの中《なか》に、だれにも見《み》つからないように赤《あか》いハートをかいて。ラッキーなことが起《お》きるはず☆

（サチコ）

うれしいニュースが聞《き》ける

「黙《もく》」の電話《でんわ》

白《しろ》い紙《かみ》に黒《くろ》いボールペンで「黙《もく》」とかいて、家《いえ》の電話《でんわ》の下《した》にこっそりかくします。そうするとラッキー情報《じょうほう》がどんどん入《はい》ってくるよ。

（@進一）

ラッキーな出来事《できごと》が

ハッピー・フラワー

かざってある花《はな》を見《み》かけたら、「いつまでもキレイでありますように」と心《こころ》の中《なか》で願《ねが》って。花《はな》の妖精《ようせい》がお礼《れい》に幸運《こううん》を届《とど》けてくれるよ。

（リバーリバー）

恋愛《れんあい》のお願《ねが》いがかなう

ピンキーネイル

小指《こゆび》のツメを７ミリのばして、願《ねが》いごとをとなえながら切《き》ると願《ねが》いがかないます。とくに、恋愛《れんあい》の願《ねが》いごとに効果《こうか》があります♡

（B・SKY）

何《なん》でもうまくいく♪

木星《もくせい》のお守《まも》り

ローリエの葉《は》に、金《きん》のペンで木星《もくせい》のサインをかきます。これをパスケースや手帳《てちょう》にはさむと、毎日《まいにち》１つラッキーなことが起《お》きるよ♪

（ハルミヤ）

ハッピーを引《ひ》き寄《よ》せる

シルバースター

アルミホイルを星型《ほしがた》に切《き》って、部屋《へや》の窓《まど》にテープではります。夜《よる》、ねる前《まえ》にその星《ほし》に願《ねが》いごとを言《い》うと、3ヵ月以内《げついない》に絶対《ぜったい》かなう！　（♡たかし♡）

いいことが起《お》きる

幸《しあわ》せのカレンダー

出《で》かける予定《よてい》がある日《ひ》は、カレンダーに金色《きんいろ》のペンで☆をかいてください。ラッキなパワーを朝《あさ》からゲットできちゃいます。

（もりまさ）

運気《うんき》アップのお守《まも》り

ラッキーざいふ

さいふの小《こ》ぜに入《い》れの中《なか》に、コインじゃないもの（ボタンや小石《こいし》など）を1つだけ入《い》れると最強《さいきょう》のラッキーお守《まも》りになります！

（サブ♡）

楽《たの》しいお出《で》かけになる

スマイリーシャンプー

お出《で》かけの予定《よてい》がある前《まえ》の夜《よる》、髪《かみ》を洗《あら》うときにずっと笑顔《えがお》をキープすると、外出先《がいしゅつさき》でステキなハプニングが起《お》きるよ。

（acco）

ラッキーになるじゅもん

お月様《つきさま》のめぐみ

月《つき》がキレイな夜《よる》に、月《つき》を見《み》上《あ》げながら「セナクハテギ、チャンスを私《わたし》に」といのると、近《ちか》いうちにチャンスにめぐまれます。　（みずもりもり）

懸賞《けんしょう》・クジに当《あ》たる♪

クジ運《うん》アップおまじない

ほしい商品《しょうひん》をゲット♪

赤《あか》フチのハガキ

懸賞《けんしょう》に送《おく》るハガキのふちを、ペンで赤《あか》くぬります。そして「当《あ》たりますように！」と強《つよ》く念《ねん》じてから、自分《じぶん》の家《いえ》の南《みなみ》の方角《ほうがく》にあるポストに入《い》れるの。そうすると当《あ》たる確率《かくりつ》がいつもの倍《ばい》になるよ！

（ドロレス）

懸賞《けんしょう》に当選《とうせん》する

ゴブリンのお手伝《てつだ》い

虹《にじ》の色《いろ》（赤《あか》、オレンジ、黄色《きいろ》、緑《みどり》、青《あお》、あい色《いろ》、紫《むらさき》）を使《つか》って懸賞《けんしょう》ハガキをかき、「ゴブリン」と何度《なんど》もとなえて。ゴブリンは虹《にじ》の下《した》に宝《たから》ものをかくす妖精《ようせい》。懸賞《けんしょう》が当《あ》たるように手伝《てつだ》ってくれるよ。（鳥からLOVE）

当選《とうせん》しやすくなる

パープルスター☆

ハガキの４スミに紫《むらさき》のペンで、自分《じぶん》の星座《せいざ》のマークをかいて送《おく》ると、懸賞《けんしょう》に当選《とうせん》しやすくなります。

おひつじ座《ざ》	♈	てんびん座《ざ》	♎
おうし座《ざ》	♉	さそり座《ざ》	♏
ふたご座《ざ》	♊	いて座《ざ》	♐
かに座《ざ》	♋	やぎ座《ざ》	♑
しし座《ざ》	♌	みずがめ座《ざ》	♒
おとめ座《ざ》	♍	うお座《ざ》	♓

（めがら☆）

クジ運《うん》アップ！

イラタのじゅもん

まず、ほしい商品《しょうひん》を心《こころ》に強《つよ》く念《ねん》じます。そして、心《こころ》の中《なか》で「イラタ」とずっととなえながら、懸賞《けんしょう》のハガキをかいたりクジを引《ひ》いたりしてみてね。そうすると、当《あ》たる確率《かくりつ》が大《おお》はばにアップするよ。

（こざっち）

懸賞《けんしょう》に当《あ》たる♪

ミント・キャンディー

懸賞《けんしょう》に応募《おうぼ》するとき、ミント味《あじ》のキャンディーを食《た》べて「当《あ》たりますように」と心《こころ》の中《なか》で念《ねん》じます。そして応募《おうぼ》したあとに、「ふう〜」と大《おお》きく息《いき》をはけばOK。当選《とうせん》する可能性《かのうせい》がアップするよ！

（カラからん）

懸賞《けんしょう》がすごく当《あ》たる

友親《ともおや》の待《ま》ち受《う》け♡

仲良《なかよ》しの子《こ》の、お父《とう》さんかお母《かあ》さんの写真《しゃしん》を携帯電話《けいたいでんわ》の待《ま》ち受《う》けにするだけ！　それだけで、クジ運《うん》がアップして懸賞《けんしょう》に当《あ》たりやすくなります☆　お父《とう》さんとお母《かあ》さんがそろっている写真《しゃしん》でも◎。

（めそ♪ろん）

チケットに当選《とうせん》する

薬指《くすりゆび》でプッシュ！

電話《でんわ》でチケットに応募《おうぼ》するとき、電話《でんわ》番号《ばんごう》を右手《みぎて》の薬指《くすりゆび》でプッシュして。電話《でんわ》がつながりやすくなって、チケットに当《とう》選《せん》する確率《かくりつ》も上《あ》がります。とくに、アイドルのコンサートにおすすめ♡

（恋プリン）

当《あ》たる確率《かくりつ》が上《あ》がる

2つ折《お》りのハガキ

かき終《お》わった応募《おうぼ》ハガキを、きれいに横半分《よこはんぶん》に折《お》ってからポストに入《い》れると、当選《とうせん》する確率《かくりつ》が３倍《ばい》になるよ♡　とくに１等《とう》や大賞《たいしょう》みたいな、大《おお》きな賞《しょう》に応募《おうぼ》するときにおすすめのおまじないです！

（はるKISS）

クジに当《あ》たるじゅもん

神様《かみさま》の味方《みかた》

これは、日本《にほん》に昔《むかし》から伝《つた》わるおまじないだよ。「ひ・ふ・み・よ・い・む・な・こ・と」ととなえながら指《ゆび》で数《かず》をカウントすると、神《かみ》様《さま》が味方《みかた》してくれるから、クジ運《うん》がすっごく上《あ》がります。

（ギロぎん）

当選確率《とうせんかくりつ》アップ☆

５円玉《えんだま》のサポート

５円玉《えんだま》を３コ用意《ようい》して、黄色《きいろ》の毛糸《けいと》を５円玉《えんだま》に通《とお》します。毛糸《けいと》のはしを結《むす》んでネックレスにして、身《み》につけてからクジにチャレンジ。当選結果《とうせんけっか》を見《み》るときも、このネックレスをつけるのを忘《わす》れずに♪

（気・空）

ほしい景品《けいひん》が当《あ》たる

赤《あか》いマニキュア

ハガキの右下《みぎした》に、赤《あか》いマニキュアで小《ちい》さく丸《まる》をかきます。マニキュアがかわいたら、見《み》えないように上《うえ》から好《す》きなシールをはって。このハガキをポストに入《い》れれば、ほしいプレゼントがもらえちゃう☆　（亜輝音）

クジ運《うん》アップおまじない

ほしいものが当《あ》たる

コボルトさんにお願《ねが》い！

はだしになって土《つち》の上《うえ》に立《た》ち「大地《だいち》の妖精《ようせい》コボルトさん、私《わたし》に豊《ゆた》かさをください」とお願《ねが》いして。それから懸賞《けんしょう》ハガキをかいたり、チケットの電話《でんわ》をかけるとかなりの確率《かくりつ》で当選《とうせん》するよ～♪

（フロリーナ）

ネット応募《おうぼ》を当《あ》てる

赤《あか》い3角形《かくけい》

インターネットの懸賞《けんしょう》に応募《おうぼ》するときは、右手《みぎて》の小指《こゆび》のツメに赤《あか》い水性《すいせい》ペンで▲をかいてから、応募《おうぼ》してみて！　そうするとクジ運《うん》がアップして、ほしいと思《おも》ったプレゼントがバッチリ当《あ》たるよ。

（☆イタキ☆）

当選《とうせん》するハガキがかける☆

緑《みどり》のマーカー

懸賞《けんしょう》に応募《おうぼ》するハガキの周囲《しゅうい》を、まず、太《ふと》い緑《みどり》の蛍光《けいこう》ペンで囲《かこ》みます。その内側《うちがわ》を細《ほそ》い緑《みどり》の蛍光《けいこう》ペンで囲《かこ》み、二重《にじゅう》にします。意見《いけん》や希《き》望《ぼう》をかいた部分《ぶぶん》は細《ほそ》い緑《みどり》の蛍光《けいこう》ペンで囲《かこ》むと、効《き》き目《め》が倍増《ばいぞう》！

（絵里寿）

当選《とうせん》の知《し》らせがくる

赤《あか》いラッキー金魚《きんぎょ》

懸賞《けんしょう》に応募《おうぼ》したあと、赤《あか》い金魚《きんぎょ》のイラストと（自分《じぶん》でかいても◎）、自分《じぶん》が生《う》まれた年《とし》の50円玉《えんだま》を用意《ようい》します。コインをイラストの紙《かみ》で包《つつ》み、それをさいふに入《い》れておくと、当選《とうせん》の知《し》らせがきます。

（ふぁむぽん）

お金《かね》がたまっちゃう♪
ラッキーおまじない

おこづかいが増《ふ》える
フリフリ♪さいふ

満月《まんげつ》の夜《よる》、からっぽにしたさいふをお月様《つきさま》に向《む》かってふるの。満月《まんげつ》の光《ひかり》がさいふに入《はい》るように、よ〜くふってね。そうするとおこづかいがアップして、金欠《きんけつ》とサヨナラできちゃうよ☆

（MIU子）

金《きん》運《うん》がよくなる
アップアップ☆スター

白《しろ》い紙《かみ》に黄《き》色《いろ》のペンで☆をかき、その下《した》に↑をかきます。この紙《かみ》を小《ちい》さくたたんで、貯金箱《ちょきんばこ》の底《そこ》に入《い》れておくと金運《きんうん》がぐんぐんアップするよ！　毎週《まいしゅう》、新《あたら》しく作《つく》りなおして紙《かみ》を取《と》り替《か》えるとさらに◎。

（ジェリア♡）

ムダづかい防《ぼう》止《し》
節《せつ》約《やく》・ピンクネーム

ピンクのペンで好《す》きな芸能人《げいのうじん》の名《な》前《まえ》をかいて（女《じょ》性《せい》でも男《だん》性《せい》でもOK）、さいふに入《い》れてね。買《か》いものに出《で》かけて、買《か》おうかどうか迷《まよ》ったときにその紙《かみ》を見《み》ると、ムダなものを買《か》わなくなるよ。

（BAGF）

おこづかいがもらえる

紅白《こうはく》の5円玉《えんだま》

自分《じぶん》の生《う》まれ年《どし》の5円玉《えんだま》を1枚用意《まいようい》します。赤《あか》い糸《いと》と白《しろ》い糸《いと》を5円玉《えんだま》のあなに通《とお》し、チョウチョ結《むす》びを作《つく》ったら「おこづかいがもらえますように」とお願《ねが》いして。そうするとりんじ収入《しゅうにゅう》が入《はい》るよ！

（みっちー♪）

りんじ収入《しゅうにゅう》ゲット♡

金運《きんうん》カラーブレス

ピンク、青《あお》、白《しろ》のししゅう糸《いと》で三《み》つあみを作《つく》って、左《ひだり》の足首《あしくび》に巻《ま》き、チョウチョ結《むす》びにします。人《ひと》に見《み》られると効果《こうか》がなくなるからくつ下《した》でかくしてね。3日以内《かいない》に自然《しぜん》にはずれたら、おこづかいがもらえるよ。

（YUMO）

お年玉《としだま》が増《ふ》える

魔法《まほう》のポチぶくろ

自分《じぶん》の好《す》きな紙《かみ》で小《ちい》さなポチぶくろを作《つく》って、そこにほしい金額《きんがく》をかいた紙《かみ》を入《い》れておくの。お正月《しょうがつ》がくるまで引《ひ》き出《だ》しの奥《おく》に大切《たいせつ》にしまっておくと、来年《らいねん》のお年玉《としだま》は希望《きぼう》どおりの金額《きんがく》にアップ☆

（ネッピ）

貯金《ちょきん》できちゃう

貝《かい》がらパワー

海《うみ》に行《い》ったら、なるべく小《ちい》さな貝《かい》がらを探《さが》してみて！　それを貯金箱《ちょきんばこ》やさいふの中《なか》に入《い》れておくと、自然《しぜん》にお金《かね》がたまるよ。月《つき》に1回《かい》、貝《かい》がらに「ありがとう」とお礼《れい》を言《い》うと、さらに効果《こうか》アップ！

（かろりん）

お金《かね》がたまる

ダイヤモンドマーク

白《しろ》い紙《かみ》に金色《きんいろ》のペンで◇をかき、真《ま》ん中《なか》に「金剛石《こんごうせき》」とかきます。これをお金《かね》にまつわるもの（貯金箱《ちょきんばこ》やさいふ、預金《よきん》通帳《つうちょう》など）のそばに置《お》いておくと、金運《きんうん》にめぐまれてお金《かね》がたまるように♪

（だ～ウェイ）

お金が増《ふ》える

増《ふ》えちゃうコイン

さいふに入《はい》っているコインを全《ぜん》部《ぶ》ポケットに入《い》れて、足《あし》をジタバタさせながら「お金《かね》よ増《ふ》えろ～」と心《こころ》の中《なか》で念《ねん》じてポケットを７回《かい》たたくの。そうすると、いつの間《ま》にかお金《かね》が増《ふ》えているよ♡

（◎PATEEN）

節約上手《せつやくじょうず》になる

清《きよ》めの金運《きんうん》お守《まも》り

持《も》っている中《なか》で、一番古《いちばんふる》いコインを使《つか》うおまじないだよ。神社《じんじゃ》にお参《まい》りに行《い》き、手《て》を洗《あら》うところで手《て》と古《ふる》いコインをいっしょに洗《あら》って。それをさいふに入《い》れておくと、金運《きんうん》のお守《まも》りになります。

（米米米＊）

ムダづかいが減《へ》る

ダブル・ストラップ

携帯電話《けいたいでんわ》のストラップを、黄色系《きいろけい》のもの１本《ぽん》＆ピンク系《けい》のもの１本《ぽん》にかえると、ムダづかいすることがなくなります！　どちらか１本《ぽん》だけつけても効果《こうか》があるけど、２本使《ほんづか》いするのが絶対《ぜったい》おすすめ。

（ラカッカ）

貯金《ちょきん》が増《ふ》える

金運《きんうん》の護符《ごふ》

これは、金曜日《きんようび》にかける金運《きんうん》のおまじないだよ☆　白《しろ》い紙《かみ》に緑《みどり》のペンで、金運《きんうん》の護符《ごふ》をかきます。それを銀行《ぎんこう》の預《よ》金通《きんつう》帳《ちょう》にはさんでおくと、いつの間《ま》にかお金《かね》がガッポリたまっちゃいます！

（翔の彼女♡）

金運《きんうん》がアップする

さいふの㊙《まるひ》シール

絵《え》がらは何《なん》でもいいので、丸《まる》いシールを用意《ようい》します。シールのノリの部分《ぶぶん》に黒《くろ》い油性《ゆせい》ペンで☆をかいて、さいふの好《す》きなところにはってね。金運《きんうん》がアップしておこづかいがもらえるよ。

（夢見）

お金《かね》がやってくる

マネードリーム

お気《き》に入《い》りのハンカチで500円玉《えんだま》を包《つつ》んで、まくらの下《した》に入《い》れてねます。その日《ひ》の夜《よる》、お金《かね》が出《で》てくる夢《ゆめ》を見《み》たら、おまじない成功《せいこう》のサイン！　おこづかいがアップするか、りんじ収入《しゅうにゅう》があるはず♡

（眠木眠子）

金運《きんうん》を呼《よ》び寄《よ》せる

クツ底《ぞこ》の☆

いつもはいているスニーカーのウラに、黒《くろ》の油性《ゆせい》ペンで☆を７つかきます。☆が１つ消《き》えるたびに金運《きんうん》がアップするので、全部《ぜんぶ》消《き》えるころには、超《ちょう》お金《かね》持《も》ちになっちゃってるかも〜!?

（▲シリアム▽）

ほしいものを買《か》ってもらえる♪

おねだり成功《せいこう》おまじない

お母《かあ》さんにおねだり

金武扇《きんぶせん》の護符《ごふ》

白《しろ》い紙《かみ》に黄色《きいろ》のペンで「金武《きんぶ》扇《せん》」とかいて、ほしいものを心《こころ》の中《なか》に思《おも》いうかべてね。それをお母《かあ》さんにバレないように、家《いえ》の本《ほん》だなのどこかにかくすの。そうすれば、おねだりを聞《き》いてもらえちゃうよ。

（げんうずっ！）

お父《とう》さんにおねだり

神法金剛《しんほうこんごう》の気合《きあ》い

お父《とう》さんの後《うし》ろに立《た》って、心《こころ》の中《なか》で「神法金剛《しんぽうこんごう》のかなしばり」ととなえるの。最後《さいご》に、右手《みぎて》の人《ひと》さし指《ゆび》と中指《なかゆび》を立《た》てて気合《きあ》いを入《い》ればOK。お父《とう》さんに見《み》つかると、効果《こうか》がなくなるので注意《ちゅうい》。

（◆ジャララ◆）

両親《りょうしん》におねだり

トランプのキングとクイーン

家《いえ》の電話《でんわ》の下《した》に、トランプのハートのキングをこっそり置《お》いておきます。そして１週間後《しゅうかんご》に、トランプをハートのクイーンに取《と》り替《か》えるの。お母《かあ》さん＆お父《とう》さんにおねだりするときはコレがおすすめ。

（ビシュビシュ）

きょうだいにおねだり①

水星《すいせい》のダビデ

白《しろ》い紙《かみ》にダビデの星《ほし》（✡）をかき、その中《なか》に水星《すいせい》マーク（☿）をかいて。その下《した》にきょうだいの名前《なまえ》をかき、おねだりする内容《ないよう》を心《こころ》の中《なか》で念《ねん》じます。するとスムーズにお願《ねが》いを聞《き》いてもらえるよっ☆

（OSHI）

きょうだいにおねだり②

妖精《ようせい》さんの協力《きょうりょく》

きょうだいのクツをこっそりはいて、「私《わたし》の望《のぞ》みをかなえよ」と小《ちい》さく3回《かい》となえてください。そのあと、クツの向《む》きを最初《さいしょ》に置《お》いてあった方向《ほうこう》と逆《ぎゃく》にすれば、おねだりが成功《せいこう》しやすくなります。

（徳眞♡）

家族《かぞく》におねだり①

双喜《そうき》のお札《ふだ》

「家族《かぞく》のだれでもいいから、おねだりをかなえて！」ってときは、「喜《き》」の字《じ》を2つ、横《よこ》に並《なら》べてかいた白《しろ》い紙《かみ》を机《つくえ》のウラにはると◎。家族《かぞく》みんながごきげんになるから、だれかがかなえてくれるよ。

（コルむん）

家族《かぞく》におねだり②

お願《ねが》い水神様《すいじんさま》！

ちょっと大《おお》きめのおねだりをするなら、このおまじないがおすすめ。両手《りょうて》の親指《おやゆび》をぎゅっとにぎりしめて「水神様《すいじんさま》、お願《ねが》いします」ととなえてから、おねだりするの。成功率《せいこうりつ》が本当《ほんとう》に上《あ》がるよ！ （石田♡くるす）

プレゼントされる☆

招《まね》きネコパワー

正方形《せいほうけい》に切《き》った紙《かみ》に、招《まね》きネコの絵《え》をかきます。両手《りょうて》の間《あいだ》に、紙《かみ》をぎゅっとはさんでほしいものを思《おも》いうかべると、直接《ちょくせつ》だれかに「ほしい」っておねだりしなくても、プレゼントされちゃうよ！

（2×3）

買《か》ってもらえる

ミラクルレッド

ほしいものの名前《なまえ》をかいた紙《かみ》と7センチに切《き》った赤《あか》い糸《いと》を、白《しろ》いふうとうに入《い》れます。それを窓辺《まどべ》に1日《にち》置《お》き、次《つぎ》の日《ひ》の朝《あさ》、赤《あか》い糸《いと》だけをさりげなく机《つくえ》の上《うえ》に置《お》けばOK。ほしいものが手《て》に入《はい》るはず☆

（セブン）

おねだりできるか判断《はんだん》

左右《さゆう》のマジックハンド

真《ま》っすぐ立《た》って、両手《りょうて》を身体《からだ》の前《まえ》に広《ひろ》げてね。そして、目《め》を閉《と》じてから、おねだりの内容《ないよう》を頭《あたま》に思《おも》いうかべます。右手《みぎて》があつくなったらおねだり成功《せいこう》、左手《ひだりて》があつくなったらおねだり失敗《しっぱい》のサイン。

（ぱ→みゅ）

プレゼントをもらえる

ゾロ目《め》タイミング

時計《とけい》を見《み》たとき、「11時《じ》11分《ぷん》」や「3時《じ》33分《ふん》」などゾロ目《め》だったら、すぐに利《き》き手《て》の手《て》のひらに金星《きんせい》のマーク（♀）をかいて！　それから1週間《しゅうかん》、人《ひと》からプレゼントをもらいやすくなります♡

（ひろみちゃん）

Part 12

いつでも＆どこでも♪ 風水《ふうすい》OMA＆ラッキーサイン

風水《ふうすい》とは身《み》のまわりの環境《かんきょう》を整《ととの》え、幸《しあわ》せになる方法《ほうほう》を説《と》いた教《おし》え。古代中国《こだいちゅうごく》から伝《つた》わる学問《がくもん》だよ。これからしょうかいする風水《ふうすい》OMA＆ラッキーサインは、それらを現代風《げんだいふう》にアレンジしたもの。お手軽《てがる》だけど効《き》き目《め》はバツグン。HAPPYになれるヒケツをゲットしちゃおう。

朝《あさ》に使《つか》える モーニング 風《ふう》水《すい》OMA＆ラッキーサイン

朝《あさ》起《お》きてから学校《がっこう》に行《い》くまでの短《みじか》い間《あいだ》にも、幸《しあわ》せを招《まね》くチャンスはたくさんあるよ！

☆朝《あさ》起《お》きて空《そら》に**白《しろ》いトリ**を発見《はっけん》したら、その日《ひ》はラッキーデイ。

★**朝日《あさひ》を見《み》る**とパワーアップできるよ。続《つづ》けると効果《こうか》もアップ！

☆朝《あさ》起《お》きたときに、**右《みぎ》を向《む》いて**ねていたら、いいことが起《お》きる。

★**目覚《めざ》まし時計《どけい》**が鳴《な》るよりも、早《はや》く目《め》が覚《さ》めたらハッピー。

☆起《お》きたときに、**まくら**がいつもより遠《とお》くにあったら背《せ》がのびる。

★朝《あさ》から**お父《とう》さん**に名前《なまえ》を呼《よ》ばれたら、うれしいことが起《お》きるかも。

☆通学路《つうがくろ》で朝《あさ》、**虫《むし》**を見《み》たら、プレゼント運《うん》がアップするよ。

★**ジョギングしている人《ひと》**を朝見《あさみ》かけたら、先生《せんせい》に当《あ》てられない日《ひ》。

☆**勉強《べんきょう》をする**なら朝《あさ》が◎。運《うん》が味方《みかた》して、テスト勉強《べんきょう》もはかどるよ。

★一度《いちど》も**信号《しんごう》**で止《と》まらず学校《がっこう》に着《つ》いたら、ラッキーなことが起《お》きる。

学校《がっこう》で使《つか》える スクール 風水《ふうすい》OMA＆ラッキーサイン

休《やす》み時間《じかん》も授業中《じゅぎょうちゅう》も、幸《しあわ》せのサインはいっぱい。ハッピーになるヒントをキャッチして☆

Part 12 風水OMA

- つまずいて、**転《ころ》びそうになった日《ひ》**はツイてることが起《お》きる証《あかし》。
- **青《あお》のリボン**は友《とも》だちが増《ふ》えるアイテム。友情運《ゆうじょううん》もアップするよ。
- 学校《がっこう》の階段《かいだん》で**上《うわ》ばき**がぬげそうになったら、いいことがありそう。
- テストの前《まえ》の日《ひ》に、**新《あたら》しい消《け》しゴム**を使《つか》い始《はじ》めると点数《てんすう》が上《あ》がる。
- テストの朝《あさ》と始《はじ》まる直前《ちょくぜん》に、**耳《みみ》をぎゅーっと引《ひ》っぱる**とラッキー。
- **オレンジのアイテム**を持《も》っていると、新《あたら》しい友《とも》だちができるよ。
- 好《す》きな人《ひと》とすれちがうときに、こっそり**左《ひだり》の耳《みみ》をさわる**と◎。
- **先生《せんせい》によく当《あ》てられたら**、もうすぐほしいものが手《て》に入《はい》るかも。
- **スカートのすそのほつれ**を、男子《だんし》に見《み》られるのはハッピーサイン。
- **緑《みどり》の絵文字《えもじ》**は仲直《なかなお》りに効果的《こうかてき》。明《あか》るい色《いろ》にすると、効果《こうか》アップ。

スクール
風水《ふうすい》OMA＆ラッキーサイン

- **青**《あお》**いシャーペン**は集中力《しゅうちゅうりょく》アップの味方《みかた》。テスト勉強《べんきょう》におすすめ。
- **明**《あか》**るい緑**《みどり》**の紙**《かみ》には仲直《なかなお》りのパワーがあるよ。折《お》り紙《がみ》でもOK。
- 元気《げんき》がないときは**大**《おお》**きな木**《き》をさわろう。パワーアップできるはず。
- メールを送《おく》るとき、**「♪」** を文章《ぶんしょう》の最後《さいご》につけると友情運《ゆうじょううん》アップ。
- 左《ひだり》のポケットに**クローバーのアイテム**を入《い》れると、恋《こい》の運気《うんき》↑。
- **右**《みぎ》**のクツヒモ**がほどけたら、だれかがあなたに注目《ちゅうもく》している証《あかし》。
- **緑**《みどり》**のヘアゴム**には友情《ゆうじょう》を深《ふか》める効果《こうか》が。キズナが強《つよ》くなるよ。
- 好《す》きな人《ひと》と**しぐさやクセをマネる**と、自然《しぜん》に気持《きも》ちが伝《つた》わるの。
- **胸**《むね》**がかゆくなった**ら、だれかがあなたに片思《かたおも》いしているサイン。
- **5時**《じ》**15分**《ふん》に時計《とけい》を見《み》ると、恋運《こいうん》がアップするよ。

部屋《へや》で使《つか》える
ルーム
風水《ふうすい》OMA＆ラッキーサイン

家《いえ》はハッピーを呼《よ》びこむ、おまじない＆ジンクスの宝庫《ほうこ》。早速《さっそく》チャレンジしてみよう♪

★家《いえ》の中《なか》で**クモの巣《す》**を見《み》つけると、金運《きんうん》がアップするよ。

★部屋《へや》の東側《ひがしがわ》で**音楽《おんがく》を聴《き》く**と、おしゃれのセンスが上《あ》がるの。

★頭《あたま》に**白《しろ》いもの（リボン、ゴムなど）**をつけて勉強《べんきょう》するとはかどる。

★部屋《へや》の南《みなみ》に**鏡《かがみ》**を置《お》いて笑顔《えがお》の練習《れんしゅう》をしよう。モテ運《うん》アップするよ。

★やる気《き》が出《で》ないときは、部屋《へや》の東側《ひがしがわ》に**赤《あか》いもの**を置《お》くのが◎。

★集中力《しゅうちゅうりょく》をアップしたいときは、部屋《へや》の南側《みなみがわ》に**ポスター**をはろう。

★部屋《へや》の東南《とうなん》に**オレンジの花《はな》**をかざると、友情運《ゆうじょううん》がアップするよ。

★**観葉植物《かんようしょくぶつ》**を机《つくえ》の右側《みぎがわ》に置《お》いておくと、勉強運《べんきょううん》が上《あ》がっちゃう。

★窓《まど》やドアを開《あ》けて**部屋《へや》に風《かぜ》を通《とお》す**と、悪《わる》い運《うん》をおい出《だ》せるよ。

★**キラいなもの**をずっと持《も》っていると、運《うん》がにげちゃうから注意《ちゅうい》。

- 家《いえ》や学校《がっこう》の机《つくえ》に、**指《ゆび》で数字《すうじ》の4を4つ書《か》く**と運気《うんき》がアップ。
- ツイてない日《ひ》は、**塩《しお》を手《て》につけてから水《みず》で洗《あら》う**のがおすすめ。
- きつめの服《ふく》よりも**ゆったりした服《ふく》**のほうが、運気《うんき》がアップするよ。
- テストの前《まえ》の日《ひ》に**ホットミルク**を飲《の》むと、いい点《てん》が取《と》れる！
- **白《しろ》くて丸《まる》いお皿《さら》**で食事《しょくじ》をすると、人間関係《にんげんかんけい》がよくなるよ。
- 歯《は》ブラシを**赤《あか》かラベンダー色《いろ》**にすると、幸《しあわ》せを招《まね》いてくれる。
- テストの前《まえ》の日《ひ》は、**髪《かみ》をていねいに洗《あら》う**と点数《てんすう》が上《あ》がる。
- おフロは、シャワーだけですまさず、**お湯《ゆ》につかる**とラッキー。
- シャンプーに**コロン**を混《ま》ぜて使《つか》うと、ラブ運《うん》アップに効果大《こうかだい》。
- 運気《うんき》は頭《あたま》から入《はい》るから、**いつも頭《あたま》を清潔《せいけつ》に**しておくと◎。

ルーム
風水《ふうすい》OMA＆ラッキーサイン

- ☆日記《にっき》には、**楽《たの》しいことばかりかく**と全部《ぜんぶ》の運気《うんき》が上《あ》がるよ。
- ★ねる前《まえ》に**ジッと星《ほし》を見《み》る**と、キレイな目《め》になれるんだよ。
- ☆パジャマを**ウラ返《がえ》して着《き》る**と、好《す》きな人《ひと》が夢《ゆめ》に出《で》てくる。
- ★ねる前《まえ》に**耳《みみ》がかゆくなった**ら、次《つぎ》の日《ひ》はハッピーなことがある。
- ☆不安《ふあん》やなやみがあるときは、**ラベンダーの香《かお》り**でねむろう。
- ★ねるときは頭《あたま》の近《ちか》くに、**ものをあまり置《お》かない**ほうが吉《きち》。
- ☆運気《うんき》は、**ねている間《あいだ》にたまっていく**ので、ねればねるほど◎。
- ★**髪《かみ》をかわかさないでねる**と、運気《うんき》がダウンしちゃうから注意《ちゅうい》。
- ☆**ゆったりしたパジャマ**でねむると、いい運《うん》をためられるよ。
- ★**赤《あか》いバラの夢《ゆめ》**を見《み》たら、好《す》きな人《ひと》と両思《りょうおも》いが近《ちか》いサイン。

休日《きゅうじつ》に使《つか》える ホリデイ 風水《ふうすい》OMA＆ラッキーサイン

ホリデイ風水《ふうすい》OMAで運気《うんき》を上《あ》げれば、ステキな休日《きゅうじつ》になることまちがいなし！

- **やわらかい手《て》ざわりのもの**を持《も》つと、クジ運《うん》がアップするよ。
- 積極的《せっきょくてき》になりたいときは、右《みぎ》うでに**ブレスレット**をつけよう。
- 忘《わす》れたいことがある日《ひ》は、**白《しろ》い服《ふく》**を着《き》て出《で》かけるのがおすすめ。
- ストレスがたまったら、**スカイブルーの服《ふく》**を着《き》るとリフレッシュ。
- おさいふの中《なか》に、**黄色《きいろ》いカード**を入《い》れておくと金運《きんうん》がアップ。
- **フローラル系《けい》の香《かお》り**を身《み》につけると、男《おとこ》の子《こ》から注目《ちゅうもく》されちゃう。
- **とうめいのリップグロス**は、ラブ運《うん》アップのお守《まも》りコスメ。
- キレイになりたいときは、**キラキラ光《ひか》る小物《こもの》**を身《み》につけて。
- ゆらゆらと**ゆれるアクセサリー**は、ラブ運《うん》を招《まね》いてくれるよ。
- ムダづかいを防止《ぼうし》したいときは、おさいふに**パールのチャーム**を。

★ **王冠《おうかん》マーク**の入《はい》ったアイテムが、ラブにツキを呼《よ》んでくれる。

★ バッグに**小《ちい》さな鏡《かがみ》**を入《い》れておくと、プレゼント運《うん》にツキあり。

★ **ピンクのマフラー**は、ラブ運《うん》を上《あ》げてくれる恋《こい》アイテム！

★ **水玉《みずたま》もようのグッズ**は、ハッピーなことを招《まね》いてくれるよ。

★ **花《はな》のモチーフ**を身《み》につけていると、ラブ運《うん》がアップするよ。

★ 携帯《けいたい》に**赤《あか》いストラップ**をつけるとハッピー情報《じょうほう》がゲットできる！

★ **パステルカラーのカサ**は、ラブ運《うん》をアップしてくれるアイテム。

★ おだやかでやさしい気持《きも》ちになりたいなら、左手《ひだりて》に**ブレス**が◎。

★ バッグは**ひじにかけてゆらして歩《ある》く**と、ラブ運《うん》がアップするの。

★ **ヘアスタイルが重《おも》い**感《かん》じになると、人間関係《にんげんかんけい》もどんよりする。

ホリデイ
風水《ふうすい》OMA＆ラッキーサイン

☆グループで遊《あそ》ぶときは、**花《はな》がらの服《ふく》**を着《き》ると人気運《にんきうん》がアップ。

★**きれいなクツをはく**と、ハッピーな場所《ばしょ》に連《つ》れて行《い》ってくれる。

☆お金《かね》がお金《かね》を呼《よ》んでくれるから、**からっぽのおさいふ**はNG。

★出《で》かけるときは、**左足《ひだりあし》から外《そと》に出《で》て**。悪《わる》い気《き》をはねのけてくれる！

☆**カラス**が頭《あたま》の上《うえ》を横切《よこぎ》ったら、クジ運《うん》がアップするサインだよ。

★**赤《あか》い車《くるま》**からおりる人《ひと》を見《み》ると、その日《ひ》はいいことが起《お》きる。

☆**しっぽの曲《ま》がったネコ**を見《み》ると、もうすぐ幸運《こううん》がやってくる証《あかし》。

★家《いえ》を出《で》て、最初《さいしょ》に会《あ》う人《ひと》が**年下《としした》**だったらラッキーデイになる。

☆**きれいなもの**を見《み》るたびに、運《うん》が少《すこ》しずつアップするよ！

★5時《じ》55分《ふん》など、**ゾロ目《め》の時間《じかん》**に家《いえ》を出《で》るとラッキーになる。

お手《て》伝《つだ》いに使《つか》える おそうじ

風《ふう》水《すい》OMA＆ラッキーサイン

お手《て》伝《つだ》いにおそうじ風《ふう》水《すい》OMAを取《と》り入《い》れて、ついでに運《うん》気《き》もアップさせちゃおう！

Part 12

風水OMA

- おフロやトイレを**キレイにそうじする**と、金運《きんうん》がアップするよ。
- 本《ほん》は積《つ》み重《かさ》ねずに、**本《ほん》だなにきちんと並《なら》べる**と運《うん》がよくなる。
- いらないものを**整理《せいり》して捨《す》てる**だけで、運気《うんき》は上《あ》がっていくよ。
- 窓《まど》ガラスを**キレイにみがいておく**と幸運《こううん》が入《はい》ってきやすくなるの。
- 家族《かぞく》と仲良《なかよ》くしたいときは、**アルバムを整理《せいり》する**のが効果的《こうかてき》。
- 「ツイてない」と思《おも》ったら、**部屋《へや》のそうじ**をすると運《うん》がよくなる。
- **部屋《へや》のスミ**をキレイにそうじするほど、運気《うんき》が上昇《じょうしょう》するよ。
- 家《いえ》にある鏡《かがみ》を、**ピカピカにみがく**とビューティー運《うん》がアップする。
- 机《つくえ》の上《うえ》が**きちんと整理《せいり》されている**人《ひと》ほど、ハッピーになれるよ。
- **ホコリや髪《かみ》の毛《け》**がゆかに落《お》ちていると、運気《うんき》がダウンしちゃう。

いつでも使《つか》える お食事《しょくじ》 風《ふう》水《すい》OMA&ラッキーサイン

食事《しょくじ》のついでにハッピーになれたら、いいことが起《お》きすぎて困《こま》ってしまうかも!?

☆ **うどんやそば**を食《た》べると友情運《ゆうじょううん》が上《あ》がって、仲良《なかよ》しが長続《ながつづ》き。

★ **ゴマを5つぶ**ポケットに入《い》れておくと、センスがよくなる。

☆ **とうめいのソーダ**を飲《の》むだけで、運気《うんき》がかなりアップするよ。

★ **トマト**を食《た》べると、気持《きも》ちが前向《まえむ》きになる効果《こうか》があるよ。

☆ 初《はじ》めてのことにチャレンジするときは、**イチゴ**を食《た》べると◎。

★ **ピンクのキャラメル**は、恋愛運《れんあいうん》をアップする恋呼《こいよ》びスイーツ。

☆ **プレーンヨーグルト**を食《た》べると、クジ運《うん》がアップする効果《こうか》が。

★ **ミカン**は人間関係《にんげんかんけい》を広《ひろ》げて、人気運《にんきうん》を上《あ》げてくれるフルーツだよ。

☆ **ミント味《あじ》のガム**をかむと、集中力《しゅうちゅうりょく》が上《あ》がって勉強運《べんきょううん》がアップ！

★ **レモン味《あじ》のスイーツ**は成績《せいせき》アップの味方《みかた》。テスト前《まえ》におすすめ。

- **黄色《きいろ》くてあまいもの**を食《た》べるだけで、金運《きんうん》がグンとアップ。
- **甘《あま》いもの**を食《た》べると、悪《わる》い運気《うんき》をいい運気《うんき》に逆転《ぎゃくてん》させてくれる。
- **丸《まる》いホットケーキ**は、金運《きんうん》を上《あ》げるスーパーラッキーフード。
- 食事《しょくじ》のときは**緑《みどり》のもの**を最初《さいしょ》に食《た》べると、運《うん》がよくなるよ。
- **穴《あな》のあいたチクワ**は、先《さき》が見《み》えることから吉《きち》フードの１つ。
- 積極的《せっきょくてき》になりたいときは、**すっぱい食《た》べもの**を食《た》べよう。
- **赤《あか》くてカラいもの**を食《た》べると、人間関係《にんげんかんけい》がよくなるはず。
- 朝《あさ》、**黄色《きいろ》い料理《りょうり》**を食《た》べると運気《うんき》がアップするよ。たまごが◎。
- **甘《あま》いもの**を食《た》べてから学校《がっこう》に行《い》くと、授業《じゅぎょう》でサエるよ。
- 年《とし》のはじめに**ギンナンを7コ食《た》べる**と、ツキがアップする。

おまじないの ルール&マナー

おまじないの効果《こうか》をアップさせて、
幸《しあわ》せをゲットするにはルールとマナーも大切《たいせつ》！

願《ねが》いをかなえるために……

おまじない3つの約束《やくそく》

1 おまじないを信《しん》じること

おまじないをかけたら、「絶対《ぜったい》にかなう！」と信《しん》じることが大事《だいじ》。心《こころ》の中《なか》にある「願《ねが》いをかなえたい」という気持《きも》ちが、おまじないを成功《せいこう》させる一番《いちばん》のパワーになります。

2 人《ひと》の不幸《ふこう》を願《ねが》わないこと

ものをこわすお願《ねが》いや、だれかを不幸《ふこう》にする願《ねが》いごとはNG。おまじないは、幸《しあわ》せになるための魔法《まほう》。ネガティブな願《ねが》いごとをかけると、あなたにはね返《かえ》ってくるので要注意《ようちゅうい》！

3 一度《いちど》にいくつも試《ため》さない

たくさんのおまじないを一気《いっき》にかけると、パワーが分散《ぶんさん》してしまいます。おまじないは、一度《いちど》に１つ。「これ！」と思《おも》うものに集中《しゅうちゅう》すると、かなうスピードもアップするよ。

困《こま》ったときの おまじないQ&A

**おまじないをかけていて「あれ？」と
疑問《ぎもん》に思《おも》ったら、Q&Aでチェックしよう！**

Q おまじないが効《き》きません！

A 「努力《どりょく》」と「行動《こうどう》」も必要《ひつよう》

　願《ねが》いをかなえるために必要《ひつよう》なものは「努力《どりょく》」「行《こう》動《どう》」、そして「運《うん》」。おまじないは、おもに「運《うん》」をサポートしてくれるもの。「努力《どりょく》」と「行動《こうどう》」がじゅうぶんだったか、もう一度《いちど》見直《みなお》してみよう。

Q おまじないは１日《にち》１回《かい》？

A 同《おな》じおまじないは何度《なんど》でも◎

「１日《にち》１回《かい》だけ」など、注意《ちゅうい》がないなら何度《なんど》かけてもOK！　でも、おまじないをかける回数《かいすう》より、「かないますように」という願《ねが》いの強《つよ》さのほうが重要《じゅうよう》。「回数《かいすう》が多《おお》い」＝「かなう」わけではないよ。

Q じゅもんが難《むずか》しいです

A アレンジは厳禁《げんきん》！

　じゅもんが長《なが》かったり、護符《ごふ》をかくのがめんどうだからといって、勝《かっ》手《て》にアレンジするのはNG。とくにじゅもんは、神様《かみさま》の名前《なまえ》がふくまれていることもあるから、省略《しょうりゃく》しないできちんととなえてね。

困《こま》ったときの おまじないQ&A

Q お守《まも》りがこわれちゃった！

A お礼《れい》を言《い》って処分《しょぶん》しよう

お守《まも》りや護符《ごふ》は持《も》ち主《ぬし》の身《み》がわりになって、トラブルを防《ふせ》いでくれることがあるよ。お守《まも》りをなくしたり、こわしてしまったときは、感謝《かんしゃ》の気持《きも》ちを伝《つた》えてから作《つく》り直《なお》せばだいじょうぶ。

Q 願《ねが》いごとがかなったあとは？

A お守《まも》り＆護符《ごふ》は捨《す》ててOK

おまじないが成功《せいこう》したら、作《つく》ったお守《まも》りや護符《ごふ》は捨《す》ててOK。「ありがとうございました」とお礼《れい》を言《い》ってから、ゴミ箱《ばこ》に捨《す》てましょう。神社《じんじゃ》やお寺《てら》で買《か》ったお守《まも》りは、買《か》ったところに返《かえ》すのがマナー。

Q おまじないを変《か》えたい

A しっかり感謝《かんしゃ》を伝《つた》えてから

とちゅうでおまじないを変《か》えたいときは、前《まえ》のおまじないに「ありがとう」と感謝《かんしゃ》してから、チャレンジして。でも、何度《なんど》もコロコロ変《か》えるより、じっくり１つに取《と》り組《く》んだほうがかないやすいよ。

クジに当たるじゅもん 神様の味方 …… 280
当選確率アップ☆ 5円玉のサポート …… 280
当選するハガキがかける☆
緑のマーカー …… 281
当選の知らせがくる
赤いラッキー金魚 …… 281
ネット応募を当てる 赤い3角形 …… 281
ほしいものが当たる
コボルトさんにお願い！ …… 281
おこづかいが増える
フリフリ♪さいふ …… 282
金運がよくなる
アップアップ☆スター …… 282
ムダづかい防止
節約・ピンクネーム …… 282
おこづかいがもらえる 紅白の5円玉 …… 283
お年玉が増える 魔法のポチぶくろ …… 283
貯金できちゃう 貝がらパワー …… 283
りんじ収入ゲット♡
金運カラーブレス …… 283
お金がたまる ダイヤモンドマーク …… 284
節約上手になる 清めの金運お守り …… 284
お金が増える
増えちゃうコイン …… 284
ムダづかいが減る
ダブル・ストラップ …… 284
お金がやってくる マネードリーム …… 285
金運がアップする
さいふの㊙シール …… 285
金運を呼び寄せる クツ底の☆ …… 285
貯金が増える 金運の護符 …… 285
お母さんにおねだり 金武扇の護符 …… 286
お父さんにおねだり
神法金剛の気合い …… 286
両親におねだり
トランプのキングとクイーン …… 286
家族におねだり① 双喜のお札 …… 287
家族におねだり② お願い水神様！ …… 287
きょうだいにおねだり① 水星のダビデ …… 287
きょうだいにおねだり②
妖精さんの協力 …… 287
おねだりできるか判断
左右のマジックハンド …… 288
買ってもらえる ミラクルレッド …… 288
プレゼントされる☆ 招きネコパワー …… 288
プレゼントをもらえる
ゾロ目タイミング …… 288

魔法《まほう》文字《もじ》バインドルーン

恋に効くバインドルーン …… 266
友情に効くバインドルーン …… 268
美に効くバインドルーン …… 269
ワガママをかなえる
バインドルーン …… 270

風水《ふうすい》OMA＆ラッキーサイン

朝に使えるモーニング風水OMA
＆ラッキーサイン …… 290
学校で使えるスクール風水OMA
＆ラッキーサイン …… 291
部屋で使えるルーム風水OMA
＆ラッキーサイン …… 293
休日に使えるホリデイ風水OMA
＆ラッキーサイン …… 296
お手伝いに使えるおそうじ風水OMA
＆ラッキーサイン …… 299
いつでも使えるお食事風水OMA
＆ラッキーサイン …… 300

先輩に気に入られる
貸し借りマジック …… 223
後輩と友だちになれる 金銀のすず …… 224
先生がこわくなくなる
手のひらリーフ …… 224
先生と親しくなる
授業のじゅもん …… 224
先輩と仲良しに！ 仲良し５角形 …… 224
ニガテな先生と話せる
白いハンカチのおまじない …… 224

ラッキー＆ハッピー

イヤなことバイバイ！ 大晦日☆スター …… 25
いいことありますように！
ラッキー♪かきぞめ …… 27
願いごとがかなう 水色のたんざく …… 228
夢がかなう 消しゴムロケット …… 229
願いが実現！ おむすびでおいのり …… 231
見たい夢が見られる 夢見ろうそく …… 232
イヤなことを忘れる
はさみでバイバイ …… 233
宝ものが手に入る 砂山でゲット☆ …… 235
楽しい気持ちになる
あわあわハッピー …… 236
ラッキーハプニングが
７つのめんたいこ …… 237
イヤなことを防ぐ 魔よけのじゅもん …… 239
ゼウスのおまじない
ハッピープレゼント …… 258
うれしい日になる
ホワイトイレイサー …… 274
運気がアップする ブルーのシグナル …… 274
チャンスがやって来る
リボンドリーム …… 274
ツキがアップする♡
３つのキャンディー …… 274
夢をかなえよう 未来ダイアリー …… 274
歩いて運気ゲット☆
クツヒモ・チェンジ …… 275
イヤなことが起きない
ダビデの星のお守り …… 275
チャンスを呼びこむ 幸運のツル …… 275
願いごとがかなう♡
ヘアアクセの魔法 …… 275
ラッキーが起きる
木星の精霊の護符 …… 275
うれしいニュースが聞ける
「黙」の電話 …… 276
外出先でチャンス
ハートのお守りシューズ …… 276
何でもうまくいく♪ 木星のお守り …… 276
ラッキーな出来事が
ハッピー・フラワー …… 276
恋愛のお願いがかなう
ピンキーネイル …… 276
いいことが起きる 幸せのカレンダー …… 277
運気アップのお守り ラッキーざいふ …… 277
楽しいお出かけになる
スマイリーシャンプー …… 277
ハッピーを引き寄せる
シルバースター …… 277
ラッキーになるじゅもん
お月様のめぐみ …… 277

金運《きんうん》＆クジ運《うん》

懸賞に当選する ゴブリンのお手伝い …… 278
当選しやすくなる パープルスター☆ …… 278
ほしい商品をゲット♪ 赤フチのハガキ …… 278
クジ運アップ！ イラタのじゅもん …… 279
懸賞に当たる♪
ミント・キャンディー …… 279
懸賞がすごく当たる
友親の待ち受け♡ …… 279
チケットに当選する
薬指でプッシュ！ …… 279
ほしい景品が当たる 赤いマニキュア …… 280
当たる確率が上がる
２つ折りのハガキ …… 280

みんなで協力できる
おそろい待ち受け☆ …… 213
家庭訪問で印象アップ 福ミラー …… 214
参観できんちょうしない
禍・消・転・福 …… 214
参観で注目される
ダイアナのじゅもん …… 214
参観でハキハキ話せる
ソーラーのカード …… 214
家庭訪問でほめられる 見えないハート …… 215
参観でアピールできる
マジック☆ソルト …… 215
授業参観で失敗しない
花びらのおまじない …… 215
楽しい家庭訪問になる
タヌキとリラックス …… 215
足が速くなる しっぽでダッシュ …… 230
アレスのおまじない 勝利のじゅもん …… 258

ピンチ・トラブル解決《かいけつ》

おなかが鳴らない①
バイバイトラブル …… 216
おなかが鳴らない② お先にノック …… 216
おなかが鳴らない③
ごちそうさまメッセージ …… 216
あくびが止まる① 目覚めの中指 …… 217
あくびが止まる②
数字のカウントダウン …… 217
ねむ気をさます① ねむり姫のトゲ …… 217
ねむ気をさます② すなめけよれ …… 217
忘れものをしない①
出かける前の１・２・３ …… 218
忘れものをしない② オレンジの消去 …… 218
忘れものをしない③
青い星のおまじない …… 218
忘れものをしない④
石の精霊の助け …… 218
探しものが見つかる①
ニンニクのじゅもん …… 219
探しものが見つかる②
パープルハンカチーフ …… 219
探しものが見つかる③
発見のじゅもん …… 219
探しものが見つかる④
こめかみにお願い！ …… 219
いたみがおさまる アンクのじゅもん …… 220
セキがおさまる
ごっくんキャンディー …… 220
トイレをガマンできる①
おなかに「４」 …… 220
トイレをガマンできる②
ノートのプープープー …… 220
足のしびれが取れる①
おでこに投げ KISS …… 221
足のしびれが取れる②
しびれ取りのじゅもん …… 221
しゃっくりが止まる① 「寺」のお水 …… 221
しゃっくりが止まる② 大豆のクイズ …… 221
腹痛がやわらぐ くすりうりくる …… 231
探しものが出てくる 発見たこ焼き …… 234
ぐっすりねむれる お皿にお願い …… 238
クロノスのおまじない 神様の目覚まし …… 259
西のおまじない 西の魔女の魔法 …… 272

先生《せんせい》・先輩《せんぱい》・後輩《こうはい》と仲良《なかよ》く

後輩とキョリが縮まる
橋わたしのおまじない …… 222
先生と仲良しに！
キズナを結ぶ青いトリ …… 222
先生に気に入られる エルメスの羽根 …… 222
先輩と仲良くなる
カリスマシルバー …… 222
後輩と仲良くなる
マネマネおまじない …… 223
先生と相性アップ 写メの魔法 …… 223
先生と仲良くなる
ピンクのマーカー …… 223
先生と盛り上がる 背中の丸！ …… 223

体育が得意になる！ やる気のクツヒモ …… 204
音楽がおもしろくなる 弁天様のサポート …… 205
音楽が好きになる☆ ８枚の葉っぱ …… 205
音楽が楽しくなる 魔法のクリスタル …… 205
音楽が得意になる！ うまく歌えるじゅもん …… 205
テストでいい点！ お守りメガネ …… 232
勉強をがんばれる クルミパワー☆ …… 232
授業で当てられない ウナギでかくれんぼ …… 233
勉強が楽しくなる お茶でミラクル …… 233
ニガテをこくふく 願いましては …… 234
テストがうまくいく うめぼしお守り …… 235
部活で活やくできる 坂道ジャンプ …… 238
ヘルメスのおまじない 水星マークのハンカチ …… 257
１の力を引き出すおまじない １１１１の刻印 …… 261
２の力を引き出すおまじない サクランボの両立 …… 262
３の力を引き出すおまじない テストの㊙ひらめき …… 262
７の力を引き出すおまじない セブンスター …… 264
８の力を引き出すおまじない ハッピー８の教科書 …… 265

学校《がっこう》イベント

きんちょうしなくなる！ リラックス♪ブラシ …… 9
運動会でカツヤク！ クロトクリン☆パワー …… 21
クラスみんなで協力！ 団結♪ヘアピン …… 23
友だちと席が近くなる 机の角たたき …… 206
友だちに囲まれる席に 囲みのおまじない …… 206
ねらった席になれる 木星にお願い！ …… 206
イヤな席にならない 星座マークの加護 …… 207
後ろの席ゲット！ キャンディーハンドパワー …… 207
好きな席になれる 席がえのじゅもん …… 207
近い席の子と仲良く 席がえポプリ …… 207
仲良しで近い席に リップで接近☆ …… 207
遠足の日が晴れる てるてるぼうずの赤い石 …… 208
ステキな遠足になる ツイン・オレンジ …… 208
旅先で迷子になったら 道祖神の案内 …… 208
遠足＆旅行が楽しくなる 左足ハプニング …… 209
遠足でいいことが起きる 大地へのメッセージ …… 209
遠足でケガをしない 旅の和歌 …… 209
楽しい修学旅行になる 背もたれノック☆ …… 209
旅先で盛り上がる ジュピターのカード …… 209
１位になれる 勝利のじゅもん …… 210
競争で負けない 火星のハンカチ …… 210
競争に勝てる☆ 地面のナイショマーク …… 210
勝負に勝てる 運気の矢印 …… 210
運動会でケガをしない マルス様のバンソウコウ …… 211
勝負運がアップする 火星の聖印 …… 211
勝負にきんちょうしない そでをツンツン …… 211
チームで勝てる☆ 勝利のＶマーク …… 211
一致団結できる 星型クッキー☆ …… 212
クラスがまとまる ひみつのフルネーム …… 212
団結力がアップする 火星の精霊の護符 …… 212
発表会でまとまる 赤いリボンのパワー …… 212
意見がまとまる 天火同人 …… 213
クラス全員仲良く チャーム・コロン …… 213
発表会が成功する プリントの水星 …… 213

パワーがみなぎる 胸のまが玉 …… 230

アポロンのおまじない
ゴールデン・サン …… 255

ハデスのおまじない ミラクルミラー …… 260

9の力を引き出すおまじない
ウサ耳アンテナ …… 265

北のおまじない ガマン強くなるクツ …… 272

南のおまじない 南の空の星 …… 272

勉強《べんきょう》・試験《しけん》・宿題《しゅくだい》・部活《ぶかつ》

テストでいい点が取れる！
集中☆メイクブラシ …… 15

授業が楽しくなる
ゴールドエンジェル …… 194

たいくつな授業にやる気
アニマルシルエット …… 194

授業のやる気が上がる
トントン・ノート …… 194

授業のやる気アップ
消しゴムマジック …… 194

授業でやる気になる クロスたたき …… 195

授業に気合いが入る
ほのおのガッツポーズ …… 195

楽しい授業になる
レモンシードのおまじない …… 195

楽しく授業が受けられる
アポロンのお守り …… 195

宿題がすぐに終わる
マーキュリーのティアラ …… 196

宿題が早く終わる
「さいぎょう」を9回 …… 196

宿題に集中できる
ドキドキ♡ヘリオス …… 196

すぐ宿題ができる
THOTHのおまじない …… 196

宿題が片づく マルスのマーク …… 197

宿題がすぐできる スピードパワー …… 197

宿題のやる気アップ 魔法の紅茶 …… 197

早く宿題ができる キラキラ・スター …… 197

すいすい回答できる
ピラミッドのお守り …… 198

テストでいい点を取る シュロの花 …… 198

テストで高得点ゲット！
㊙ステーショナリー …… 198

テストの点が上がる ラブ♡ネーム …… 198

希望した点が取れる 目標の消しゴム …… 199

答えを思い出せる お助け土星 …… 199

テストの点数ゲット！
高得点のトランプ …… 199

わからない問題が解ける
スッキリ定規 …… 199

国語がおもしろくなる
水星のトライアングル …… 200

国語が好きになる☆ ラッキースター …… 200

国語が楽しくなる
吹き矢でねらいうち！ …… 200

国語が得意になる！
ジュピターのしおり …… 200

算数がおもしろくなる
オーディンの知恵 …… 201

算数が好きになる☆ 水星のお守り …… 201

算数が楽しくなる 知恵のフクロウ …… 201

算数が得意になる！
気合いのエンピツ …… 201

社会が好きになる☆ 水星の下じき …… 202

社会がおもしろくなる
ハッピーチョーク …… 202

社会が楽しくなる ふわふわウサギ …… 202

社会が得意になる！ ひみつのメガネ …… 202

理科がおもしろくなる
ミラクル三つあみ …… 203

理科が好きになる☆
レインボーイレイサー …… 203

理科が楽しくなる
エンジェルの2つの羽根 …… 203

理科が得意になる！ ブルーのすず …… 203

体育がおもしろくなる 火星のぼうし …… 204

体育が好きになる☆ 星のエネルギー …… 204

体育が楽しくなる
GOGOジャンプ！ …… 204

センスがアップする
プリティ→ドール …… 148
センスがみがける スマイルフラワー …… 148
センスがいいと言われる
おしゃれレインボー …… 149
服をほめられる 星のトントン …… 149
モテ服ゲット！ ショッピングネイル …… 149
洋服を着こなせる センスのコピー …… 149
おしゃれ度上昇！ イエローピアス …… 150
コーデのセンスアップ
おそろいランジェリー …… 150
小物使い上手に エンジェルチョイス …… 150

自《じ》分《ぶん》を変《か》える

イライラが消える クリーンソルト …… 166
やさしくなれる ジェントルピンク …… 166
やさしさが身につく
ローズクオーツの光 …… 166
気持ちがやさしくなる 笑顔のじゅもん …… 167
みんなにやさしくなれる
ノートのピンクハート …… 167
やさしい気持ちになる
イライラカット …… 167
やさしさがめばえる ねむりの時計 …… 167
素直な気持ちに ピュアサイダー …… 168
素直になれる おでこにクリスタル …… 168
素直に話が聞ける
赤い文字の消しゴム …… 168
心が素直になる 安鎮心のおまじない …… 169
素直さが身につく 大木のエナジー …… 169
素直さが宿る
アマノジャクをおい出せ！ …… 169
真っすぐな気持ちに
セルフ・オーダー …… 169
明るい気分になる 朝日のパワー …… 170
ポジティブになれる 太陽のドングリ …… 170
前向きになる ぱっくんポジティブ …… 170
明るい性格になる ミラーピース …… 171
気分が明るくなる 通学路のダビデ …… 171
気持ちが明るく サンシャインボール …… 171
暗い気分が吹き飛ぶ 元気のじゅもん …… 171
心に勇気が宿る 勇気の黒い石 …… 172
へこたれない！
レモンピールのおまじない …… 172
勇気がわいてくる かくれた「力」 …… 172
積極的になれる グリーンフード …… 173
積極的に発言できる パワーソング …… 173
勇気が出る チアー・スター …… 173
弱気にならない 勇気のかしわで …… 173
女の子らしい口調に いましめビー玉 …… 174
女の子らしくなれる
ブラックマジック …… 174
やさしいフンイキになる
ガーリーチョコ …… 174
おしとやかになる
ニスオジェへ …… 175
女の子らしいフンイキに
コロンスティック …… 175
しぐさがおしとやかに ひみつのノート …… 175
上品になれる
オレンジ de チェンジ！ …… 175
思いやり度アップ！ ふわふわソープ …… 180
がんばり度アップ！ スリースター …… 180
気配り度アップ！ カラーマジック …… 181
ひらめき度アップ！ 自分に㊙レター …… 181
アクティブさアップ！
ダブル歯みがき☆ …… 184
大人っぽさアップ！ 両足の羽根 …… 184
あまえ上手度アップ！
小指のヴィーナス …… 185
さわやかさアップ！
コンイチのじゅもん …… 185
いやし度アップ！ 7スターソング …… 188
リーダー度アップ！ 親指フラワー …… 188
教える力がアップ！
ティーチのじゅもん …… 189
ムード作り度アップ！ 右手の太陽 …… 189
ピンチを乗り切れる お願い赤べこ …… 229

ヘアスタイルが決まる♪
女神様のコンディショナー …… 136
まとまる髪に イシュタルのじゅもん …… 136
思いどおりの髪型に
マジック・ドライヤー …… 137
髪が早くのびる エティ・ボンの魔法 …… 137
キレイな髪になる 月の光の輝き …… 137
ヘアアレンジ上手に♪ おとめのパワー …… 137
髪がまとまる
手ぐしのローズマリー …… 138
美容院で失敗しない
満月のアイスキューブ …… 138
ヘアスタイルでなやまない
風のフェアリー …… 138

大人《おとな》っぽくなりたいとき

大人っぽくなれる
背のびエクササイズ …… 139
大人のミリョクをゲット
ファビュラスリップ …… 139
ちょっぴりセクシーに
クロスのおまじない …… 139
大人への第一歩 緑の葉のお守り …… 140
お姉さんっぽくなれる
新月のチョコレート …… 140
セクシーになれちゃう
マジックバタフライ …… 140
ちょっぴり背のびできる
レモン・ムーン …… 140
お姉さんキャラになれる
セクシーパープル …… 141
子どもっぽくなくなる 手のひらパワー …… 141
ミリョクがアップする
チャーム・ブラック …… 141
笑顔を大人っぽく 勝負のビーナス …… 142
大人っぽい写真に
リマースのじゅもん …… 142
セクシーさが身につく
コスメの折りヅル …… 142
大人っぽくなる 大文字いただき …… 234

肌《はだ》&身体《からだ》の悩《なや》みを解決《かいけつ》したいとき

ソバカスが消える
レモンフェアリーにお願い …… 143
ニキビができない肌に
クリスタルソープ …… 143
ヤセやすい身体に
フルーツバスタイム …… 143
スマートになれる ㊙体重報告 …… 144
スリムな足になる 三日月マッサージ …… 144
肌あれが引っこむ イニシャルムーン …… 144
ウエストが細くなる
ビーナスのくびれ …… 145
うでが引きしまる アドナイの力ぞえ …… 145
おやつをガマンできる
天女のスイーツ …… 145
肌がピカピカになる
たまごはだのじゅもん …… 145
ダイエットが成功する
満月ダイエット …… 146
美肌になれる おフロの仕上げ …… 146
日焼けしない セブン・サンシャワー …… 146
背が高くなる タワーでノッポ …… 231
身体がじょうぶになる
おとめさんの魔法 …… 237
肌がすべすべになる 順番にお湯かけ …… 238

センスをアップさせたいとき

いい買いものができる
手がきのホクロ …… 147
おしゃれになる 雑誌 de 変身 …… 147
洋服でなやまない HAPPY の儀式 …… 147
おしゃれと評判に
ビューティークローゼット …… 148

キレイになりたいとき

ヘアトラブルを解《かい》決《けつ》したいとき

友だち同士のギクシャク解決
フェアー・ドリーミ …… 54
友だちを元気づける
朝つゆのハンカチ …… 54
友だちが笑顔になる 緑の羽根 …… 55
友だちのトラブルが消える
小指の十字架 …… 55
友だちの夢を応援する 消しゴムダビデ …… 55
友だちをはげます
バラいばらのじゅもん …… 55
友だちが実力をハッキする
太陽のスポットライト …… 56
友だちの気持ちがわかる
キューピッドにお願い …… 56
友だちの恋がうまくいく
ダブル肩タッチ♡ …… 56
友だちのミリョクがアップ↑
ハミングバード …… 56
友だちが立ち直る
トラブル☆サヨナラ …… 57
友だちが前向きになる スターパワー …… 57
友だちのうわさを消す
ヌーフィのおまじない …… 57
友だちの恋を応援！
ラブラブ・エッグ …… 57
「ごめん」が伝わる
引き寄せの赤い丸 …… 58
友だちと仲直りする 友情イニシャル …… 58
友だちにあやまりたいとき
ビクトリースター …… 58
電話で友だちと仲直りできる
フレンド・コール …… 59
友だちからあやまってくる
おマメの「ごめん」 …… 59
友だちと仲直りできる 写メのお守り …… 59
友だちのゴカイを解く ブルーストーン …… 59
１人ぼっちにならない
国語の教科書の友 …… 60
仲間はずれにならない 小指のスマイル …… 60
ニガテな子と仲良く
お守りクリスタル …… 60
ニガテな子を好きになれる
仲良しトランプ …… 60
悪口を言われない 机にメッセージ …… 60
あの子とキョリを置く
ワリバシのお別れ …… 61
仲間はずれにされない
キズナのオレンジ …… 61
ニガテな子とうまくいく
消しゴムカス、ポイッ！ …… 61
仲直りができる ピーナッツにお願い …… 230
ケンカしなくなる フグのほっぺ …… 236

ずっと友情《ゆうじょう》が続《つづ》く

同じクラスになれる
おそろいのシール …… 62
クラスが分かれても仲良く
ひみつネーム …… 62
はなれてもキズナが続く 無限大のヘビ …… 62
大人になっても仲良く
イニシャルストーン …… 63
はなれていても友だち！
ビー玉・マジック！ …… 63
仲良しが続く 親指＆中指のダビデ …… 63
友情関係がずっと続く 友だちのプラス …… 63
いつまでも仲良し♪
ジョーカーのおまじない …… 64
ご縁が永遠になる！
ケータイの星飛ばし☆ …… 64
ずっと友だちでいられる
仲良しのじゅもん …… 64
友情がとぎれない ごっくんサプリ …… 64
はなれても友だち 銀河鉄道のちかい …… 228

かわいくなりたいとき

かわいい女の子になれる
プリズム☆スター …… 131

うまく話しかけられる
人さし指にお願いっ！ …… 42
会話がスムーズにできる
おしゃべりリップ …… 42
フンイキを盛り上げる
クロスのフィンガーサイン …… 42
会話が盛り上がる キャラストラップ …… 43
楽しく話ができる レモンの携帯 …… 43
電話できんちょうしない
ワンニャン写メ …… 43
話題が出てくる ファイブ☆スター …… 43
親友ともっと仲良く
チェリー・マジック …… 229
友だちと仲良く いくつでもイチゴ …… 230
みんなと仲良しに みななろブドウ …… 232
☆おひつじ座ガールに効く！
フレンドおまじない
スターシャンプー …… 243
☆おうし座ガールに効く！
フレンドおまじない
空中におうし座マーク …… 244
☆ふたご座ガールに効く！
フレンドおまじない
ノートの仲良しふたご …… 245
☆かに座ガールに効く！
フレンドおまじない 友情の折りヅル …… 246
☆しし座ガールに効く！
フレンドおまじない
ライオンのヘアアクセ …… 247
☆おとめ座ガールに効く！
フレンドおまじない おとめの石 …… 248
☆てんびん座ガールに効く！
フレンドおまじない
パクパク・クッキー …… 249
☆さそり座ガールに効く！
フレンドおまじない
しゅわしゅわサソリ …… 250
☆いて座ガールに効く！
フレンドおまじない
小指のネイルマジック …… 251
☆やぎ座ガールに効く！
フレンドおまじない
シルバーゴート …… 252
☆みずがめ座ガールに効く！
フレンドおまじない
みずがめ座のミラー …… 253
☆うお座ガールに効く！
フレンドおまじない スイートココア …… 254
東のおまじない キズナを育てる◯ …… 272

グループの団《だん》結力《けつりょく》アップ

団結力アップ♪ 名前入りのお手紙 …… 50
みんなが仲良くなる ピンクのゾウ …… 50
みんなで仲良く 気持ちを結ぶリボン …… 50
グループがまとまる 4スミの◎ …… 51
グループの行動を楽しく
せーの！のバナナ …… 51
仲良しグループに！ 黒板にチェック …… 51
みんながまとまる しゅわっとソーダ …… 51
グループで仲良くできる
友情スパゲッティ …… 52
団結力が上がる↑ みんなの青いノート …… 52
仲良しグループが続く ◯と△の公式 …… 52
みんなのキズナが育つ
「大好き」のおまじない …… 52
みんなの友情が続く 友きんちゃく …… 52
グループが団結 フェニダー …… 53
グループが盛り上がる！
おそろいグリーン …… 53
みんなで仲良くできる
カラフル色エンピツ …… 53
6の力を引き出すおまじない
思いやりのチョコ …… 264

友《とも》だちトラブル解決《かいけつ》

友だちが元気になる ハッピー・アイ …… 54

友だちが集まる 集合ソーダ …… 35
友だちが増える♪ ミラーブレス …… 35
友だちの数が倍になる 88コの「友」 …… 35
たくさん友だちができる 星ミラー …… 36
友だちに囲まれる 上ばきの水星 …… 36
仲良しが増える♡
マーキュリーのしおり …… 36
人気がアップする
サンフェアリーのタリスマン …… 36
あの子と友だちに☆ 友招きのネコ様 …… 37
初対面の子と仲良くなる
ラーダプリヤートナ …… 37
友だち関係を育む 羽根のお守り …… 37
みんなに注目される
バニラ・フレーバー …… 37
気の合う子と仲良く♪
緑の糸＆金ボタン …… 38
クラスで人気者に！ 太陽ヘアブラシ …… 38
友だちが寄ってくる
キンモクセイのおまじない …… 38
友だちを呼ぶ ブラックストーン …… 38
あの子と仲良しに！ つぼみリボン …… 39
クラスメイトが友だちに
水星のシェイクハンド …… 39
友だちになれる
プレゼント・ストラップ …… 39
仲良くなれちゃう 友だちのじゅもん …… 39
新しい友だちゲット 琵琶湖の魔法 …… 234
いろんな子と友だちに 不思議なノート …… 236
クラスの人気者に ウォーター・パワー …… 238

親友《しんゆう》ができる

親友ができる！
ラメラメ☆シャーペン …… 11
新たな親友ができる 校門タッチ☆ …… 44
いつまでも親友 水星の聖印 …… 44
友情が強くなる 月と水星のミラクル …… 44
いつの間にか親友に おそろいパワー …… 45
永遠の親友に ウォーターフィッシュ …… 45
もっと仲良しに プリのおまじない …… 45
友情を育む☆ 無限の友情の証 …… 45
親友が現れる チョウが運ぶキズナ …… 46
親友を作ろう！
イエローグリーンビーズ …… 46
親友ができちゃう 虹の友情リボン …… 46
親友関係が続く
クッキーのじゅもん …… 46
あの子と親友になる メール・マジック …… 47
親密度が上がる 友だちボタン …… 47
親友を呼ぶ 友呼びのツル …… 47
仲良し度アップ！
フレンドリーフォト …… 47
親友になれちゃう 出席番号にお願い …… 48
親友になれる 永遠の輪のお守り …… 48
ずっと仲良しでいられる
ウィンディー・ヘア …… 48
友だち→親友に☆
ステップアップ・ストラップ …… 48
ずっと親友！ とり合い写メ …… 49
大親友の出現♪ マンガのお手本 …… 49
友情がずっと続く
使用ずみ切手のおまじない …… 49
友情長続き☆ ハートのクローバー …… 49

友《とも》だち・親友《しんゆう》と仲良《なかよ》くなる

楽しくしゃべれる
あま～いバスタイム …… 40
友だちと話せる ふたごの消しゴム …… 40
友だちと盛り上がる！
イエロー㊙リング …… 40
会話がはずむ 幸運の水星マーク …… 41
話しかける勇気が出る
四方神のおまじない …… 41
話し上手になる 小鳥のモチーフ …… 41
話のネタがひらめく はずむト音記号♪ …… 41
明日、楽しく話せる 笑い声の魔法 …… 42

☆いて座ボーイに効く！
ラブおまじない
ニコニコ・いて座マーク …… 251
☆やぎ座ボーイに効く！
ラブおまじない つま先に魔法 …… 252
☆みずがめ座ボーイに効く！
ラブおまじない ラブを呼ぶシール …… 253
☆うお座ボーイに効く！
ラブおまじない
青いダブルフィッシュ …… 254

恋《こい》のトラブル解消《かいしょう》

ヤキモチがおさまる
エラ・マソで落ち着いて …… 112
ライバルにあきらめてもらえる
助けてコンペイトウ …… 112
好きな人をないしょにできる 心のカギ …… 112
親に好きな人がバレない
左ポケットのハンカチ …… 112
彼と仲直りできる 夕暮れの一番星 …… 121
彼とのケンカが減る ビーナスのカード …… 121
彼のきげんが直る 左手のスター☆ …… 121
ゴカイが解ける トイレでリセット！ …… 121
彼がウソをつかない 真実の水 …… 123
彼がマジメになる
やぎ座のスタディーサイン …… 123
彼のウワキを予防 盛り塩のお清め …… 123
元カノをげきたいする
赤い土星のお守り …… 123
ウラノスのおまじない 告白のお守り …… 259

彼《かれ》とおつき合《あ》いがうまくいく

彼氏と楽しくおしゃべり
虹の女神のおまじない …… 115
彼氏と電話で盛り上がる ラサの指型 …… 115
彼の前できんちょうしない
恋のシンクロ …… 115
ラブラブムードになる プチポスター …… 115
楽しいデートになる
リンリン♪愛のすず …… 117
デートがうまくいく
みずがめ座の恋守り …… 117
デートが盛り上がる
ラバーズ♡シャドウ …… 117
デートで急接近する♡
薬指のダイヤモンド …… 117
彼のほしいものがわかる
スマイル♡フォトグラフ …… 119
バレンタインでラブラブに
フローラル・チョコ …… 119
プレゼントに愛をこめる 心のリボン …… 119
ほしいプレゼントをチェック
カップルぬいぐるみ …… 119
「好き」と言ってくれる
ラブラブローズ …… 125
彼の家に招かれる ×××で大接近♪ …… 125
ずっとラブラブ♡
恋のホワイトリボン …… 125
デートにさそわれる
遊びイルカの神様 …… 125
２人の愛を永遠に こじれない糸 …… 127
彼にキラわれない ジャマ消しミント …… 127
情熱的な恋が続く
恋のボルテージは右回り♡ …… 127
将来、彼と結婚できる
カトラリーの魔法 …… 127

友《とも》だちができる

新しいクラスになじめる
あさ姫の友呼び和歌 …… 34
新しい友だちができる
フルーツ☆カムカム …… 34
友だちができる スマイル・コール …… 34
友だちいっぱい！ 星バンソウコウ …… 35

女の子あつかいされる
マジック★スター …… 96
彼がイシキしてくる 小指のチュッ …… 96
彼からの注目度アップ
フレイヤのように …… 96
休日に思い出してもらえる
マジカル・ドライヤー …… 97
彼に好かれる キューピッドへの手紙 …… 97
イシキさせる 逆さのじゅもん …… 98
彼と目が合う ３回ノック …… 98
かわいいと思われる 左手の赤リボン …… 99
彼からアプローチされる 空白レター …… 99
彼が気にしてくる
バラのハンドクリーム …… 99

彼《かれ》と両想《りょうおも》いに

告白する勇気をゲット！
恋色♡ハンカチ …… 29
ホワイトデーに効果あり！
恋呼び♡リップ …… 31
彼に思いが通じる イニシャルリップ …… 101
気持ちが通じ合う ぬりぬり♡ハート …… 101
気持ちよ届け！ 月夜の５円玉 …… 101
気持ちに気づいてくれる
背中にささやいて …… 102
好きになってくれる♡ 彼のハートふみ …… 102
思いを知ってくれる
仲良しサクランボ …… 102
届け、この気持ち タンポポの綿毛 …… 103
彼への思いが伝わる
ダイアナのブラシ …… 103
大好きな彼と両思いに
運命の赤い糸きゅっ …… 104
気持ち伝わる♡ ２人の寄りそいカゲ …… 104
愛が伝わる ストーンヘッジ …… 105
気持ちがわかってもらえる
てるてる坊主にお願い …… 105
好きな人と両思いに
レター・テレパシー …… 105
好きな人から告られる！
イス交かんっこ …… 107
彼から告白される！ コロンのハンカチ …… 107
彼に選ばれる お守りトランプ …… 107
２週間で告られる
歩調合わせマジック …… 108
好きな人に告白される♡
ロサークのじゅもん …… 108
彼のハートを射止める 告白ラブネイル …… 108
バレンタインに告白成功♥
月の女神のラブパワー …… 109
告白がうまくいく！
ハプニング・ソックス …… 109
OK がもらえる！ キセキのプリン …… 110
ちゃんと告白できる
アナウンサーパワー …… 110
大好きな人とつき合える♡ 作者は私 …… 111
彼とつき合える ハートの虹玉 …… 111
恋が成就★ たまごのネームかき …… 111
両思いになれちゃう 赤いクツの魔法 …… 231
告白バッチリ成功☆
レモンでアタック …… 236
思いが伝わる グレーの手紙 …… 239
☆おひつじ座ボーイに効く！
ラブおまじない アピールハンカチ …… 243
☆おうし座ボーイに効く！
ラブおまじない
おしゃべり前のゴックン …… 244
☆ふたご座ボーイに効く！
ラブおまじない ナイショのびんせん …… 245
☆かに座ボーイに効く！
ラブおまじない ハートの４の切り札 …… 246
☆しし座ボーイに効く！
ラブおまじない ときめきボディタッチ …… 247
☆おとめ座ボーイに効く！
ラブおまじない お願い♡写メ …… 248
☆てんびん座ボーイに効く！
ラブおまじない 金色のてんびん座 …… 249
☆さそり座ボーイに効く！
ラブおまじない 告白の食パン …… 250

好意をキャッチする スカートのベル …… 79
男の子と楽しく話せる
ネコネコ☆キーホルダー …… 80
男の子と盛り上がる フルーツアドレス …… 80
男の子の目を見て話せる
カラフルメニュー …… 80
きんちょうせずに話せる
ハートのハート …… 80
アルテミスのおまじない
キュンキュン・リップ …… 256

彼《かれ》とキョリを縮《ちぢ》める

彼とばったり会える！
ミラクル♪ハット …… 17
彼の好きな子がわかる タクザンカン …… 79
いっしょのクラスに……☆
カゲふみアポロン …… 83
同じ委員になれちゃう
マリオネット×3 …… 83
彼と同じクラスになれる
アマノジャクにお願い …… 83
ドキドキをおさえる！ 和歌お守り …… 84
となりの席になれる 磁石パワー★ …… 84
話すきっかけができる！
乗りものマジック …… 84
好みのタイプがわかる こっそりピアス …… 85
彼のシュミがわかる クツの中の葉っぱ …… 85
彼が声をかけてくれる 赤のヘアピン …… 86
話しかける勇気がわく
ミワリソヤサクククク …… 86
好きな人と話ができる
すれちがいチャンス …… 87
彼に名前を呼ばれる！ ブルー☆ネーム …… 87
夢で彼と話せる
ホットミルクドリーマー …… 87
おしゃべりが盛り上がる
ENOKのおまじない …… 89
親密度アップ
ないしょのシャーペン …… 89
彼と仲良くなれる
急接近♡バンソウコウ …… 89
いっしょに帰れる♡ 逆向きのクツ …… 90
彼とたくさんしゃべれる レモンの紅茶 …… 90
彼のグループに入れる
手と手でつなげ！ …… 90
いっしょに勉強できる スターのお守り …… 91
彼と出かけられる
どこか行きたいビ→ム☆ …… 91
彼からメッセージが来る
お願い！ 郵便ポスト …… 92
彼のアドレスゲット☆
トリプルハート♥♥♥ …… 92
いっしょに遊べる
「9」にハートマーク …… 93
彼と2人きりで話せる 満月の指輪 …… 93
彼と楽しく話せる スマイル7回 …… 93
彼と仲良くできる リンゴにお願い …… 228
彼と話せる 鳥居にお願い …… 233
彼との縁が結ばれる
いいな♡のうどん …… 237
アフロディーテのおまじない
女神の口づけ …… 257
4の力を引き出すおまじない
4つのハートマーク …… 263
5の力を引き出すおまじない
ぷかぷかリンゴ …… 263

彼《かれ》に意識《いしき》してもらえる

かわいいって思われる！
ティタニア♡マジック …… 13
グループデートを楽しく！
くるくる♡コロン …… 19
こっちを見てくれる
幸せのホワイトバード …… 95
ドキドキされる！
緑のHow are you？ …… 95
好きな人に気にされる
ジュルフェの思い風 …… 95

目的別《もくてきべつ》 おまじないリスト

恋《こい》が生《う》まれる

恋する気持ちになる ハチミツの妖精 …… 68

新しい恋が始まる スイート・スター …… 70

恋が始まる♡ 赤いバラの女神様 …… 70

ステキな恋の予感 黒ネコのマジック …… 70

恋が生まれる！ 愛のコイン …… 71

恋する気持ちがめばえる
スターシュガー …… 71

恋に前向きになる 恋を運ぶエンジェル …… 71

恋の予感をキャッチする
神社のハートマーク …… 71

恋のキセキを呼ぶ
太陽＆天王星のパワー …… 74

恋のハプニングが起きる
シルバースプーン …… 74

学校で恋が生まれる 背中のハート …… 74

恋のきっかけがつかめる
幸運のスペード様 …… 75

恋の事件が起きる ダビデのリンゴ …… 75

ステキな恋の事件が！ ピンクのため息 …… 75

ステキな恋ができる 牛乳ごっくん …… 228

恋を呼びこむ フルーツラブ …… 237

運命《うんめい》の彼《かれ》に出会《であ》う

運命の彼に気づく
ストロベリー♡ジャム …… 68

運命の彼を引き寄せる カップルハート …… 69

ステキな出会いがある
ホワイトフェザー …… 69

運命の彼に会える
赤い糸のおまじない …… 72

ステキな彼に出会う♡
ムーン＆サンの恋 …… 72

ステキな出会いをゲット
赤と金のシューティングスター …… 72

ステキな彼が現れる デリシャス願い星 …… 73

出会いが生まれる
手のひらのクローバー …… 73

理想の男の子と出会う
ハートの９のしおり …… 73

理想の彼が出現！ ハッピー・ムーン …… 73

外出先で恋に出会う
ミラーが呼ぶ♡ハプニング …… 74

ステキな彼氏ができる 恋を呼ぶ雲♡ …… 235

ポセイドンのおまじない
夢の中のダーリン …… 260

モテモテになる

男の子から大人気に 赤い㊙ビーズ …… 76

男の子の注目を集める 太陽のサポート …… 76

人気が出ちゃう☆ サンサン・ミラー …… 76

モテモテになる♡ アクトレスにお願い …… 76

男の子にモテる！ ラッキー☆パス …… 77

ミリョクがアピールできる
ビーナスリング …… 77

モテる女の子になる キラリン☆ STAR …… 77

男の子からの好意がわかる
レッド LOVE リボン …… 78

告白される⁉
ピンクのステーショナリー …… 78

デートにさそってもらえる
星のまばたき …… 78

恋のうわさが流れる ハートキャラメル …… 79

恋のセンサーがはたらく ラブ・ヘアゴム …… 79

監修／マーク・矢崎治信（まーく・やざきはるのぶ）
神秘学研究家。子どものころから不思議なものに興味を持ち、占いやおまじない、超常現象、霊的体験などありとあらゆる神秘学を研究する。すべてのものには何か目に見えない共通の力が働いていると考え、人の願いと意志が起こす奇跡を信じる。20歳で月刊少女誌『MyBirthday』（現在は休刊）に連載を始め、20年に渡って読者のなやみ相談に応じ、おまじないを指導する。一方で不思議体験の収集でも熱烈な支持を集める。現在はその幅広い知識で新聞、雑誌への執筆ほかWebコンテンツを監修。『当たる！ 占い大じてん』『うわさの怪談』ほか著書多数。

カバーイラスト／小山奈々美
カバーデザイン／菅野涼子（説話社）
本文イラスト／小山奈々美、ぴよな、久永フミノ、菊地やえ、イシイディスコ、泉リリカ、ひなことり、おおもりあめ、felt、いしいみえ、さかもとまき、オチアイトモミ、いちのちはる
本文デザイン／萩原美和、吉原敏文（デザイン軒）、菅野涼子、根本直子（以上、説話社）
企画・編集／長澤慶子、平田摩耶子、鈴木史恵（以上、説話社）

ミラクル！ おまじない大じてん

監　修　マーク・矢《や》崎《ざき》治《はる》信《のぶ》
発行者　深見公子
発行所　成美堂出版
〒162-8445　東京都新宿区新小川町1-7
電話(03)5206-8151　FAX(03)5206-8159
印　刷　広研印刷株式会社

ISBN978-4-415-32333-6
落丁·乱丁などの不良本はお取り替えします
定価はカバーに表示してあります
